U0829197

Principle

人力资源管理演变

揭示组织发展与变革基本规律

杨少杰 著

中国法制出版社
CHINA LEGAL PUBLISHING HOUSE

何谓最佳人力资源管理?

也许很多人会问，人力资源管理怎么可能有“最佳”之说？人力资源管理无论从功能、形式上都处于动态调整中，如何才能称为“最佳”？其实“最佳”是与市场发展变化相对应的，不同的市场会有不同的人力资源管理与之相匹配，“最佳”是指人力资源管理与市场特征最匹配。

理解这一观点需要从理论依据说起。本书第一章简要介绍了组织形态管理理论，尤其是企业形态进化规律，为后面章节的所有结论提供了支撑，详细内容参见《进化：组织形态管理》一书。

从工业 1.0 时代到工业 4.0 时代，先后出现了四种企业形态，并与四个工业时代相对应，分别是股东价值形态、精英价值形态、客户价值形态、利益相关者价值形态，四种企业形态在各自的工业时代都是一种最佳形态。一旦企业形态最佳化，企业价值也会最大化。当然，时代改变，最佳企业形态就会跟着改变，这种规律就是企业形态的进化规律。

人力资源管理是组织管理系统的必要组成部分，四种最佳企业形态又对应着四种最佳人力资源管理形式，分别是人事管理、专业管理、战略管理、价值管理，无论是东方企业还是西方企业，当它处于某一个工业时代时，都必须通过与之相匹配的人力资源管理形式实现价值的最大化。超前、落后的人力资源管理都会阻碍企业的发展，并非越先进越好。当企业形态进化时，人力资源管理的功能、形式也将随之改变，这就是人力资源管理的演变规律。

只要掌握人力资源管理的演变规律，人力资源管理变革就能有的放矢。

本书重点提示了两点：一是人力资源管理概念本身也是时代的产物，未来，随着企业发展，这一概念可能会有所改变，其功能也将随之发生变化，但本书依然使用了这一概念，目的是使读者更容易理解；二是虽然本书介绍的是人力资源管理的演变，但它从一个侧面反映了整个组织管理系统的演变，因为其他管理功能也都是专业分工的结果，呈现出相同的变化规律。因此，掌握人力资源管理演变规律，即可举一反三，作者对组织形态知识系统中的其他内容将不再专门论述。

今天，中国经济系统正在经历一次划时代的转变，所有的改变都显得如此与众不同，中国的企业也将再一次实现“进化”，而人力资源管理也会从上一个时代的“最佳”向下一个时代的“最佳”演变。

本书是《组织结构演变——解码组织变革底层逻辑》的姊妹篇，《组织结构演变——解码组织变革底层逻辑》已由中国法制出版社于2020年年底出版，两本书都是基于组织形态管理理论的原创作品，以全新的视角解读了组织管理与变革，读者可以对照参看，以对这套知识系统有更准确的理解。

杨少杰

目　录

Contents

Chapter 1
企业形态进化规律

第一节　全新的管理学视角——组织形态管理　004

第二节　中国处于工业 ?.0 时代　010

第三节　企业形态进化规律　022

Chapter 2
人力资源管理的基本使命

第一节　企业、人与管理的逻辑关系　041

第二节　人力资源管理的基本使命　048

第三节　企业发展的制胜之道　053

第四节　人力资源价值链管理　059

Chapter 3 人力资源管理的演变规律

第一节 人力资源管理的演变规律 068
第二节 工业 1.0 时代最佳人力资源管理——人事管理 076
第三节 工业 2.0 时代最佳人力资源管理——专业管理 082
第四节 工业 3.0 时代最佳人力资源管理——战略管理 088
第五节 工业 4.0 时代最佳人力资源管理——价值管理 094
第六节 四种最佳人力资源管理的比较 100

Chapter 4 传统人力资源管理系统

第一节 传统人力资源管理的特点 112
第二节 建立在职位管理基础之上 118
第三节 划分为六个专业功能模块 126
第四节 与传统的管理模式相匹配 132
第五节 职业经理人制度最重要 140
第六节 传统人力资源管理的缺陷 146

Chapter 5 新组织人力资源管理系统

第一节 新组织人力资源管理的特点 154

第二节 体现战略管理的基本属性 161

第三节 建立在角色管理基础之上 167

第四节 与新组织管理模式相匹配 174

第五节 提升团队的价值创造能力 182

第六节 进入人力资源自管理时代 189

Chapter 6 人力资源管理转型与升级

第一节 “四角色模型”与“HR 三支柱模型” 198

第二节 “HR 三支柱模型”如何创造价值 204

第三节 “HR 三支柱模型”是一次流程革命 210

第四节 “HR 三支柱模型”在中国的实践现状 217

第五节 “HR 三支柱模型”如何发挥作用 222

第六节 人力资源数字化转型中的误区 231

Chapter 7 人才管理体系变革

第一节　人才管理的演变规律　242

第二节　传统人才管理的逻辑与利弊　252

第三节　让人才尽快取得成功　258

第四节　重塑企业的人才价值观　263

第五节　内部人才市场的建设　269

第六节　人才转型是最后一战　275

Chapter 8 绩效管理体系变革

第一节　绩效管理的演变规律　286

第二节　传统绩效管理的逻辑与利弊　293

第三节　绩效循环对中国企业的误导　299

第四节　新战略路径下的绩效管理　306

第五节　项目管理也是绩效管理　312

第六节　OKR 第一次把“创新”写进制度　319

Chapter 9 薪酬管理体系变革

第一节　薪酬管理的演变规律　330

第二节　传统薪酬管理的逻辑与利弊　340

第三节　角色薪酬是一套解决方案　346

第四节　宽带薪酬推动骨干崛起　352

第五节　薪酬管理的变革趋势　357

第六节　多层次股权激励系统　366

附录一　组织形态管理理论研究成果　375

附录二　参考文献　377

后记　变革需要科学而不是经验与感悟　379

Chapter 1

企业形态进化规律

本章是全书的基础知识部分，主要介绍组织形态管理理论、市场生态发展规律以及企业形态进化规律，为后面的观点、结论提供理论依据。

工业时代，随着市场经济不断发展，企业形态沿着产业价值链不断演进，经历了股东价值形态、精英价值形态、客户价值形态、利益相关者价值形态四种典型组织形态，实现了从低级组织形态向高级组织形态的进化。

股东价值形态是工业 1.0 时代的最佳企业形态，资本为企业创造主要价值，我国改革开放初期曾大量出现，现在很多中国企业已经摆脱了这个阶段；精英价值形态是工业 2.0 时代的最佳企业形态，20 世纪 90 年代后期开始出现，这也是人们常说的“传统企业”，少数精英为企业创造主要价值；客户价值形态则是工业 3.0 时代的最佳企业形态，创新团队为企业创造主要价值，这是新商业时代的最佳企业形态，西方的一些企业已经进化到这个阶段；利益相关者价值形态则是工业 4.0 时代的最佳企业形态，所有个体为企业创造无差别价值，尚未到来。从精英价值形态迈向客户价值形态，是企业进化过程中的分水岭，这是一次质的飞跃，而中国企业的转型恰恰处于这个阶段。

企业形态进化规律是组织形态管理理论的核心内容，是组织形态管理三大核心规律之一，只要掌握企业形态进化规律，就能掌握企业变革的节奏。组织结构是企业形态的必要组成部分，当企业形态呈规律性变化时，组织结构自然也会发生规律性改变，这是本书的主要内容。

第一节

全新的管理学视角——组织形态管理

何谓组织形态？“形态”是事物在时空中的形状与状态的表现，组织形态是指组织存在的形状与状态，适用于人类社会中存在的所有组织或系统，此处仅以企业组织进行说明。

何谓组织形态管理？组织形态管理以人性特征演变规律为基础，研究组织形态、经济生态与价值创造者三者之间的价值平衡关系，探索组织形态在经济生态中的进化规律，目的是通过有效的变革实现组织形态最佳，体现市场“物竞天择、适者生存”的生态法则。

组织形态管理理论则是从组织形态视角出发构建的一套管理学知识体系，于 2014 年正式提出，详见《进化：组织形态管理》* 一书。

一、全新的管理学视角

传统的管理思想主要对运动状态中的企业组织进行研究。工业

* 《进化：组织形态管理》，杨少杰，中国发展出版社，2014 年版。

革命之后，市场经济系统逐渐确立，企业组织成为主角，这时，西方管理学告别早期管理经验，逐步形成系统的管理学学科。迄今为止，管理学经历了古典管理理论、行为科学理论、现代管理理论三个阶段，而这个过程始终与企业组织发展良性互动，在企业不断发展的同时，新的管理思想也不断涌现，与组织管理实践相互印证、相互促进。从某种意义上看，始终在以一种动态的方式研究组织发展变化、功能特征以及与市场生态的关系。

组织形态管理思想主要对静止状态下的企业组织进行研究，把组织形态锁定在特定时间、空间中，研究组成结构与形态特征之间的关系、形态特征与市场生态之间的关系、形态特征与人性特征之间的关系，寻找组织形态之间的变化规律，并依据这种变化规律提出构建最佳组织形态的方案。

无论是动态还是静态的角度，其实都是在探索生态、组织、人，这三者之间的价值关系，只是组织形态管理以一种新的视角来理解组织管理，形成了一套全新的逻辑系统，塑造了一种新的管理思维。如果把组织形态置于一个坐标系统中，传统管理思想是在横坐标上研究组织，组织形态管理则是在纵坐标上研究组织，无论从哪种视角出发，组织的基本特征都是相同的，两者殊途同归。

变革是企业发展永恒的主题，而企业变革的最终目标是“进化”，每一次“进化”都是一次脱胎换骨。每个企业都能变革，但不是每个企业都能“进化”，只有能“进化”的企业才能突破发展瓶颈，基业长青。今天称得上基业长青的企业，与初建时相比早已今非昔比，这就是“进化”的结果。

组织结构能直观地体现一个组织的基本形态特征，也很容易理解工业时代的组织如何进行变革。本书关于组织结构的所有观点、结论都基于这套全新的管理学思想，从这个视角观察组织变革，视线更加清晰。

二、10S 企业形态分析模型

事物形态由结构（Structure）组成，组织形态也由结构组成，要想解构一个企业组织，必须剖析企业的组成结构。

组织形态管理认为，一个企业主要由十类结构（10S）组成，通过这十类结构可以描述出一个企业的形态，这 10S 分别是价值创造能力结构、股权结构、治理结构、组织结构、人才结构、管理基础结构、价值单元结构、客户结构、产品结构、文化结构。通过 10S 可以有效分析企业形态特征及其演变规律，这种分析方法叫作“10S 企业形态分析模型”，如图 1-1 所示。

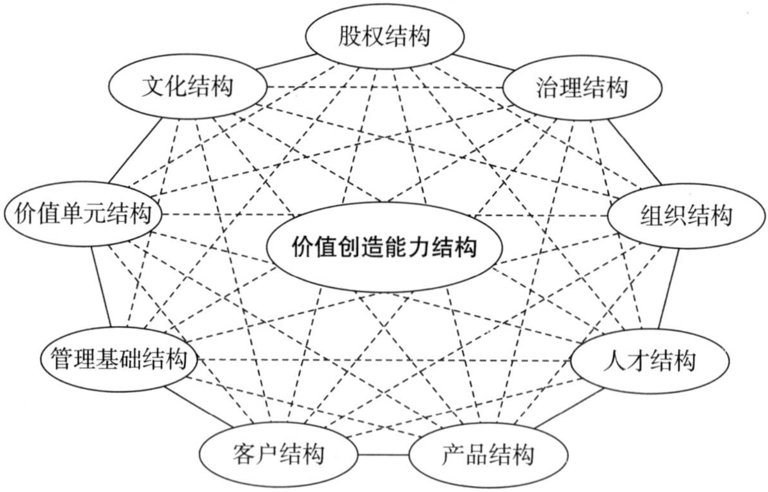

图 1-1　10S 企业形态分析模型

价值创造能力结构是不同群体的价值创造能力的组合关系，是企业价值创造能力的体现，它使企业在市场中体现出价值。价值创造能力结构是企业形态的 DNA，决定着企业形态的主要特征。

股权结构是指公司把资本划分为等额份额，不同性质的股份所占的比例及其相互关系。股权结构反映了企业在市场中的“血缘关系”，决定了企业的人格特征。

组织结构是企业运行系统的“框架”，呈现着企业内部进行价值创造的秩序，体现了一个企业的基本运行规则。组织结构是企业形态特征最直观的反映，从中能够清楚地看到企业在市场生态中的形状与状态。

价值单元是指企业中能够独立完成价值创造活动、成果可以用来进行交换的最小单位，价值单元结构则是价值单元的组成关系。价值单元结构决定企业价值创造的形式，反映企业价值创造的能力水平。

管理基础是企业各项管理机制建立的依据，是管理思想、制度、措施实现的基础，缺乏管理基础，价值创造活动就无法正常进行，人才的价值就无法实现。

人才是具有价值创造能力、能够为企业创造价值的人，人才是企业价值创造能力的载体，具有不同价值创造能力的人是不同类型的人才。人才结构是指具有不同价值创造能力的人才之间的组合关系。

客户的真正“面目”是市场中的人类的需求动机，客户仅仅是这些需求动机的载体，客户结构是不同需求动机之间的组合关系，客户结构直接反映市场中需求动机的构成。

产品的真实“面目”是企业的价值创造能力，产品仅仅是价值创造的成果，产品结构与之相对应，是企业的价值创造成果的组合关系。产品结构直接反映企业价值创造能力的构成。

文化结构是指文化的构成元素在意识系统中的体现顺序与表现形式之间的关系，是其他组成结构在意识系统中的反映，也是人格特征的体现。

公司治理是指明确划分组织内部各价值主体的权力、责任和利益，形成相互制约与平衡的关系。治理结构则是维护组织形态平衡的结构设计，治理结构的目的是维护企业形态的平衡。

三、指导企业变革与发展的逻辑

由于对微观事物的研究不断深入，人类认识世界、改造世界的能力不断提升。同样，只有对组织不断进行深层次解构，才能对组织管理有更清晰的认识，因此可以说，组织被解构的程度决定了理解组织管理的程度，10S 提供的是一种解构企业组织的方法。

10S 之间相互关联、相互作用，共同构成了一个企业的价值形态，使人们识别企业形态的存在。不同的企业形态，其组成结构之间的组合方式不同，虽然都是由 10S 构成，但其表现出来的形态特征却完全不同，这一点和自然界中金刚石与石墨的道理一样。其中，价值创造能力结构是决定企业形态特征的主要因素，也是企业形态的 DNA。当企业处于平衡状态时，组成结构之间完全匹配，即十类组成结构能够有机契合在一起，这时，企业形态最佳。其中任何一个结构的变化都将引起其他结构的连锁反应，理解组成结构之间的变化关系，有助于发现企业的核心问题及变革方向，这就是从组织形态管理角度进行企业变革的基本逻辑。例如，当组织结构改变后，必然会引起其他结构的相应变化，如果其他结构不进行相应调整，那么这次组织变革必然失败。

10S 相互作用的结果将改变企业的形态特征，企业形态进化就是 10S 共同发生演变的过程。当企业构建一个新组织形态时，可以从这十个结构入手，目标是让各结构之间达到最佳契合状态，形成最佳企业形态，组织形态最佳时，也是企业价值最大时。

本书聚焦组织结构及其演变规律，由于 10S 之间存在相关性，因此从组织结构的变革即可推导出其他结构的变革。

什么原因导致企业形态发生进化？答案是市场与人。由于市场、企业、人三位一体，其中任何两个发生变化都必然会引起第三个发生改变，我们主要从市场的角度理解企业形态的变化。

第二节

中国处于工业 ?.0 时代

每一次工业革命都绝不仅仅是科学技术的进步，它们推动着整个社会前进，从工业 1.0 时代一路走到了今天。中国不是自然进入工业时代的，因此对工业革命以及工业社会的认知尚不清晰，这也导致中国在高速发展期结束后开始变得彷徨与困惑。

要想洞见未来，必须看清历史，否则所有对未来世界的描述都是空中楼阁。当工业 4.0 时代被描绘得越来越清晰时，更需要全面了解社会发展规律、市场发展规律，更需要明确我们现处于工业 ?.0 时代、具有什么样的特征，以及这个时代赋予人类什么使命。

对于未来的思考，重点并不在于未来是什么，而在于现在要“变”什么、怎么“变”。对于这些问题的回答，涉及组织形态管理理论的三大核心规律——市场生态发展规律、企业形态进化规律、人性特征演变规律，由于不是本书主要内容，因此尽量用最小的篇幅进行介绍，为后面的组织结构变革奠定基础。

一、市场与企业到底是什么关系

这个问题看似简单，道理却深刻，这是理解工业时代市场特征的钥匙，也是解构企业、理解管理的必修课。

市场和企业代表了人性的两个基本特征——“需求”与“创造”，人类社会之所以能够发展，皆是因为“人”既有需求动机，又有创造能力。当人类进入工业社会，有需求动机就能形成市场，有创造能力就出现了企业——一个专门满足人类需求的经济组织。当人性特征发生改变时，两者就会相互作用，共同推动工业社会发展。因此，理解市场与企业的变化都需要从理解人性特征的变化开始。

人性特征如何变化？马斯洛的需求层次理论给出了清晰的答案。

如图 1-2 所示，马斯洛的需求层次理论分为上下两个部分，共七个层次（常见的是五个层次），处于下面的是缺失需求，其特点是得到满足后，需求动机消失；处于上面的是生长需求，其特点是得到满足后，需求动机更加旺盛。从七个层次的内容不难发现，人类需求动机的变化规律是从具体到抽象、从集中到分散、从稳定到多变、从清晰到模糊、从简单到丰富，低层次需求满足后向高层次需求延伸，总体向上不断扩展，而人类的创造能力也体现出相同的变化规律，这也是为何我把它描述成“倒置”的“金字塔”。

有学者做过统计，人类 97% 的财富是在过去短短的 250 年间创造出来的。由此不难推断，未来人类创造的财富会更加惊人，因为需求动机将更多、更丰富、更繁杂，人类的价值创造能力（即生产力水平）和需求动机都将从低级迈向高级。只要是“人”的时代就会遵循这个规律，人类社会发展始终都是由需求与创造之间的相互作用推动着的。

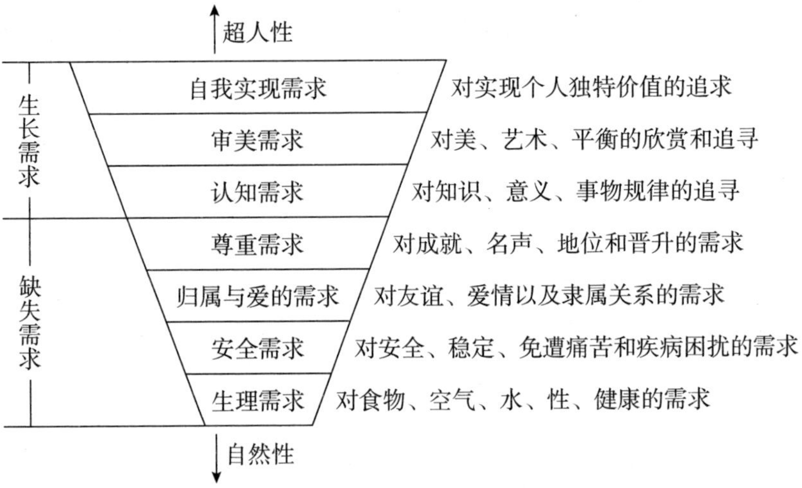

图 1-2　马斯洛的需求层次理论

新石器时代之前的人类追求低层次的缺失需求，从而爆发了农业革命，用以解决最低层次的缺失需求；当低层次的缺失得到满足后，人类便开始追求高层次的缺失需求，从而爆发了工业革命；当满足了高层次的缺失需求后，人类就会开始追求低层次的生长需求。从现状来看，整个工业时代主要体现着人类的高层次缺失需求以及低层次生长需求，这也是人性的主流特征，而企业的使命则是创造价值，满足这个范围内的人类需求。

依据需求特征的变化，工业时代被人为地划分为四个时代，即工业 1.0 时代到工业 4.0 时代，这四个工业时代的市场特征事实上反映了不同的人类需求动机。

二、四个工业时代的市场特征 *

（一）工业 1.0 时代的市场特点——从自由竞争到垄断

工业 1.0 时代的主题是机械化生产，用来满足人类对物质世界的基本追求。

从 15 世纪开始，英国的社会生产力不断提升，传统的农业生产方式发生改变，农村土地经历了大规模的转让与兼并，逐渐形成了大牧场、大农场，为最先繁盛起来的纺织工业提供原料，这就是圈地运动的起源。圈地运动解放了大量农村劳动力，相当一部分农民流向城镇，变成产业工人，促使城镇兴起，工业革命终于爆发，拉开了工业时代的序幕。圈地运动是人类历史上最后一次农业革命，没有圈地运动，农业时代就不会离去，自然物的价值也就不会让位给人的价值。当人口聚集于某个地区从事稳定的生产与频繁的商品交换时，城镇（城市）就会形成，随后业主制企业大量出现，制造业逐渐形成气候。

工业 1.0 时代是工业社会的初建期，所有经济活动都是从满足人类低层次缺失需求出发，纺织业的兴起就充分说明了这一点。这个阶段的产业发展相对封闭，竞争主要体现在对独特资源的获取上，即谁占有独特资源，谁就能在竞争中取得优势地位，因此又从自由竞争状态发展成为垄断。美国杜邦公司的创始人在法国大化学家安东尼·拉瓦锡（Antoine-Laurent de Lavoisier）的实验室当学徒，

---

* 此处关于工业时代经济系统发展四个阶段的划分，主要依据经济合作与发展组织（OECD）对社会形态的划分、德国提出的工业 4.0 时代的特点、美国提出的工业互联网时代的特点、丹尼尔·贝尔提出的后工业时代的特点以及美国管理学家彼得·德鲁克在《后资本主义社会》一书中的提法（人类社会正在进入知识社会），笔者在此基础上进行了推导与说明。

掌握了当时最先进的黑火药制造技术，这种技术就是一种独特资源，它使得危险物品火药变得安全、稳定、可靠，因此迅速得到市场认可，也让杜邦在硝烟弥漫中发展成为一家垄断企业。垄断意味着产业发展非常封闭、市场需求非常稳定，轻易不会发生改变，只有这种特征才能让垄断维持下去。工业 1.0 时代出现的所有新技术、新产品，在需求发生改变之前都会延续这种发展路径，然而一旦人类的价值创造能力和需求动机发生改变，所有的垄断都会被打破。

西方社会进入工业 1.0 时代时，中国的专制王朝开始走下坡路，依然处于以农耕为主的农业社会，工业文明对中华民族还比较陌生，自给自足的农业经济系统与外界隔离，不知外面的世界正发生着翻天覆地的变化。

（二）工业 2.0 时代的市场特点——产业集群

工业 2.0 时代的主题是工业化制造，用来满足人类对物质世界的极大追求。

第二次工业革命爆发，由于西方生产力大幅度提升，产业工人出现分化，中产阶级开始崛起，促进了第三产业发展。在工业 2.0 时代，人类需求动机有了明显提升，高层次的缺失需求特征日益明显，封闭的垄断经济被打破，产业价值链向下游挺进的同时，产业之间不断交叉融合，并繁衍出新的产业。工业 2.0 时代的经济系统进入高速发展期，产业之间形成了稳定的供应链关系，这就是产业集群。这时，企业也进入了高速发展期，企业之间的竞争主要体现在规模上，“做大、做强”是竞争方向，行业中纷纷出现一些大型、巨型企业，如 GE、IBM、宝洁、杜邦、福特等，都是在工业 2.0 时代成为的行业霸主，并借助规模优势开始走国际化发展道路，最终成为跨国公司的。

有了工业 1.0 时代的积累，西方发达国家凭借先进的技术，在世界范围内开始大规模殖民扩张，通过往来贸易获取其他国家的稀有资源，为自身产业经济的发展提供充足的原料。

（三）工业 3.0 时代的市场特点——产业生态

工业 3.0 时代的主题是网络化创新，用来满足人类对精神世界的基本追求。

第三次工业革命爆发，把地球变成了“地球村”，人类生活的空间开始“缩小”，社会呈立体、多维发展态势，向外太空的探索以及互联网世界的形成就是最好的证明。网络式创新是指产业之间的交叉与融合提速、新产业的繁衍更加迅速、相互之间的依存更加紧密。人类需求再次提升，高层次的缺失需求以及低层次的生长需求特征更加明显，市场需求逐渐分散，且变化更加频繁，产品的更新换代加快。此时，产业集群之间相互渗透与融合，逐渐形成了产业群落，在一定范围内建立起一种稳定的产业生态圈。市场竞争主要体现在企业的创新能力上，企业为市场提供更多、更新的产品，带来了市场的空前繁荣。产业生态群落（产业生态圈）的形成说明市场经济系统走向了成熟。

20 世纪 80 年代，西方发达国家开始进入工业 3.0 时代，而这时的中国开始了改革开放，恰好与全球经济发展的新格局成功对接，抓住了这千载难逢的历史机遇。西方先进技术的引进极大地推动了中国经济发展，让中国迅速进入工业 2.0 时代。“世界工厂”是工业 2.0 时代的标签，谁处于工业 2.0 时代，谁就扮演“世界工厂”的角色。同样，高速的发展是以透支自然资源以及牺牲生态环境为代价的。

（四）工业 4.0 时代的市场特点——市场一体化

从工业时代的发展规律来看，第四次工业革命迟早会爆发，它将再一次改变人类社会的发展进程，工业 4.0 时代、大数据时代、智能时代等新概念获得前所未有的关注。从市场经济的发展特点可以判断，工业 4.0 时代的主题应该是个性化创造，用来满足人类对精神世界的极大追求。

到了工业 4.0 时代，跨区域经济生态圈开始相互融合，最终形成一体化的经济发展格局。如今，多份自由贸易协定的签订就说明了这点，任何生产资料都可以通过全球市场系统获得，人类的需求动机主要是低层次的生长需求，具有明显的独特性，此时，先进技术的涌现以及市场全球化，完全可以满足这类个性化的需求，而企业的竞争主要体现在品牌上，品牌承载着企业独特的价值创造能力。

工业 4.0 时代是产业经济发展的衰退期，预示着工业时代即将结束，人类将迈入知识经济社会。进入知识社会，人类追求的是高层次生长需求，自我价值实现是最突出的特征，所有价值创造活动都将围绕独特的需求动机展开。人类作为地球上的一个高级物种，将在这个星球上得到前所未有的重视。

表 1-1 体现了整个工业时代下人类需求动机的特点。企业组织的唯一使命就是满足这个时代的人类需求，而能否满足取决于企业的价值创造能力，谁能满足这些需求，谁就是时代的霸主。因此，企业要想持续发展，就必须不停地提升价值创造能力，满足人类不断变化的需求。

推动人类社会发展的是生产力，生产力是人类的价值创造能力，其代表是技术，是技术背后的科学，而科学是人类对所处世界的基本认知，人类对世界的认知达到什么程度，科学就会进步到什么程度。因此，一个社会系统的发达程度、文明程度归根结底取决于这个系统中的人，不是少数人，而是多数人。

表 1-1 工业时代市场发展特征

工业时代	1.0 时代	2.0 时代	3.0 时代	4.0 时代
发展阶段	初建期	发展期	成熟期	衰退期
产业发展	从自由竞争到垄断	产业集群	产业生态	市场一体化
	非常封闭	相对封闭	相对开放	非常开放
需求特征	低层次缺失需求	高层次缺失需求	高层次缺失需求以及低层次生长需求	高层次生长需求
	具体、清晰、集中、稳定、简单		抽象、模糊、分散、多变、丰富	
竞争特征	获取独特资源	规模扩张	持续创新	具有独特人格

三、市场生态发展规律

1990 年，经济合作与发展组织（OECD）把人类的经济形态划分为四种：原始经济、农业经济、工业经济、知识经济，与之相对应的是四种社会形态：原始社会、农业社会、工业社会、知识社会。原始社会的人类追求最低层次的缺失需求，结果爆发了农业革命，农业革命后人类进入农业社会，满足了最低层次的缺失需求；然后开始追求较高层次的缺失需求，结果又爆发了工业（科技）革命；工业革命后人类进入工业社会，满足了人类较高层次的缺失需求及低层次生长需求；人类继而又开始追求更高层次的生长需求。知识革命迟早会爆发，而人类将进入知识社会，这就是人类社会的发展轨迹。

从这个轨迹再看工业时代市场经济系统发展的四个阶段，可以总结如下：工业 1.0 时代是由自由经济发展到垄断经济，这是工业时代的初创期；工业 2.0 时代是形成产业经济联盟与合作，或者产业集群，这是工业时代的发展期；工业 3.0 时代是形成跨区域、稳定的经济共同体，也可以称为产业群落，这是工业时代的成熟期；工业 4.0 时代是实现全球经济系统一体化，这是工业时代的衰退期，它最终完成工业时代使命，如图 1-3 所示。

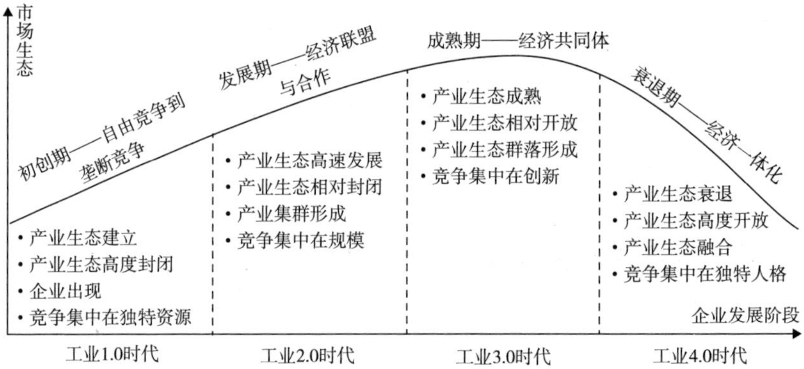

图 1-3　市场生态发展规律

这个过程体现了两种方式：一是需求动机不断提升，社会生产力水平逐步提高，推动产业价值链向下游延伸，经济系统依次向前；二是产业之间不断交叉与融合，衍生出新兴产业，产业结构逐渐复杂化。这是由四个阶段、两种方式演绎出的工业时代的产业经济发展规律，中国经济改革也正沿着这个规律不断向前。

1973 年，美国学者丹尼尔·贝尔（Daniel. Bell）把人类社会历史划分为三个阶段：前工业社会、工业社会和后工业社会，不同的社会依据不同的轴心建立起来。前工业社会以传统主义为轴心，是人与自然界的竞争，土地是资源。工业社会以经济增长为轴心，是人与经过改造的自然界的竞争，机器是资源。后工业社会则以理论知识为轴心，是人与人之间知识的竞争，人是资源。从这种划分方式来看，后工业时代是人的创造能力的竞争，与经济合作与发展组织的划分不谋而合，只是视角不同而已。

如果人创造的价值在一个社会系统中没有占据主导地位，或者这个社会系统依然以土地、矿山等自然资源为价值主导，那么无论这些自然资源是否经过改造，这个社会系统都不可能进入后工业时代，更不用说知识社会。在人类社会发展的进程中，等待着这个社会系统的是被陈列和研究的结局，如同在现代文明中，依然在个别区域存在的原始文明一样。

四、中国目前处于工业？.0时代

如果要问中国目前处于哪个工业时代，那么从以上规律来看，是处于从工业2.0时代向工业3.0时代转变的阶段。这个阶段的典型特点是从产业集群迈向产业生态，传统的区域型经济发展格局被一一打破，而跨区域经济发展格局逐渐形成，经济系统开始从封闭走向开放。这一变化正在潜移默化中发生，如这几年来提出的“京津冀一体化”“四大板块”“五大城市群”“自贸区”等都是跨区域经济发展策略，推动产业集群相互融合，目的是形成区域经济生态圈。这是中国经济系统内在生态化的表现，而“一带一路”则是典型外在生态化的表现。这一切都充分反映出中国经济系统正发生巨变，而这一变化发生的根源是人们的需求特征发生了根本改变，尤其是生长需求的出现，让这次变革的意义显得与众不同。未来的市场不仅不会萎缩，反而会更加扩大，只是企业的价值创造能力相对落后，无法满足市场需求罢了。在这个阶段的所有改革措施，目标都应该是提高企业的价值创造能力，这是供给侧结构性改革的重要内容。

近几年来，中国出现了几家全球知名的互联网公司，但这并不意味着我们离工业 4.0 时代不远了。现实是，在绝大多数的产业领域，中国企业并没有优势，大多数工厂中还在进行着“物理反应”，说明整体的经济发展还很薄弱，生产力整体水平较为落后，如果一味好高骛远，对经济以及企业的伤害只会更大。今天，中国在基础科学领域的研究尚显不足，一旦输入管道不畅，就会影响整个系统的活力，甚至使发展停滞。

发达国家早在 20 世纪 80 年代就开始全面进入工业 3.0 时代，生产力的提高推动了西方社会的进步，与中国今天面临的情况非常相似。未来中国是否能够顺利进入工业 3.0 时代，同样取决于科学的发展程度，这是人类发展的基本规律。

五、新商业时代的市场特征

新商业时代的市场具有什么特征？

相对于工业 2.0 时代的市场特征而言，新商业时代的市场特征最主要有两个——分散与多变。这是高层次的缺失需求以及低层次的生长需求的特征，它们使个性化的需求越来越明显。宝洁公司首席运营官罗伯特·麦克唐纳（Robert. McDonald）曾借用一个军事术语来描述这一新商业世界的特征：“这是一个 VUCA 的世界。”VUCA 指的是不稳定（Volatile）、不确定（Uncertain）、复杂（Complex）、模糊（Ambiguous），这种描述也是一种补充，无论如何表达，已经到来的新商业时代的市场都体现出了明显的变化。

如果说工业 1.0 时代的经济是线性发展，那么工业 2.0 时代的经济就是平面状发展，到了工业 3.0 时代则变成了立体空间式发展，分散与多变的市场需求相互交集，打破以往线条式、集群式的发展模式，形成了一个个“生态”。今天，各种先进技术正在加速这一过程的形成，而传统的工业制造形式将在这个过程中被彻底改造，这就是新商业时代的市场特征。

理解新商业时代的市场特征还需要重新解读“客户”。在以前，如果说谁是“客户”，谁就代表“需求”的话，那么在新商业时代，谁承载“需求”，谁就是“客户”，未来企业将聚焦在“需求”上，而不再是“客户”上，“二八法则”被“长尾理论”取代也充分说明了这一点。当需求变得分散且多变时，客户的忠诚度便荡然无存，取而代之的是“喜新厌旧”和“见异思迁”。在这种情况下，作为“创造”的载体，企业要想获得市场的青睐就只有一条路可走——创新，而且是持续创新。这将是新商业时代的主题，只有当“创造”和“需求”紧密结合时才能实现，它意味着企业与客户将开始零距离接触。

在这样一个大变局中，中国企业正面临着空前的挑战。因为传统企业形如“金字塔”，在这种立体式、生态型的市场环境中，这种结构只会造成“栓塞”，阻碍市场的健康发展，不是被市场淘汰，就是被市场边缘化，于是“转型”就成了中国企业的重要课题。

中国企业要转型就必须正视三个问题，一是现状是什么，二是未来是什么，三是如何迈向未来。只有回答好这三个问题，企业转型才能顺利进行，否则困惑与迷茫、恐惧与无助将始终伴随着中国企业。我们可以试着从企业形态进化规律中寻求这三个问题的答案。

第三节

企业形态进化规律

在工业时代市场发展的四个阶段，出现了四种典型的组织形态：股东价值形态、精英价值形态、客户价值形态、利益相关者价值形态，这四种组织形态分别对应四个工业时代，成为每个工业时代的最佳组织形态，同时也描绘出了企业发展的轨迹，这就是企业形态进化规律。

企业形态进化规律主要呈现企业在市场生态发展过程中的变化过程。从西方企业的发展史中可以看出，那些基业长青的企业与成立之初相比，早已“面目全非”，其形态特征发生了巨大改变，这就是“进化”。掌握企业进化规律有助于企业总结过去的经验得失，诊断当前的健康状态，明确未来的发展方向，当市场生态发生变化时，使企业能够掌握变革节奏，既防止“瞻前顾后、畏缩不前”，又避免出现“过度超前”，促使企业采取有针对性的措施，顺利实现企业形态的演变。

一、四种最佳组织形态

（一）工业 1.0 时代的最佳组织形态——股东价值形态

人类进入工业 1.0 时代后，最佳组织形态是股东价值形态。

第一次工业革命后，资本让企业成为市场中主要的价值创造组织，使人类第一次能够有效聚集社会资源，进行大规模的价值创造活动，社会生产力得到极大提升，创造出了前所未有的物质财富。然而，只有劳动才能创造价值，资本只能以间接的方式创造价值，这种间接性体现为：资本通过获取独特资源，把劳动者创造的价值凝聚在一起，从而使资本成为企业价值的主要创造者，资源越独特，资本的价值就越高。股东价值形态中，一般股权结构高度集中，有控股股东，企业以维护和体现股东价值为主要原则，因此称之为股东价值形态。

股东价值形态的内部主要以情感、奖惩、纪律为主要管理手段；客户通常被企业的独特资源所吸引，企业提供的产品相对成熟，占领市场的速度为主要市场竞争手段；企业的经营理念体现为追求资本收益最大化，由于创造价值的方式比较简单，故企业的规模受到限制。股东价值形态的企业在我国改革开放后大量出现，到 20 世纪 90 年代后开始减少。今天很多企业，如华为、海尔、联想、美的等，以及互联网企业阿里、腾讯等都是从股东价值形态开始，一步步发展起来的。

股东价值形态是市场发展初期的产物，企业价值主要取决于股东的个人能力以及对独特资源的占有及优势的发挥。随着市场不断开放，市场机制逐渐完善，公平竞争的特点越来越明显，股东个人能力以及资源独特性的作用越来越弱，资本（股东）的价值会逐渐降低。这时，企业要想继续发展，就必须让劳动者的价值呈现出来。

股东价值形态的组织可以用三角形来代表，如图 1-4 所示，它们通常采用直线型组织结构，用最简单的方式来形容这种组织形态特点，就是“有顶无层”，“顶”代表管理权威，“层”代表不同的责、权、利群体。“有顶”是企业中存在股东或老板之类的绝对管理权威，“无层”是指还没有形成稳定的，有着不同责、权、利的主体，所有管理者都需要“顶”进行临时授权，这种形态下的组织主要依靠股东的资本、老板的能力获取独特资源来创造价值。

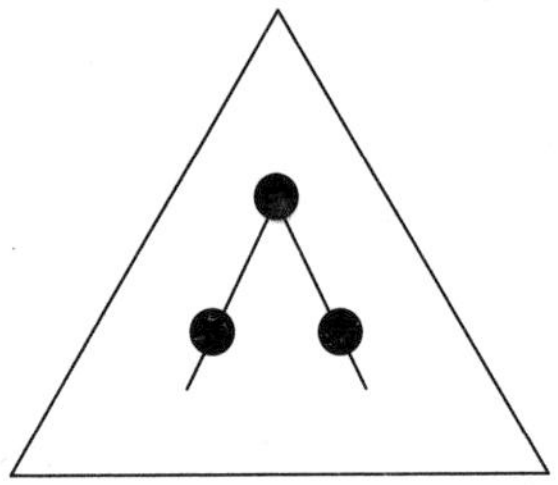

图 1-4　股东价值形态示意图

（二）工业 2.0 时代的最佳组织形态——精英价值形态

人类进入工业 2.0 时代后，最佳组织形态是精英价值形态。

“精英”一词意指“精选出来的少数”或“优秀人物”。精英理论认为，社会的统治者是社会的少数群体，但他们在智力、性格、能力、财产等方面超过大多数被统治者，对社会的发展有重要影响作用。在企业中，“精英”一般为管理权威和专业权威，多数都是经理人，虽然属于少数，但对企业的发展起着重要的作用。

精英价值形态出现在社会化分工逐渐明显的时期。这时，市场生态系统初步成型，当资本价值的创造能力开始降低之后，精英获得崭露头角的机会，其价值创造的能力逐渐显现出来。市场的逐步开放迫使资本把企业经营权让渡给精英团队，于是职能型结构取代直线型结构，让精英群体的领导能力、专业能力在不同职能单元中得到发挥，使企业迅猛发展。精英价值形态下，一般股权结构相对集中，控股股东消失，仅存在控制权股东，企业以维护和体现精英价值为主要原则，因此被称为精英价值形态。

精英团队取代股东，使企业的价值创造能力有了极大提升，经营权的让渡使精英团队的价值需要通过业绩体现，因此，企业的经营理念主要体现在追求业绩最大化上。为了迅速提升业绩，企业必然采取能够实现标准化、规模化生产的产品管理方式，并将目光锁定在那些需求稳定、对业绩贡献明显的大客户上。企业主要通过规律扩张形成竞争优势，“做大做强”是这个形态的主要发展方向，今天中国的绝大多数企业都处在精英价值形态阶段。

精英价值形态的组织可以用梯形表示，如图 1-5 所示，该形态下的组织通常采取职能型结构，用最简单的方式来形容这种组织形态特点，就是“有顶有层”，既有管理权威，但并非绝对权威，又有稳定的不同责、权、利主体。这种组织形态就是由精英团队的领导力创造了主要价值，只有在这种形态下的组织才有“顶层设计”之说。

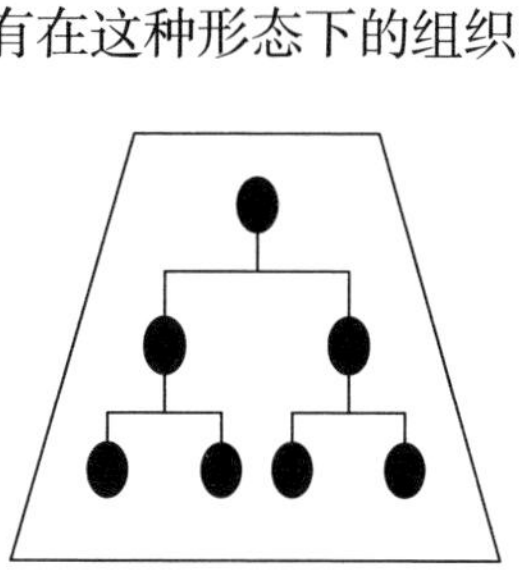

图 1-5 精英价值形态示意图

三角形与梯形式的组织形态可以统称为金字塔形，都是封闭型组织形态的代表，只是由于股东价值形态的“金字塔”的规模具有一定的局限性，因此本书后面提及的金字塔形的企业，均特指精英价值形态下的企业。

（三）工业 3.0 时代的最佳组织形态——客户价值形态

人类进入工业 3.0 时代后，最佳组织形态是客户价值形态，这里的“客户”是广义的，包含内部客户与外部客户两层含义。

客户价值形态出现在市场经济成熟阶段，客户需求变得分散且多变，必然要求企业运行灵活，且具有较强的创新能力，这便对企业的价值创造能力提出了较高的要求，企业只有与客户紧密结合才能完成价值创造活动。此时，要么客户走进企业，要么价值创造者走出企业，总之两者必须结合，这是创新的必然要求，企业形态也由封闭转变为开放。面对日益多元化的客户需求，部门开始消失，以知识型员工为主的各类创新型团队开始崛起，流程型结构把这些团队集成在一起，成为众多可以满足客户需求的业务流程。这时，内外部客户共同为企业创造价值，真正体现了客户的概念，也是第一次由多数群体为企业创造主要价值。客户价值形态下，一般股权结构相对分散，没有了具有股权优势的股东，企业以维护和体现内、外部客户价值为主要原则。

客户价值形态具有较强的灵活性，能够通过调节业务流程，随时应对市场环境的频繁变化。鉴于客户需求的特征，企业已无法为客户提供标准化的产品，而是提供一整套的需求解决方案，个性化特征越来越明显。

客户价值形态的组织用八边形（也可以称为链形）来代表，如

图 1-6 所示，通常采用流程型组织结构，纵向管理模式被横向管理模式取代，让企业与市场的接触范围更广泛，成为一种开放的组织形态。用最简单的方式来形容这种组织形态特点，就是“有层无顶”，这时，“顶”的新陈代谢开始频繁，没有稳定的管理权威群体，类似于“无顶”，然而具有不同责、权、利的主体依然存在，骨干力量为企业创造了主要价值，这些群体的人数较多，能够在价值创造活动中独当一面，创新大部分来自这部分群体。中间力量的壮大也象征着企业的发展进入成熟阶段。

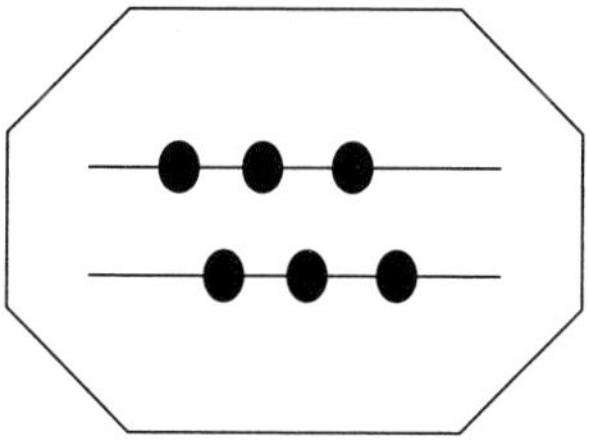

图 1-6　客户价值形态示意图

（四）工业 4.0 时代的最佳组织形态——利益相关者价值形态

人类进入工业 4.0 时代后，最佳组织形态将是利益相关者价值形态。

利益相关者是指在经济生态中与企业产生价值关系的组织或个人，包括股东、债权人、管理者、员工、客户、竞争对手、供应商等，所有能够影响企业价值的都是利益相关者。利益相关者价值形态下，一般股权结构高度分散，人的劳动开始资本化，资本的历史使命即将结束，所有劳动者创造的价值无差别化，企业以维护和体现利益相关者的价值为主要原则，即价值平等原则，因此称之为利益相关者价值形态。

利益相关者价值形态将出现在市场生态的衰退时期，此时，全球一体化市场已经形成，客户需求将高度分散，并逐渐演变为各种独特需求。要想满足这类需求，企业就必须具有独特的人格特征，这种独特人格即企业品牌，只有独特的企业人格才能与独特的客户需求相互吸引。利益相关者价值形态是一种更加开放的组织形态，内部团队消失，价值创造者可以独立进行价值创造，能够进行自由组合，企业随时可以依据客户需求即时形成与其需求相匹配的价值创造链条，众多的价值创造链条构成错综复杂的网络型结构。这种组织形态在今天看起来似乎无法实现，但随着先进技术在组织管理中的应用，如区块链技术，利益相关者形态的企业最终将会成为一种智能型企业，西方发达国家已经开始出现这种组织形态的雏形。

利益相关者价值形态的组织可以用圆形来代表，如图 1-7 所示，组织结构是由散点组织成的网络状结构，虚线代表了即时性，而非稳定存在，组织形态全面开放。用最简单的方式来形容这种组织形态特点，就是“无顶无层”，既没有稳定的管理权威，也没有稳定的具有不同责、权、利的主体。责、权、利都是动态配置，当需要“顶”与“层”时，“顶”与“层”就会出现，它完全取决于客户需求以及组织的价值创造能力。组织内部所有个体创造了主要价值，这样的组织内部消耗最小，运行效率最高。

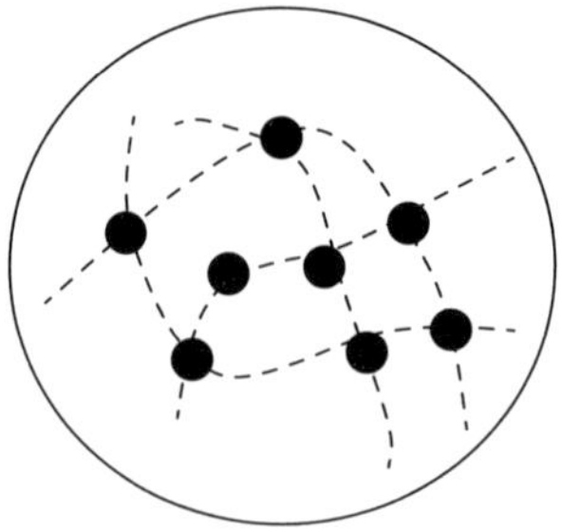

图 1-7　利益相关者价值形态示意图

人类的社会组织其实只有这四种最佳组织形态，只是在不同的时间、空间中周而复始地出现，依据不同的组织属性表现出不同的形式罢了。

二、企业形态的 DNA——价值创造能力

在生物学中，生物的基本形态与 DNA 结构密切相关，而基因片段决定生命的特征。对于企业而言，价值创造能力结构就是企业形态的 DNA，不同价值主体的价值创造能力即 DNA 上的基因片段，哪一个基因片段发挥决定性作用，企业就会显现出什么样的形态特征。

四种最佳组织形态分别由四种价值创造能力发挥决定性作用：资本收益力、精英领导力、团队创新力、组织人格力，这四种价值创造能力组合形成企业价值创造能力结构，即企业形态 DNA，如图 1-8 所示。

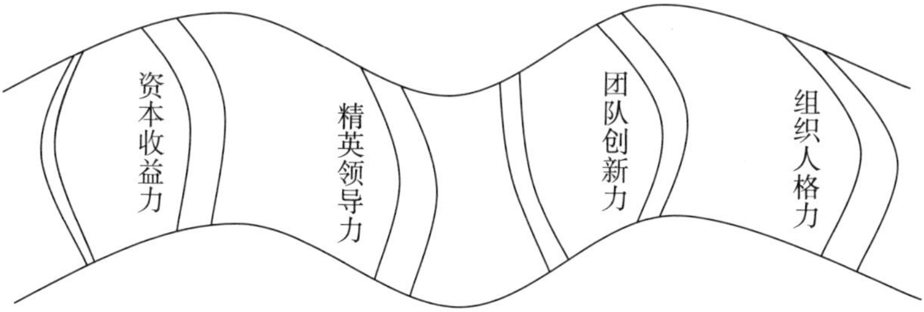

图 1-8 企业形态的 DNA——价值创造能力

四种价值创造能力分别由不同的价值创造主体承载，在四种价值创造能力的作用下，企业体现出四种典型组织形态：股东价值形

态、精英价值形态、客户价值形态、利益相关者价值形态，企业形态进化的根本原因在于价值创造能力发生了改变，而企业之间的竞争本质上也是价值创造能力的竞争。

股东价值形态下，资本收益力为企业创造主要价值。在工业1.0时代，股东的资本为企业提供了生存与发展的可能，没有资本就不会有企业诞生。资本之所以能为企业创造价值是因为资本占有独特的资源，这些独特的资源与劳动相结合，可以创造出满足市场需要的商品。在这个阶段，只有资本才能激发出人类的价值创造本能，进行大规模的价值创造活动，其他主体根本无法与资本相比。

精英价值形态下，精英领导力为企业创造主要价值。在工业2.0时代，市场需求改变，削弱了资本的价值创造能力，劳动者的价值创造能力开始体现，资本被迫让渡企业经营权。精英团队之所以能够取代资本成为企业经营者，是因为精英具备使企业可持续发展所必需的领导能力与专业能力，精英团队的领导力通过“分工”与“协作”的方式在不同职能单元中充分发挥作用，使企业的价值创造能力得到极大提高，可以开展较为复杂的价值创造活动，从而满足市场需求的变化。

客户价值形态下，团队创新力为企业创造主要价值。在工业3.0时代，精英团队领导力在频繁变化的市场面前显得束手无策，企业必须激发更多的主体发挥其价值创造能力，此时，以骨干人才为核心的各类团队从职能单元中脱离出来，成为企业主要的价值创造力量。为了满足分散且多变的市场需求，客户与价值创造者开始直接结合，形成团队创新力，为市场提供大量的创新型产品，使市场生态空前繁荣。

利益相关者价值形态下，组织人格力创造主要价值。企业人格是不同价值创造者具备的、趋同的人格特征，这种人格特征能够让所有个体的价值创造能力得到发挥，因此，人格特征成为一种价值创造能力，而且特征越明显，价值创造能力就越强。在工业 4.0 时代，当客户需求转变为一种独特需求时，团队创新力也无法满足市场要求，此时就需要组织人格力为企业创造价值了。这是一种独特的价值创造能力，由所有价值创造者的价值创造能力共同形成，客户将被企业这种独特的人格所吸引。

无论企业如何变革，最终目标都是改变企业的价值创造能力，如果价值创造能力没有发生变化，那么所有的变革措施都属于对现有组织形态的修修补补，对企业发展没有实质性的影响。

三、企业形态进化规律

从工业 1.0 时代到工业 4.0 时代，企业以四种组织形态依次出现，体现了企业形态进化规律，如图 1-9 所示。每次进化都是市场生态发生了巨变，重新选择企业形态，可使市场生态与企业形态之间的关系形成最佳。

股东价值形态是工业 1.0 时代的最佳组织形态，资源的独特性让资本有了创造价值的机会。随着市场不断发展，各项机制逐渐完善，竞争的公平性越来越明显，资源独特性带来的优势越来越弱，这时，资本完成了历史使命，股东价值形态将发生演变。

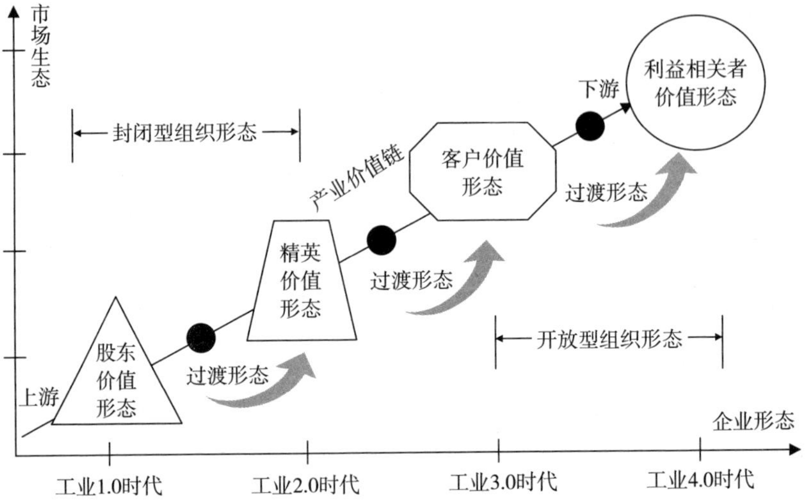

图 1-9　企业形态进化规律

精英价值形态是工业 2.0 时代的最佳组织形态，精英团队领导力取代股东资本收益力。精英团队依靠集体的创造力取代资本，使企业规模迅速增大，但是当客户需求不断分散且多变时，企业形态就显得越来越僵化，这时，精英团队完成了历史使命，精英价值形态将发生演变。

客户价值形态是工业 3.0 时代的最佳组织形态，团队创新力取代精英领导力，市场生态达到空前的繁荣。然而人类始终都在追求自我实现，客户需求终将变成一种独特需求，显然客户价值形态无法满足这类市场变化，这时，骨干群体完成了历史使命，客户价值形态将发生演变。

利益相关者价值形态是工业 4.0 时代的最佳组织形态，组织人格力取代团队创新力，客户的独特性与企业的独特性相互吸引并结合在一起。由于价值创造者能够独立进行价值创造，组织形态反而成为一种束缚，这时，企业完成了历史使命，企业边界将逐渐无形化，开始演变为无形组织。

股东价值形态与精英价值形态下，是由少数劳动者创造主要价值，在工业时代，一般处于产业价值链上游，因此属于低级组织形态，由于这两类组织形态与市场中其他主体的价值交换较少，因此也是一种封闭型组织形态；客户价值形态与利益相关者价值形态由多数劳动者创造主要价值，在工业时代一般处于产业价值链下游，因此属于高级组织形态，这两类组织形态与市场中其他主体的价值交换较多，也是一种开放型组织形态。所谓“进化”，就是指从低级组织形态迈向高级组织形态，从封闭形态迈向开放形态。在一个产业链上，企业创造的价值也将从低级组织形态流向高级组织形态。

每一次进化，企业的形态特征都会发生一次根本改变。四种最佳企业形态其实是一种静止状态下的理想形态，由于形态特征非常明显，所以能够被清晰地识别。现实中，企业的形态多数处于过渡形态，兼有相邻两种组织形态的特征，通过对两种最佳组织形态的对比，即能把过渡阶段的组织形态特征清晰地描述出来。

企业变革必然遵守企业进化规律，掌握规律即能指导企业顺利实现变革目标，这就是组织形态管理理论的主旨，本书关于组织结构变革的观点即以这种逻辑为依据。

四、企业变革也是“变形”

企业变革是为了更好地适应市场的变化，使企业获得更强的生命力，因此可以说，变革最终就是为了“变形”，它体现了“适者生存、优胜劣汰”的法则。无法“变形”的企业，都将被市场生态无情抛弃或被彻底边缘化，这一点在历史发展的进程中有无数例证。

世界上一些长寿的企业已经有 200 多年的历史，与初创时期相比，组织形态已经发生了根本变化，这些变化并不是体现在规模上，而是体现在其内部组成结构的彻底改变上——除了企业名称没有变化以外，组织形态已经“面目全非”。这些企业之所以能够延续 200 多年，是因为它们能在不断变化的市场系统中持续改革、变革，始终追求与之最适应的组织形态。翻开这些企业的发展史，展现出来的都是一部企业变革史、企业形态进化史。

基业长青的企业一定是能够“变形”的企业，在近 300 年的工业经济发展历程中，西方一些优秀的企业率先进化到高级组织形态。我们虽然无法知道这些企业在发展历程中经历了多少次变革，但可以肯定的是，每一次变革都是一次痛苦的煎熬。值得尊敬的企业必然有值得尊敬的事迹。“基业长青”“百年老店”一直以来是中国企业的共同目标，但当企业发出呐喊时，首先要冷静思考一下自己是否具备“变形”的能力。企业的发展从来都不是建立在呐喊中的，更不是建立在彷徨中的，而是建立在实实在在的改变之中的。没有一种企业形态、没有一种管理模式可以在不断变化的市场生态中维持下去，当市场需求发生变化时，是否能够把握住机遇，尽快“变形”，对企业来说具有现实意义。

近几年来出现了一个企业比较关心的问题，那就是在企业形态进化的历程中，能不能“弯道超车”，实现跨越式“进化”。答案是绝无可能，除非原来的组织形态彻底崩溃，重新建立一种新的组织形态。因为企业的价值创造能力在市场发展过程中呈现出有序的改变，而组织形态的变化不会违背这种规律，即便重新构建新组织形态，也必须彻底改变原有的价值创造能力，如同 DNA 再造一样。

五、传统企业转型也是“转形”

当中国处于工业 2.0 时代向工业 3.0 时代转变的阶段时，中国企业遇到了传统企业的转型问题。精英价值形态就是人们常说的传统企业，而客户价值形态则是未来的最佳组织形态，从精英价值形态迈向客户价值形态，就是传统企业转型。当然，这不是中国企业第一次转型，上一次转型是在 20 世纪 90 年代，民营企业进行的家族企业传承以及国有企业进行的现代企业制度的构建都是在从股东价值形态迈向精英价值形态，如图 1-10 所示。

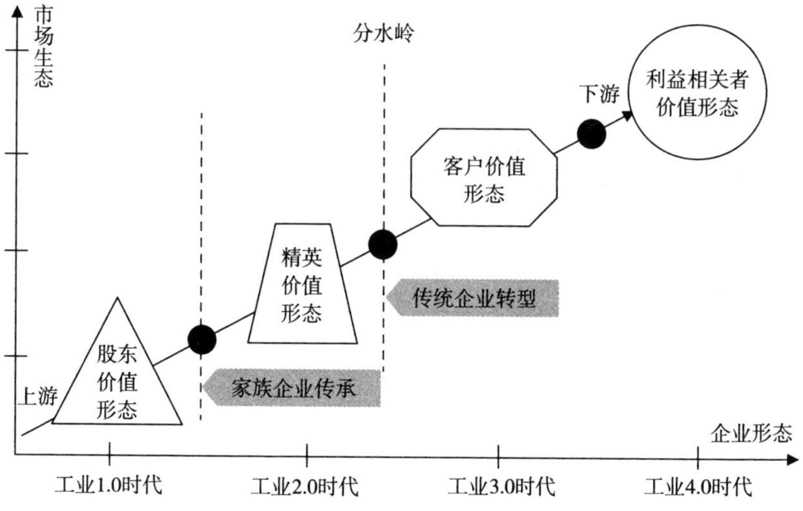

图 1-10　传统企业转型示意图

传统企业转型是企业形态进化过程中的分水岭，意味着企业形态将从封闭走向开放，从低级走向高级。这是一次质的飞跃，它让中国企业的这次大变革显得非比寻常，堪称史无前例。

好在我们有前车之鉴，这将会大幅度降低我们的变革成本，前提是中国企业必须充分掌握其中的变革逻辑。让时间回到20多年前，GE、IBM、HP、宝洁、ABB、雀巢、宝马、壳牌、施耐德、爱立信这些名字如同今天的谷歌、苹果、微软一样如雷贯耳，它们都是工业2.0时代的行业霸主，也是中国企业热衷学习的标杆。20多年过去了，虽然这些企业还可以称得上“一条好汉”，但显然已大不如前，在中国甚至不如BAT* 企业风光，毕竟属于它们的时代已经远去。然而对中国企业而言，它们的变革却极具研究价值，因为这些企业的昨天，就是中国企业的今天。

20世纪80年代到20世纪90年代，西方发达经济体率先进入工业3.0时代，当时遇到了中国企业今天面临的同样的问题。相对中国企业而言，这些企业转型的难度有过之而无不及，其所采取的变革措施更加值得借鉴。例如，蓝色巨人IBM的“让大象跳舞”，GE的“零层管理、无边界行为、群策群力”，宝洁的“产品经理系统”等都是在那个时期出现的，甚至很多变革过程都被详细记录下来，现在再来看真是太精彩了。只要用心解读这些信息，就能找到其中的逻辑与规律，获得我们所需要的工具。可惜的是，那时中国企业刚刚进入工业2.0时代，还未能理解其中变革之道，甚至出现误解，对很多现成的方法与工具弃之如敝屣，只有少部分企业能够发现其中的价值，相信这些企业已经从中获益匪浅。

---

* BAT：即百度（Baidu）、阿里巴巴（Alibaba）、腾讯（Tencent）的英文首字母缩写。

中国的企业变革既要防止裹足不前，更要防止“过度超前”，现阶段尤其要提防后者。变革措施不是越先进越好，而是要选择最适合的方式，但中国企业恰恰习惯犯这样的错误，以为越先进的管理手段越有效，结果很多企业不但没有解决问题，反而把企业推向绝境。这样的案例实在太多了，虽然企业的愿望与初衷是好的，但殊不知这种“过度超前”的变革方式往往是压倒企业的最后一根稻草。

无论传统企业采取何种转型策略，都必须做一件事，那就是调整组织结构，这是谁也无法回避的问题，而且这件事变得越来越紧迫。接下来就是本书的重点内容——组织结构变革。

Chapter 2

人力资源管理的基本使命

如今，不管人力资源管理的效果如何，绝大多数中国企业对它都并不陌生，却不一定都清楚地知道人力资源管理的使命。使命决定了人力资源管理存在的意义与价值，体现了人力资源管理的目标与方向，并且明确了人力资源管理功能的具体内容。

要理解人力资源管理使命，就要先理解组织与人的关系。任何一个组织都是由人构成的，而且至少有两个人；每个组织都有其独特的使命，人力资源管理必须服务于组织的发展与变革，否则就没有存在的必要。

人力资源管理的基本使命是通过提高人的价值创造能力提高企业的价值创造能力，任何偏离这一使命的人力资源管理活动都是无效的。然而，由于不同工业时代中企业的形态不同，人力资源管理的形式也不同，四种最佳组织形态对应四种最佳人力资源管理形式，每一个工业时代都必须使用与组织形态相匹配的人力资源管理形式，否则它的作用就无法充分发挥出来。

第一节

企业、人与管理的逻辑关系

人与组织是两个独立的价值主体，每个主体都有自己的目标与使命，而两者之间的价值关系决定了组织管理的基本逻辑与方式方法。

人与组织之间的价值关系随着工业时代的不断发展而变化，在不同的组织形态中，人与组织的价值关系有不同表现，这也导致了在不同企业形态中，管理的逻辑与模式会有所不同。因此，在工业时代，无法用一种价值关系理解组织管理的全部逻辑。

中国传统企业走到今天也遇到了这个问题，人与组织的价值关系正在发生根本性的转变，但管理者们依然习惯用经验指导组织变革、沿用传统的管理逻辑。这已经严重阻碍了企业的进一步发展，企业管理需要重新格式化。是时候构建一套全新的管理系统了，这一版本将更加“高级”，不仅能够“兼容低版本”，而且能提高组织系统性能。

理解企业、人与管理的逻辑关系还需要分别从三者的基本使命谈起。

一、工业时代企业的使命

本书仅从管理学的视角探讨企业的使命。

企业到底是什么？企业是工业时代最主要的价值创造组织。

在人类的发展过程中，不同的经济系统中存在着不同形式的价值创造组织。企业伴随着工业经济的到来而出现，是工业经济生态中专门从事价值创造活动的经济组织，其基本使命就是满足工业社会中的人类需求。这是企业作为一个经济组织存在的基本意义，除此之外没有其他任何含义，如果加入了其他含义，企业的价值创造活动则必然会受这种因素的影响。随着人类需求不断变化，价值创造组织以四种不同形态进行规律性演变，直到工业时代结束，其使命终结。

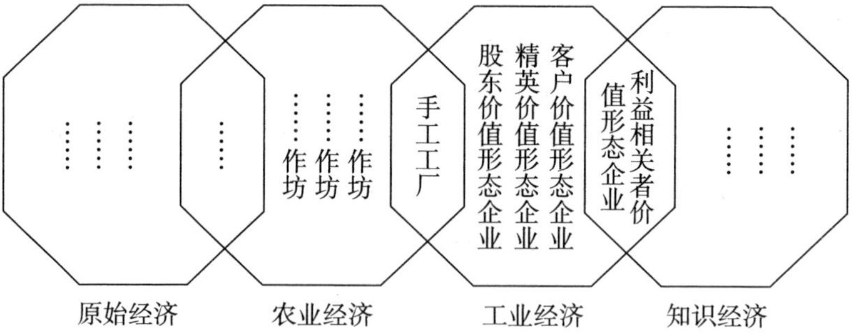

图 2-1　工业时代价值创造组织的演变

在农业社会中，主要的价值创造组织是作坊，最大的特点是手工制造，体现了农业时代的生产力水平。作坊也经历了不同的组织形态演变，当手工作坊发展到手工工厂时，农业经济就开始向工业经济转变——企业即由手工工厂进化而来，如图 2-1 所示。最初的企业经历了业主制、合伙制、工厂制等形式，然后发展到了公司制，今天，多数企业都已是公司制企业。作坊与企业是不同经济生态中的价值创造组织，都是为了满足人类需求的价值创造活动主体。同样，当人类从工业社会发展到知识社会时，又将出现一个新的价值创造组织，满足人类在知识时代的需求是这个组织的基本使命，至于叫什么，我们现在还不得而知。

企业广泛分布在产业价值链上，处于不同位置的企业因定位不同，在产业活动中扮演着不同的角色。低级组织形态处于产业价值链的上游位置，从事低端的价值创造活动，高级组织形态处于产业价值链的下游位置，从事高端的价值创造活动。产业价值链创造出的价值从上游流向下游，只有下游的企业才能推动产业链的发展与延伸，因为它们才是先进生产力的代表。

从企业的基本使命中可以看到，企业的价值创造活动并不受空间限制，服务于人类的无差别需求，因此全球化是企业发展的必然方向，而且最终每个企业都将具备独特的“人格”，体现为拥有有自身特征的稳定思维方式及行为风格，它们基于对人类需求的深刻理解而形成，不受任何外在系统的影响——这是成为全球化企业的基本条件。“人格独立”是企业进入成熟阶段的象征，而并非规模越大越成熟，“人格”不独立的企业，其价值创造活动必然具有局限性。

中国经济正处于从工业 2.0 时代迈向工业 3.0 时代之际，中国企业即将走向成熟，独立的“人格”开始体现，表现为企业开始形成独特的文化。在此之前，企业文化千人一面，大多数文化元素基本雷同，很难从众多的企业中区分出某一个，因此更显得这次企业转型意义深远。

二、工业时代人的使命

本书仅从管理学的视角探讨人的基本使命。

人是什么？人既有价值需求动机，又有价值创造能力，这两者是人的价值性的必要组成部分。因为只有人的劳动才能创造价值，人成为一般价值创造者，因此人的基本使命就是通过劳动创造价值、满足人类社会的价值需求。

虽然人在市场经济系统中是一般价值创造者，但还不是最基本的价值创造主体——人需要通过经济组织创造价值，因此在工业时代，企业才是市场最基本的价值创造主体。但从工业时代发展的轨迹看，由于生产力逐步提高，人独立创造价值的能力越来越强，与组织的价值关系也越来越松散，最终必然脱离组织、独立开展价值创造活动，只不过需要经历从有形组织到无形组织的演变过程。进入新商业时代以来，自由职业者的不断增多也充分说明了这一点。

这种变化表示，人与组织的价值关系不是一成不变的，而是处于一种持续的动态变化中的。从企业形态进化规律中可以看到，越低级的组织形态，个体独立创造价值的能力越弱、对组织的依赖性越强；越高级的组织形态，个体独立创造价值的能力越强、对组织的依赖性越弱。对组织的依赖性越强，在价值创造活动中越被动，而对组织的依赖性越弱，在价值创造活动中越主动。人的价值创造能力的变化，带来了不同的组织管理逻辑，如表 2-1 所示。人与组织的价值关系越松散，对企业文化的要求越高，企业“人格”的独特性越明显。

表 2-1　组织形态与人的价值关系

	股东 价值形态	精英 价值形态	客户 价值形态	利益相关者 价值形态
工业时代	1.0 时代	2.0 时代	3.0 时代	4.0 时代
对组织的依赖性	很强	较强	较弱	很弱
个体的独立性	很弱	较弱	较强	很强
封闭与开放性	很封闭	较封闭	较开放	很开放
价值创造能力	很弱	较弱	较强	很强
人与组织的价值关系	依赖	依靠	对等	松散
人的创造活动	很被动	较被动	较主动	很主动

中国经济正处于工业 2.0 时代迈向工业 3.0 时代之际，人的价值创造能力有了明显提升，需求动机也发生了明显改变，人对组织的依赖性大幅度降低——这一点从职场新人身上可以充分感受到，这些变化导致人在价值创造活动中开始从被动转向主动，将对企业转型产生巨大影响。进入新商业时代之后，自管理组织的出现也可以充分说明这一点。

在整个工业时代，人的基本活动就是通过企业创造价值，从而满足自身的价值需求，除此之外没有其他内容。

三、管理的基本使命

有组织就会有管理，管理能解决组织的什么问题？

一个组织至少由两个人组成，两个人都是独立的价值主体，每个人都有自己的目标与使命，但却能够在一起共同完成价值创造活动、满足市场需求，这就是管理要解决的一系列问题——如何将人的价值创造能力投入组织活动？如何有效转化这些人的价值创造能力？如何共同分享产出的价值成果？这三个问题分别体现了投入、转化、产出这一价值创造的基本流程中不同节点上的问题，也是组织管理活动的基本内容。其实，所有管理功能都将服务于这三个基本问题，如果没有，就说明这项功能没有存在的必要性。

可以看出，管理的使命是在组织与人之间建立一种“最佳”的价值关系，发挥人的价值创造能力、共同进行价值创造，最终实现价值最大化。因此，管理的本质是管理人性，由于人性不断变化，因此组织管理始终都是动态的，这一使命深刻反映出了上面三个问题，是所有管理活动的核心。

何谓“最佳”价值关系？无论市场、企业、人如何变化，管理始终都能让三者处于一种价值平衡状态，平衡状态就是价值关系的“最佳”状态，在这种状态下，三者都能实现价值最大化。可以看出，这是一种动态的价值关系，管理也将依据这种动态的“最佳”价值关系开展一系列活动。

工业时代，随着企业形态不断进化，“最佳”价值关系的表现形式不断进化，管理的内涵也跟着不断进化。汉语中，“管”带有约束、教导、干涉的含义，“理”带有顺畅、整齐的含义；前者强调被动性，有计划、控制、推动等特征，体现了“有形之手”的作用，而后者则强调主动性，具有因势利导、顺势而为等特征，体现了“无形之手”的作用。“管理”在不同的组织形态中有不同的侧重点，“管”的特点主要出现在低级组织形态中，而“理”的特点则多出现在高级组织形态中，“管理”一词恰好生动地体现了这种变化规律。

组织的管理者也是管理使命的主要承担者，应该清醒地意识到企业进化规律的特点，及时采取有效的变革措施，促使组织与人形成“最佳”价值关系，推动企业不断向前发展。人力资源管理在塑造企业与人之间的价值关系过程中发挥了重要作用，因此成了一项关键管理功能，在市场、企业、人性发生改变后，人力资源管理更应该及时进行变革，否则将严重阻碍企业的发展。

第二节

人力资源管理的基本使命

厘清了管理的基本使命，就可以思考人力资源管理的使命了。人力资源管理是组织管理功能的必要组成部分，只要存在组织管理活动，就存在人力资源管理，而且这项功能必须服务于组织管理的使命。

“人力资源管理”是工业 2.0 时代的管理理念，因为“人力资源”的概念在工业 2.0 时代才被戴维·尤里奇（Dave. Ulrich）提出，此前都叫人事管理。人力资源管理既然是时代的产物，就既有时代的进步性，也有局限性，无论这项重要功能叫什么，它的使命应该始终不变，只不过随着企业形态不断演变，表现形式会有差异。

理解人力资源的基本使命及其不同的表现形式有助于指导现阶段的企业人力资源管理变革，推动企业顺利实现转型。

一、人是一种资源吗？

人是资源吗？从工业社会发展的历程看，人应该是资源，因为人力即劳动力，是一个社会中具有劳动能力的人的总和，人的劳动能够变现为财富，具有资源的属性，所以才被称为人力资源。

人成为一种资源，标志着社会的极大的进步，因为在工业 2.0 时代之前，人仅是简单的劳动力而已，而从“劳动力”这一概念中，根本看不出其价值属性，甚至绝大部分时候其价值还不如自然物或被改造后的自然物。直到工业 2.0 时代，“资源”才被赋予更广泛的意义，成为物力、财力、人力等各种物质要素的总称，又可以进一步划分为自然资源和社会资源两大类，前者如阳光、空气、水、土地、森林、草原、动物、矿藏等；后者如人力资源、信息资源以及经过劳动创造的各种物质财富。

资源有产生价值的可能性，但无法直接产生价值，只有在经过开发、利用之后才能产生价值、只有在与人的创造能力结合后才能产生价值。如果把人视作资源，就说明人还无法直接产生价值，依然处于待开发状态中，而人力资源管理则让这一资源得以被开发、呈现价值。

然而，人一旦被当成一种资源，就被赋予了一种被动性，其价值需要被开发才能体现——事实上所有的资源都具有这种特点。

人力资源的这种被动性直接决定了组织管理的基本逻辑与方式方法，整个管理系统也将围绕着这一属性设计与构建：企业会更强调计划、控制、推动等手段的使用。“人力资源”这一概念其实是低级组织形态中的管理理念，与之相对应的是管理中的“管”。在 20 世纪，戴维·尤里奇提出这一理念时，它的确有一定的先进性，体现为企业终于以“资源”为基础构建了一套完整的人力资源管理系统。但工业时代的脚步没有停歇，新商业时代到来后，其局限性开始显现，“资源”也为企业转型带来了一定的阻力。

新商业时代，人不应该再被看成一种资源。那么，人应该是什么?

二、人应该是什么?

很多传统企业开始把“人力资源”改称“人力资本”，“人力资源部”也变成了“人力资本部”，认为人力具有资本的属性。且不论这种看法是否恰当，但我们的确需要重新认知“人”的意义，如同工业 2.0 时代时把人看作一种资源一样，未来新组织的人力资源管理同样需要建立在一种新的认知基础上。

人如果不是资源的话，那是什么？回答这个问题需要回归人性的特征。人的价值创造力并无主动或被动之说，之所以有了这种表现，是由于市场、组织、人三者之间的价值关系持续变化。从马斯洛需求动机层次理论中可以看到，缺失需求本身带有被动性，而生长需求本身带有主动性，但并非想主动时就能主动，组织管理要做的就是依据人性的特征，采取不同的管理逻辑与方法，达到最佳效果。主动和被动并不代表人力资源管理的对与错，被动说也仅仅是因为我们站在了今天的时间节点上看，再往前追溯，在西方管理学当中还出现过“工具人”一词，显然更加无法让今天的人们接受。从“价值人”的角度看，人对价值的追求将会越来越明显，意味着人的被动性必然逐步转为主动性，而组织管理也必将随之改变。

进入工业 3.0 时代，人到底是什么？笔者个人认为，人对企业而言应该是一种资产。人是企业所拥有的、在过去的经营活动中逐步形成的、未来会带来价值增量的资产。与“资源”相比，“资产”本身就具有价值，不需要被开发的特点。当然，这种价值需要由市场和企业给出合理评估，即人必须通过自身的价值创造能力及成果证明自己的价值，因此人具有了一定的主动性。除了主动性以外，“资产”还具有动态性，因为其价值是一种波动价值，企业必须用心经营，才能实现价值增长的预期，否则这种资产不但不会增值，还会贬值，企业需要用战略思维管理这项资产。

是“资产”就有可能“变现”，人什么时候能变现？理想状态是在其价值处于最高值时进行变现。人通常在这时取得了事业上的成功，实现了阶段性目标，这个时候无论对企业还是个人都能实现价值最大化，是最佳变现时间点。再往后，人的价值就很可能开始弱化，“资产”逐渐贬值，原因是内外部环境发生了改变。因此，新商业时代希望每个员工都能够尽快取得成功，而成功之后继续留在企业中的意义反而并不大，人要么回归生活，要么进入更适合的企业继续奋斗，总之，人在这家企业的使命已经结束。这就是人作为“资产”的基本属性。

人成了“资产”，也将改变新组织管理的基本逻辑与方式方法，整个管理系统也将围绕着这些基本特征设计与构建，人力资源管理的目标、功能也将随之发生改变。

三、人力资源管理的使命

对于一个组织而言，无论处于什么时代、什么形态，对人的管理始终都会存在，因为这是组织管理的基本内容。在工业时代，企业是市场经济中最基本的价值创造组织，其使命是创造人类所需要的价值，一个企业的所有功能都将服务于这一使命，否则就没有存在的价值。对人的管理功能是重中之重，如果说人力资源管理不重要，也只能说这一功能还没有被充分发挥出来而已。

现在应该能够看到人力资源管理的使命，是通过提高人的价值创造能力，提升企业的价值创造能力，更好地满足人类社会的需求。任何偏离这一使命的内容，都是辅助性的或是无用的内容。

其实不仅是对人的管理，对财物的管理、对信息的管理、对风险的管理、对产品的管理等，都是围绕这一使命展开的，可以说，所有的管理功能最终都指向这里。

在提升人的价值创造能力这一过程中，有很多工作可以做，也可以以很多的形式呈现出来。如传统企业把人视作一种“资源”就是一种表现形式，在这种表现形式中，人的价值创造能力需要被开发、被利用，才能呈现出来，在支付薪酬时，企业根据人所任的职位价值付薪，并非人本身，这也说明“资源”并不是处于这阶段的企业的创造力的直接来源，而是一种潜在的可能，企业虽然认同人力资源的重要性，却并没有看到其直接价值。把人视作一种“资产”也是一种表现形式，在这种表现形式中，人的价值创造能力可以直接使用，在支付薪酬时，企业根据人的能力付薪，即人自身的特点。从薪酬的支付依据上可以看出两者的差别，显然“资产”比“资源”更能直接体现价值，人力资源管理功能也将体现得更高级。

决定企业形态特征的 DNA 是价值创造能力，而人力资源管理功能之所以重要，也是因为它直接影响了企业的 DNA 特征。有什么样的企业形态，就必须有什么样的人力资源管理与之匹配，四种最佳组织形态下存在四种“最佳”人力资源管理形式，每一种都有其特定目标，这是理解组织管理的重要内容。

第三节

企业发展的制胜之道

上一章介绍过，资本收益力、精英领导力、团队创新力、组织人格力四种“基因片段”共同构成了决定企业形态特征的DNA。当一种“基因片段”起到决定性作用时，就会出现某种典型的组织形态特征，股东价值形态、精英价值形态、客户价值形态、利益相关者价值形态就是这样形成的。不能因为采取了某些先进管理理念，就认为自己与众不同，只有DNA发生改变，企业形态进化才算完成。

工业2.0时代，精英价值形态是最佳组织形态，精英领导力为企业创造主要价值；工业3.0时代，客户价值形态是最佳组织形态，团队创新力将为企业创造主要价值。在传统企业迈向新组织的过程中，DNA将发生根本改变，企业的竞争将由精英领导力的竞争转变为团队创新力的竞争，人力资源管理将在DNA的转变中起到至关重要的作用。

一、企业发展“力争下游”

人类社会的发展由先进生产力推动，从原始文明时代一直走到工业文明时代，生产力成为衡量人类社会文明程度的标尺。同样，企业的发展也由生产力推动，只不过在这里，生产力被称为价值创造能力，指一个企业能够为社会创造价值的能力——这是企业发展的根本，也决定了企业到底能够走多远。

在股东价值形态中先进生产力由资本（老板）承载，体现为资本收益力；在精英价值形态中先进生产力由精英团队承载，体现为精英领导力；在客户价值形态中先进生产力由团队承载，体现为团队创新力；在利益相关者价值形态中先进生产力由所有相关个体承载，体现为组织人格力。在四个工业时代出现了四种先进的生产力，分别由不同的价值主体所承载，并形成了一种层进式的变化规律，让企业完成工业时代的使命。

企业的发展与变革始终是由一种价值创造能力向另外一种价值创造能力的转变推动的，后一种价值创造能力比前一种价值创造能力更具先进性，推动企业向产业价值链下游挺进——越靠近产业价值链下游，组织形态越高级，越靠近产业价值链上游，组织形态越低级。价值将沿着产业价值链从上游流向下游，因此在市场经济系统中，企业竞争的基本原则是“力争下游”，只有下游企业才能掌控整个产业价值链，最容易实现价值最大化。

20 世纪 80 年代后，西方经济开始向工业 3.0 时代挺进，老牌世界 500 强企业纷纷转型，同时也诞生了一批拥有高级组织形态的企业，这些企业掌握着先进的价值创造能力，占据了全球产业价值链的下游，很快成了工业 3.0 时代的行业霸主，由于拥有先进的生产力，也掌控着整个产业价值链的发展走势。

中国企业要想在全球市场竞争中取胜，只能靠提高价值创造能力。有一些企业认为，可以通过购买一些先进技术瞬间提高自己的价值创造能力。这种认知比较肤浅，因为价值创造能力不仅靠技术，更重要的是人，人是价值创造能力的载体，技术可以购买，但是人却无法以这种方式获得，只能靠不断积累、不断提升获得，然而价值创造能力的改变又岂是朝夕之间能解决的？它需要整个社会的改变以及几代人的努力。未来世界会更加复杂，对人的要求会更高，中国企业的竞争压力也会更大。

二、竞争方式的演变规律

价值创造能力的不同直接决定了企业竞争方式的不同，在四种企业形态中出现了四种竞争方式，构成了竞争方式演变规律。

工业 1.0 时代，资本为企业创造主要价值，竞争主体为资本、股东或者老板，是资本收益力间的竞争，企业竞争能力越强则资本收益力越大，通常表现为资本尽可能获取有价值的独特资源，不断追求更高的资本收益，因此最终必然形成垄断。通俗地讲，股东价值形态的竞争最终是“老板之战”。

工业 2.0 时代，精英为企业创造主要价值，竞争主体为少数精英或经理人，是精英领导力间的竞争，精英的领导力水平决定了企业的竞争力水平，通常表现为尽可能“做大做强”，因为企业规模越大、产品越多，表示精英的领导力越强。通俗地讲，精英价值形态的竞争最终是“精英之战”。

工业 3.0 时代，团队创新力为企业创造主要价值，竞争主体为骨干人才，这些人大多是团队的负责人，是骨干人才创造力间的竞争，团队的创造力决定了企业的竞争力，通常表现为尽可能灵活且能够不断创新，因为客户需求变得分散且多变，以分散应对灵活，以多变应对创新。通俗地讲，客户价值形态的竞争最终是“队长之战”。

工业 4.0 时代，“组织人格力”为企业创造主要价值，尚未到来。但完全可以判断企业之间的竞争是个人的竞争，通常表现为尽可能提高企业品牌与个人声望。通俗地讲，利益相关者价值形态的竞争最终是“个人之战”。

从竞争方式演变规律中可以看到，从工业 1.0 时代到工业 4.0 时代，企业竞争方式将经历老板之战、精英之战、队长之战、个人之战，如图 2-2 所示。“老板之战”已成过去时，随着新商业时代的到来，中国企业将要由“精英之战”迈向“队长之战”，团队之间的竞争将决定企业未来的发展。

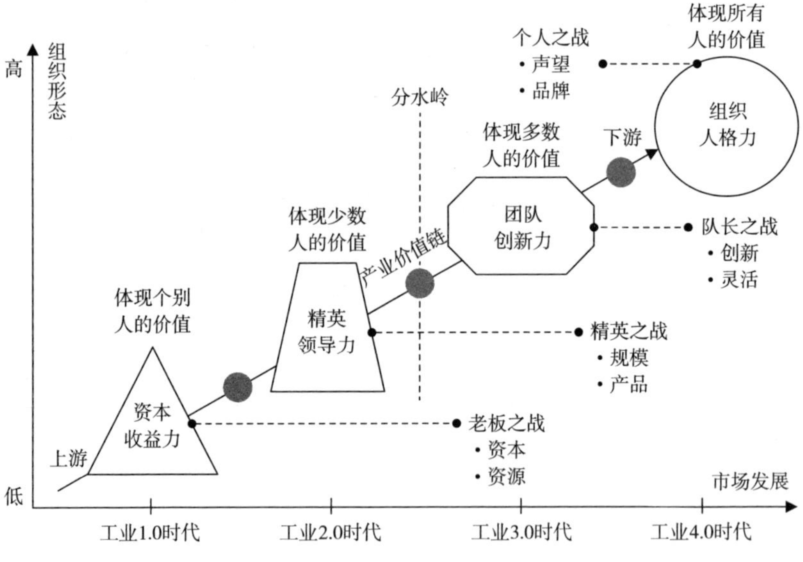

图 2-2　竞争方式演变规律

对今天的中国企业而言，未来不再是精英的舞台，企业的竞争方式将发生彻底改变。

三、新商业时代是“队长之战”

在企业转型过程中，由团队创新力取代精英领导力的前提是团队崛起，成为企业中最基本的价值创造单元，否则团队创新力就无从谈起。

在传统企业中，部门是企业内最基本的价值单元而非团队，虽然也有一些团队，但此时的团队还很难成为推动企业发展的决定力量，只有在客户价值形态中，当团队成为主要的价值创造主体时，才能体现出团队的创新力。这也意味着，企业在转型时需要逐步拆除部门，让部门“团队化”，同时开始“消灭”职位，让职位“角色化”，只有打破部门墙、职位墙，才能形成各类团队，把团队的创造力释放出来。同样，人力资源管理的重点也将从精英群体的价值创造能力转移到骨干的价值创造能力，这些骨干就是新组织中各类团队的“队长”。前面所说的“精英之战”在本质上是部门之战、专业之战、职能之战，而未来组织中的“队长之战”在本质上则是团队之战、战略之战、流程之战，因此，提高骨干的价值创造能力就成为未来人力资源管理的主要内容。

新商业时代的团队将通过五个基本特征：独立性、互补性、角色化、创造性以及新陈代谢，满足新商业时代的基本要求，这部分内容将在第五章继续介绍。在传统企业中，这五项基本特征很难得到体现，原因是传统管理模式根本不支持。即便存在团队，但由于看不到团队的创新力，团队的竞争力也没有显得多么重要，对企业发展的影响并不大，只有当企业内部部门团队化、职位角色化以后，团队的价值才会体现出来，并成为竞争的主要力量。从那些摆脱“传统”标签的企业身上就能看到这一点：团队逐渐成为企业内部最活跃的主体，企业的创造力也得以有效释放，如互联网公司。

如何构建创新型团队？如何提高团队竞争力？企业需要在转型阶段建立一套新的管理模式。与传统管理模式不同，它应当能够弥补传统企业形态的缺陷，否则企业依然是精英的舞台，依然依靠少数英雄人物创造主要价值。企业通过新的管理模式创造合适的团队崛起环境，并培养出大量的“队长”，由他们担负起创新的重要使命，完成新商业时代赋予企业的使命。

第四节

人力资源价值链管理

价值创造如何满足价值需求？

价值创造满足价值需求的过程分为三个阶段：价值创造、价值评价、价值分配，称为价值创造链条。“价值创造”是价值创造要素的吸纳、开发、利用，这是价值创造能力与价值创造资源相结合的环节；“价值评价”是对创造的价值进行衡量的环节，这是经济系统有序运行的基础；“价值分配”是价值创造活动结束后，价值主体与客体获得价值的环节。从价值需求出现到价值需求实现，这三个阶段密不可分，共同构成一个完整的价值创造链条，如图 2-3 所示。

判断一项价值创造活动是否能够呈现出价值，就要看它是否完成了价值创造链条的三个阶段，如果完成了，价值必然会得到体现，反之亦然。

人力资源管理是否有价值，也遵循价值创造链条的规律，被称为人力资源价值链管理。人力资源管理功能中的人才管理、绩效管理、薪酬管理，最能体现人力资源价值链管理的特点，这三项管理功能分别从不同角度阐述了人力资源如何创造价值：一个从价值创造能力投入的角度、一个从价值创造能力转化的角度、一个从价值体现形式的角度，从三个维度呈现出人力资源价值链。

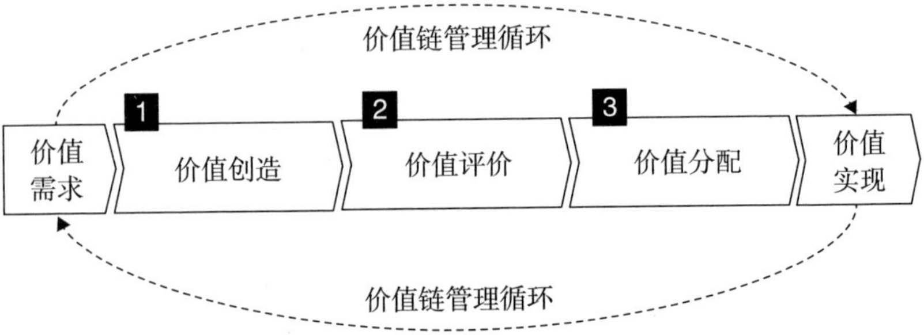

图 2-3　价值创造链条

一、价值创造过程

只有人的劳动才能够创造出价值，因此价值创造的过程必须有人。人力资源管理功能在这个时候开始发挥出作用，它需要为企业获得能够创造价值的人才，让人才的价值创造能力能够始终符合企业发展需要、创造出的价值满足市场需求，使企业与人之间形成一种最佳价值关系。

理解价值创造环节需要回答“你为谁创造价值”这一命题。从人力资源价值链管理上看，只有为客户创造价值才能体现价值，否则价值创造活动就是无效的，或者是一种消耗——这是价值活动的基本要求。

在人力资源管理功能中，人才管理从价值创造角度理解人力资源价值链管理，通过对人才价值创造能力的管理实现对价值创造活动的管理，招聘管理、培训与开发、职业生涯发展等都是人才管理的重要内容。人力资源管理的基本使命是通过提高人的价值创造能力提升企业的价值创造能力，在价值创造过程中有很多工作可以做，只不过由于企业与人的价值平衡关系在不同工业时代的表现形式不同，因此人力资源管理在价值创造活动中的工作内容也不同。

人才管理在本质上并不是对人的管理，而是对价值创造能力的管理，它致力于将人的价值创造能力转化为企业的价值创造能力，立足点是人的价值创造能力。由于企业在不断进化，因此需要通过人才管理使人的价值创造能力始终能够满足企业发展需要。但在这个过程中，并非所有人的价值创造能力都能够立刻得到体现，而是分阶段、分层次、分类型逐步体现出来：股东价值形态让股东的价值创造能力得到体现，精英价值形态让精英团队的价值创造能力得到体现，客户价值形态让骨干群体的价值创造能力得到体现，只有到了利益相关者价值形态，所有人的价值创造能力才能够得到体现。

在工业时代的绝大部分时间中，人才管理并不能让所有人的价值创造能力得到提升，也无法让所有人的价值得到充分体现，这是由市场、企业、人三者之间的价值平衡关系决定的，而且企业形态以及管理模式也并没有给所有人提供同等的空间，但是这个变化过程让人们看到了工业时代人力资源管理功能对企业发展与变革的价值。

二、价值评价过程

创造了多少价值是价值创造链条上的第二个环节，即价值评估，是对价值创造活动的衡量。没有价值评估，价值创造就没有任何意义，会成为一种没有目标的活动，甚至是为了工作而工作。

在人力资源管理功能中，绩效管理从价值评估角度理解人力资源价值链管理，把人的价值创造活动转化为企业的价值创造活动。其中，绩效评估衡量有多少人的价值创造活动转化为了企业的价值创造活动，但有很多人误把绩效考核当成了绩效管理。其实这只是价值评估环节的一项重要工作内容，是不是叫作绩效考核并不重要，重要的是只要人进行了价值创造活动，就需要衡量创造了多少价值，使企业与人之间形成一种最佳价值关系。

理解价值评估环节需要回答“由谁对你进行价值评估”这一命题。从人力资源价值链管理上看，为谁创造价值，就应该由谁进行评估。因此，应该由客户进行价值评估，要么是外部客户，要么是内部客户，总之，客户的评估相对客观，对价值的衡量相对准确，但在现实当中却不尽然，原因在于对“客户”的理解出现了偏差。例如，在传统企业中，通常都是直线经理进行考核，这意味着直线经理才是价值创造者的客户。这一逻辑本身没有什么问题，但直线经理与价值创造者两者却都不这样认为，认为他们是在为客户创造价值——出现这种误区的原因在于传统企业喜欢把“以客户价值为导向”挂在嘴边，于是形成思维陷阱，其实他们并没有做到“以客户价值为导向”。

价值评估是连接价值创造和价值分配的中间环节，一旦这个环节发挥不出应有的作用，就必然会影响价值分配环节——很多时候，价值分配不公平的根源在于价值评估没有把被创造的价值合理地衡量出来，于是无论在价值分配环节如何进行设计、采取何种先进手段，都无法达到预期效果，这种情况在今天的中国企业中比比皆是。

三、价值分配过程

在价值创造链条上，价值分配是最后一个环节。人们进行了价值创造，并且创造出了价值，就没有理由不参与价值成果的分配。

在人力资源管理功能中，薪酬管理从价值分配角度理解人力资源价值链管理，价值分配最初是以一种经济性薪酬的形式表达了人们分享的价值，使人的价值创造能力与价值体现形式相匹配，使人获得最大程度的满足感。价值的体现形式分为三种——责、权、利，一般意义上的薪酬管理更多体现在“利”上，却发现越来越多的人即便获得了较高的经济性薪酬，依然不满足，因此在薪酬组合中又出现了非经济性薪酬，它们更多地体现了“权”“责”，对价值分配形式进行了完善和补充。价值分配最终应该分配的是责、权、利，而薪酬管理应与价值体现形式统一在一起。

理解价值评估环节需要回答“由谁决定你的价值回报”这一命题。一般来说，“为客户创造价值、客户对价值进行评估并给予相应的价值回报”的价值创造活动的效率最高，创造的价值也最大，是价值创造链条的统一。但在很多时候，价值创造活动的主客体之间会出现混乱，价值创造、价值评估、价值分配被分离，没有形成价值创造链条的统一效果，这种割裂会导致价值的消耗，割裂程度越明显，价值的消耗越严重。

在人力资源管理功能中，人才管理、绩效管理、薪酬管理，分别从不同角度诠释了价值创造、价值评估、价值分配这一链条，成为人力资源管理的三项核心机制，任何人力资源管理活动都离不开它们。

人才管理机制解决“使人的价值创造能力符合企业价值创造活

动的需要”的问题，绩效管理机制解决“把人的价值创造活动转化为企业的价值创造活动”的问题，薪酬管理机制解决“使人的价值创造能力与价值体现形式相匹配”的问题。三项基本功能的最终目标是把组织的价值与个人价值结合在一起，形成一种最佳价值关系，使个人价值创造能力与组织价值创造能力融合在一起，共同完成组织管理的使命，实现企业与个人两个独立主体的价值最大化。

Chapter 3

人力资源管理的演变规律

人力资源管理的基本使命是通过提高人的价值创造能力提升企业的价值创造能力。但是在不同企业形态中，人力资源管理的表现形式不同，四种组织形态对应着四种表现形式。

人力资源管理在股东价值形态中体现为人事管理，在精英价值形态中体现为专业管理，在客户价值形态中体现为战略管理，在利益相关者价值形态中体现为价值管理，这四种人力资源管理形式，随着企业形态的不断进化依次出现，形成了一种变化规律，这就是人力资源管理的演变规律，体现了人力资源管理系统从低级向高级演变的过程。

这四种表现形式都是与之相匹配的组织形态下的最佳人力资源管理形式，只有与企业的组织形态特征相匹配，人力资源管理功能才能够得到充分发挥，超前或滞后都将妨碍企业的健康发展。

不同的人力资源管理形式建立在不同的管理基础之上。所谓管理基础，就是管理系统构建的依据，它是管理思想、制度、措施的立足点，没有管理基础，企业的运行秩序就无法建立，任何人力资源管理活动都无法开展。四种最佳人力资源管理形式依托于四种最佳管理基础：人事管理以“工作”为基础，专业管理以“职位”为基础，战略管理以“角色”为基础，价值管理以“人格”为基础。

掌握人力资源管理演变规律将帮助企业在发展的过程中，有意识地调整自身的管理系统，以与外部市场环境及内部人才现状保持协调发展，使企业形态始终趋于“最佳”。

第一节

人力资源管理的演变规律

市场、企业、人三者之间存在动态的价值关系，这就使在不同的工业时代，组织管理的逻辑与方法存在明显差异，人力资源管理也存在不同的表现形式。因此，只能用全新的思维去理解企业的人力资源管理功能，否则人力资源管理不但无法履行基本使命，在特定时期甚至还会对企业发展产生负面作用——今天中国企业的转型即面临着这个问题。未来人力资源管理将何去何从，成了当前组织变革的核心问题之一。

站在今天这样的一个特定的时间点，要想看到未来人力资源管理的样子，就需要理解过去人力资源管理是如何发挥作用的——未来并不是孤立存在的，而是建立在过去的基础之上，并且不断地发展、演变着。这就是人力资源管理演变规律，也是组织形态管理理论的重要应用成果。

理解人力资源管理的演变过程、看清自己企业的人力资源管理在演变轨迹上位于何处、将去往何方，远比直接应用最新结论、跨越阶段变革更有现实意义。

一、人力资源管理演变规律

在企业形态进化过程中，四种最佳组织形态对应着四种最佳人力资源管理形式，分别为人事管理、专业管理、战略管理、价值管理，并且形成了一种演变规律——人力资源管理演变规律，如图 3-1 所示。

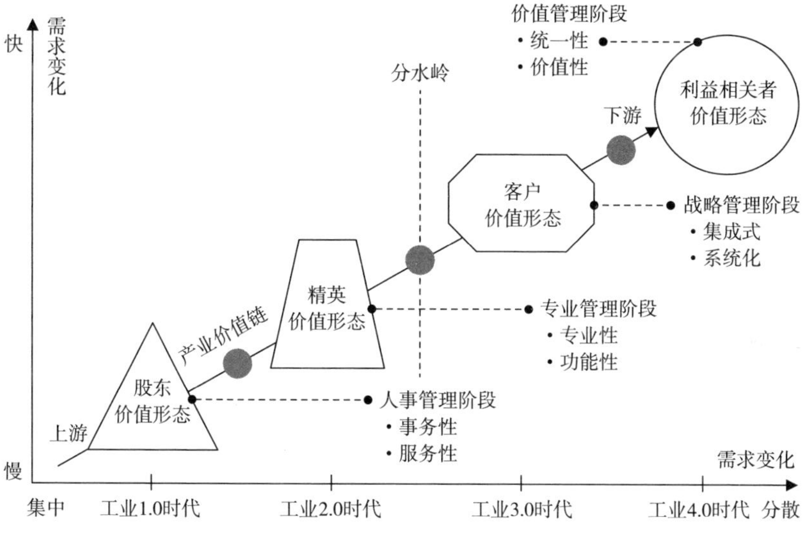

图 3-1 人力资源管理演变规律

股东价值形态中，资本为企业创造主要价值，资本价值掩盖了人的劳动价值，引发了诸多问题，因此这个阶段并没有形成独立的人力资源管理系统，而只有一些事务性的工作，它们与其他管理功能混合在一起，人力资源管理功能根本看不出来。到了股东价值形态后期，随着社会化大分工加快，企业内部也开始有了“分工”，人力资源管理功能开始出现在行政管理功能中，并且有了“行政人事部”；随着“分工”不断加深，人力资源管理功能开始与行政事务工作剥离，出现了人事岗位，人力资源管理功能由这个专职岗位承载。在股东价值形态中，即便把人力资源功能单独拿出来，也会形同虚设，因为这时人的价值全都被凝聚在产品中看不到，能看到的只有资本或老板的价值，这就是工业 1.0 时代的最佳人力资源管理形式——人事管理。

精英价值形态中，精英领导力为企业创造主要价值，人的价值开始得到体现，因此人力资源管理功能被彻底剥离出来，形成独立的人力资源管理部门，这是内部“分工”与“协作”的结果，人力资源管理完全服务于精英领导力。随着“分工”持续进行，人力资源管理功能被进一步细分，出现了招聘管理、薪酬与福利管理、绩效管理、培训管理、员工关系管理等功能，这些功能让人力资源管理成了一个系统。“分工”有利于专业能力的提升，以便管理人数更多、规模更大的企业，专业水平提升有利于精英领导力的发挥，体现精英团队的价值创造能力，这就是工业 2.0 时代的最佳人力资源管理形式——专业管理，也叫职能管理。

客户价值形态中，团队创新力为企业创造主要价值，多数人的价值开始得到体现，这时，人力资源部解体，人力资源管理功能却得到了全面升级，由不同团队承载，人力资源管理功能不再继续“分工”，而是开始“集成”——戴维·尤里奇提出的“HR 三支柱模型”就是一种集成产物，只不过这种集成还并不充分。人力资源管理将为企业内部不同类型的业务单元（团队）提供有针对性的解决方案，着眼于业务单元的可持续发展，如战略实现、人才成长、价值增长、变革创新、业务推动、文化再造等，目标是最大限度地提升骨干群体的创造力，从而提高企业自身的市场竞争力，以便应对分散且多变的市场环境，人才将成为企业资产的必要组成部分，这就是工业 3.0 时代的最佳人力资源管理形式——战略管理，也叫集成管理。

利益相关者价值形态中，企业人格力为企业创造价值，所有利益相关者的价值得到无差别体现，这时，人力资源管理团队也将解散，人力资源管理功能将与其他的功能融合在一起，重新回归到管理者——谁是管理者，谁就将承载人力资源管理功能。这个功能涵盖完整的人力资源价值链，实现了价值创造、价值评估、价值分配的统一，目标是提升每个人的价值创造能力，让所有人都能体现自身价值，企业的创造力将达到巅峰，有什么样的价值创造能力，就会产出什么样的产品，只需管理人的价值创造能力，这就是工业 4.0 时代的最佳人力资源管理形式——价值管理。

表 3-1　四种最佳人力资源管理形式及功能的对比

人事管理	专业管理	战略管理	价值管理
招工	人力资源规划	战略实现	价值创造
工资福利发放	招聘管理	人才成长	价值评估
奖惩	薪酬与福利管理	价值增长	价值分配
技能训练	绩效管理	变革创新	
……	培训管理	业务推动	
	员工关系管理	文化再造	
	……	……	

不同的人力资源管理形式有不同的功能，如表 3-1 所示，这些功能呈现出一种递进关系，反映出人力资源管理的演变过程。无论

人力资源管理的功能如何变化，不变的是人力资源管理的使命。

工业 1.0 时代的人力资源管理与其他职能一样，还没有成为一个独立的专业领域，所以人力资源管理的各项机制也尚在孕育当中，如人才管理、绩效管理、薪酬管理等，都是从工业 2.0 时代才开始的。

二、人力资源管理从低级迈向高级

从四个阶段的人力资源管理形式上看，人力资源管理功能经历了从简单到复杂、从低级到高级的过程。每个阶段都有各自的阶段性目标，每个目标都建立在上一个目标的基础上，并向前迈进了一步，当最终的目标结束时，使命即告完成。

站在今天的视角看，人事管理似乎相当简单、粗放，殊不知人类在进入工业时代以前，连人事管理这一事务性功能都没有，人在价值创造活动中的重要性完全让位于自然物，组织管理的中心在于自然物或被改造的自然物，人事管理的出现，象征着人在价值创造活动中第一次取代了自然物，这是一次划时代的飞跃。

进入专业管理阶段，人事管理并没消失，而是被各专业功能模块吸收，成为一种基本工作，为各专业功能模块提供支撑作用，而各功能模块则在各自的领域继续精耕细作，不断提升专业性，并形成了人力资源管理的不同产品。显然，专业管理阶段的工作内容比人事管理阶段的工作技术含量更高。

进入战略管理阶段，专业管理阶段的各项功能模块没有消失，而是以不同的方式集成在一起，形成各种系统化的人力资源解决方案，需要不同功能模块共同发挥作用，满足内部客户的需求。显然，战略管理阶段的工作内容比专业管理阶段的工作技术含量更高、更复杂。

同样，进入价值管理阶段，这一规律仍将继续发挥作用。

其实，不仅是人力资源管理，组织中的其他管理功能也都有这样一种演变规律：都是从简单到复杂，从低级到高级呈现出规律性变化，在每次转型的过程中，下一个阶段的功能建立在上一个阶段功能的基础之上，使技术含量有了进一步提升。也正因如此，每一次转型升级都会造成大量的离职，因为下一个阶段对人员的要求更高，一个人需要能够胜任上一个阶段的大部分工作——当一个人能够完成以前多个人的工作时，就会产生大量富余人员，这种现象普遍存在于各种专业管理功能中，对于大型传统企业而言，裁员将是一种普遍现象，因此这一过程才被称为进化：高级取代低级，象征着人类社会的进步。

企业进入转型期后，人力资源管理变革将从专业管理阶段向战略管理阶段演变，分工逐渐转变为集成，人力资源管理功能开始与其他功能集成，形成了三种角色——SSC、BP、COE，构成“HR 三支柱模型”。随着企业变革持续深入，“HR 三支柱模型”将会解体，在公司层面只有 COE，全面进入战略管理阶段。进入战略管理阶段后，人事管理、专业管理被兼容，如同高版本的系统兼容低版本的系统一样，因此，这也是人力资源管理功能的升级过程。

三、管理系统的演变规律

人力资源管理只是组织管理系统的一个组成部分，其实在工业时代，整个组织管理系统随着组织形态的演变都可以分为四个阶段——事务管理、专业管理、战略管理、价值管理，分别与股东价值形态、精英价值形态、客户价值形态、利益相关者价值形态相对应，是各个工业时代的“最佳”管理系统，如图 3-2 所示。除了人力资源管理以外，其他管理功能也都遵循着这样一种变化规律，笔者在组织形态专业著作中，仅以本书作为代表。

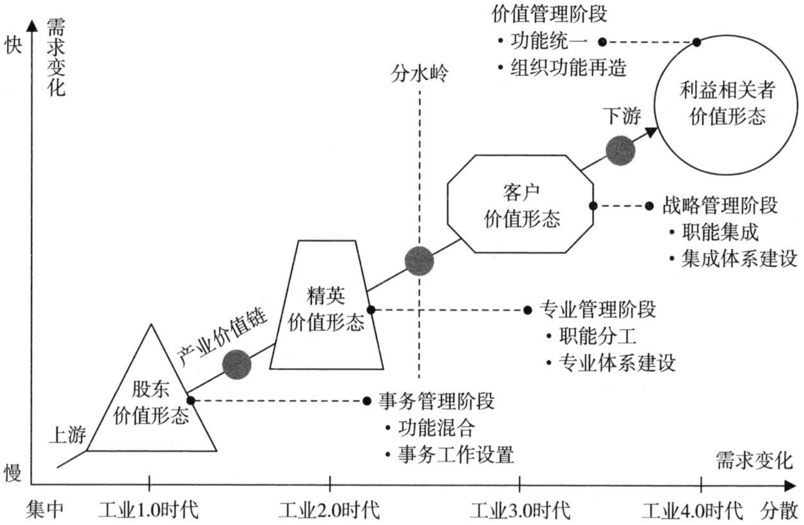

图 3-2　组织管理系统演变规律

股东价值形态管理系统的特点是事务管理，“分工”尚不明显，大多数功能混合在一起，整个管理系统主要服务于股东的经营管理，维持生产活动的正常运行，向市场销售尽可能多的产品，因此多为事务性的工作内容。通常以盈利为导向，用结果证明这些工作干得如何。

精英价值形态管理系统的特点是专业管理，开始出现“分工”，各项职能随着企业规模的不断扩张以独立部门的形式出现，职能部门内部又有分工，以不同职位的形式体现，这些职能部门纷纷建立各自的专业管理体系，如人力资源管理体系、财务管理体系、风险管理体系、营销管理体系等。通常以业绩为导向，重结果、轻过程。

客户价值形态管理系统的特点是战略管理，体现出全局性、长远性、不确定性等战略属性，“分工”转为“集成”，职能部门纷纷解体，以不同专业团队的形式相互集成，形成一个跨功能、相对完整的新系统，从战略设想到战略实现了全覆盖。战略管理使企业从静态组织转变为动态组织，通常以客户为导向，重过程、轻结果，有利于管理活动的创新。从某种意义上说，专业管理阶段的“分工”造成了人们对管理的破碎认知，进入战略管理阶段后，则需要通过“集成”来还原管理的真相，这种还原使人们对管理的认知更加深入。

利益相关者价值形态管理系统的特点是价值管理，所有功能都将覆盖价值创造、价值评估、价值分配环节，并且开始融合，通常以过程为导向，用过程推导出必然结果，便于体现所有利益相关者的价值。

如今，中国企业正在从精英价值形态迈向客户价值形态，专业管理系统即将结束，战略管理系统还未成型，因此问题众多、表现复杂，无论是企业还是专业工作者，都必须及时转型，才能跟上时代变化的节奏。

第二节

工业 1.0 时代最佳人力资源管理——人事管理

人事管理是工业 1.0 时代的最佳人力资源管理形式，以“工作”为管理基础，主要包括招工、薪酬发放、奖惩、技能训练等，虽然现在来看似乎有些简单、粗放，但在工业社会初期，人事管理对企业的成长与发展起到了极大的推动作用，因为在此之前，人们对“人”的管理还没有一个较为清晰、完整的认知。

工业革命后，西方管理学进入古典管理理论阶段，“经济人假说”成为管理学研究与发展的基础，这时人们已清楚地认识到了人对组织发展的重要性，对人的管理已经成为组织管理的重要组成部分。工业革命不仅是对生产力的解放，更是对人性的解放，人的价值历史上第一次超越了自然物或改造后的自然物，工业革命之所以伟大的根本原因也在于此。人类社会从此以人自身的创造力为主导，“科学”的概念诞生，这也使工业革命被称为“科技革命”。

人事管理拉开了人力资源管理演变的序幕，也为后面各种人力资源管理形式奠定了基础。人事管理的目的是提升股东以及资本的价值创造能力。

一、工业 1.0 时代的价值创造方式

工业 1.0 时代的市场特征以及企业形态决定了人事管理的特点。

第一次工业革命爆发，带来了生产力的极大提升，实现了从工场手工业到机器大工业的飞跃，人类进入工业时代，开启了产业工业化进程。这时候，产业发展刚刚起步，处于初建期，规模较小、相对封闭，企业只要掌握先进技术，就很容易在产业中形成垄断地位。为了适应机器大生产的要求，资本开始与独特资源结合，股东价值形态就此诞生，资本收益力为企业创造主要价值，“工厂制”成为当时最普遍的组织管理形式。

资本的趋利性是追求资本收益最大化，但企业内部任何价值交换行为都会带来资本与资源的消耗：价值交换行为会产生交换成本，这些成本会降低资本收益。因此，只有使企业成为一个完整的密封系统，把所有创造出来的价值都凝聚在最终的产品中，企业才能获得最大的价值——所以工厂制的最大特点是集体共同创造价值，而企业本身就是最小的价值创造单元。

所有人的劳动都凝结在一起，自然不会普遍出现“分工”与“协作”式的管理方式，更不会有所谓的专业化管理，所有职能都是事务性的、服务性的，为了促进生产、销售而出现，相互混合在一起，这就是工业 1.0 时代的价值创造方式。它最大化地保障并提升了股东（资本）的价值，现在看起来似乎有些简单，但是相对于农业时代的价值创造组织——作坊而言，其复杂和先进程度都不言而喻。

改革开放以后，中国企业进入了这个阶段，工厂制也成了这个

阶段的典型特征，为中国市场经济的发展奠定了坚实的基础，直到20世纪90年代初才逐步减少。相当一部分企业进入精英价值形态，虽然还有部分企业保留了股东价值形态，但已经不是主流，而当中国企业全面向工业3.0时代迈进时，这些企业的生存空间必将受到进一步挤压，毕竟股东价值形态仅是工业1.0时代的“最佳”企业形态。

二、通过“管工作”来“管人”

股东价值形态以“工作”为管理基础，相对于农业时代而言，极大地提高了组织管理效率，让管理的意义得到了充分体现。

所谓“工作”，是指一段较长的时间内、重复的、性质相近或相关的事情的组合，即一件件相似的“事”组合在一起就成为“工作”。由于这个时候“职位”还没有出现，人的责、权、利只能通过“工作”体现，企业便通过“管工作”实现“管人”的目的。

进入工业1.0时代之后，人类的价值创造能力大幅度提升，机器成为重要的价值创造工具，物质财富开始被源源不断地创造出来。管理基础从“事”到“工作”的转变过程看起来简单，却是一个历史性的跨越——组织管理从此进入了科学管理时代，管理学也成为一门科学，如同其他科学领域一样，形成了自身的发展规律。依据“工作”进行的管理活动，更接近其科学的内涵——管理学也是从研究“工作”开始的：科学管理之父泰勒（Frederick. Winslow. Taylor）进行的金属切削实验、搬运实验、铁锹实验都是针对“工作”开展的科学研究。“工作”把一些零散、无规则的事情变成有秩序、有规则的，与人的结合更有效，使人的劳动效率得到大幅度的提升。

而在此之前组织管理活动大多来自管理者的潜意识或本能，都只是经验之谈。

股东价值形态的管理活动主要围绕“工作”展开，强调“人”要适应“工作”要求，即“人”要与“工作”的难易程度相匹配，如图3-3所示。企业管理系统是一种以纪律、奖惩为主的指令性管理，管理的目的在于提升劳动生产效率、使资本收益最大化。这时，企业通常采取直线型组织结构，这是一种典型的垂直管理线条，能够有效地把指令从上至下传递下去，更容易把所有人的劳动凝聚在一起。

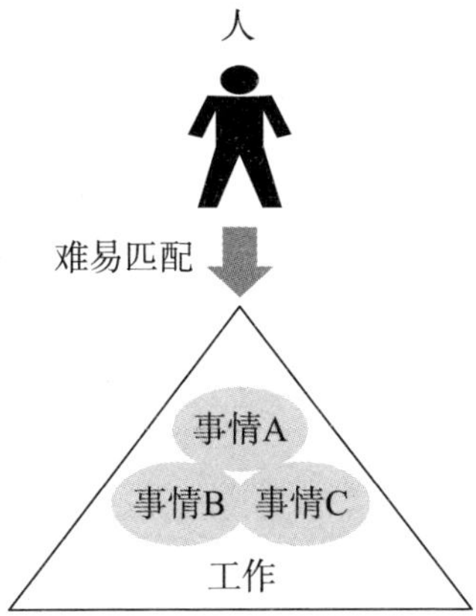

图3-3 以“工作”为管理基础

以“工作”为基础的企业，管理行为相当粗放，但运行系统也相当灵活。由于绝大多数人的劳动被凝聚在产品当中，看不到个体的价值，所以企业的创新能力非常弱，创新仅仅体现在股东或老板身上，这也使企业的规模受限，无法开展更大规模的价值创造活动。

三、人事管理阶段的特点

在工业 1.0 时代，人事管理只管理“工作”，并没有管理到“人”：“工作”出现，再找能够完成工作的“人”，这就是股东价值形态的管理特征。由于价值创造活动相对简单，事务性的人力资源管理恰好与它相匹配：人事管理的“事”即指事务性的“工作”。

人事管理的主要内容包括招工、工资福利发放、奖惩、技能训练等。招工是招聘管理的前身，但没有招聘那么复杂，原因在于工业 1.0 时代属于产业发展时期，工作所需的技术含量以及对人的需求主要体现在“硬件”上，如性别、年龄、体力、经验等，通过肉眼观察就能进行判断；工资福利发放是薪酬管理的前身，只是核算与发放，目的是保障人能够持续、稳定地提供劳动能力，维持正常的生产活动；纪律与奖惩是绩效管理的前身，只是对工作结果优劣的衡量，通常“罚”的力度大于“奖”，用于鼓励或矫正人的行为；技能训练是培训管理的前身，但目的并不是人才的发展与成长，而是使人尽快进入工作状态。人事管理的主要内容围绕着各种“工作”展开，对人的管理停留在能够满足生产需要、尽可能生产出更多的产品、尽快变现价值上，因此只关注既得利益、短期利益，并不关注企业的长期发展，这些管理特点也充分反映出管理学是建立在“经济人假说”基础上的，这是人性的低级状态。

人事管理的工作都是事务性工作，内容简单、技术含量较低，对胜任者的要求不高，因此可以与其他行政事务工作混合在一起。

到了股东价值形态后期，市场环境发生巨变，行业垄断被纷纷打破，企业开始寻求规模上的突破，职能之间的“分工”与“协作”出现，“部门”与“职位”陆续形成，行政人事部门形成。这时，行政与人事工作依然没有分离，但随着企业不断发展，人事管理工作内容的共性越来越强，无论是在工作量还是复杂程度上都有明显提升，这一功能的重要性越来越明显，人事管理的工作开始从行政人事部门剥离出来，由专门的职位与人来完成，人力资源部也终于以独立部门的形态出现。此时，人事管理的历史使命结束，人力资源管理演变到专业管理阶段。

第三节

工业 2.0 时代最佳人力资源管理——专业管理

专业管理是工业 2.0 时代的最佳人力资源管理形式，以“职位”为管理基础。本书之所以使用“专业”一词，是为了强调人力资源管理的技术含量，以区别于事务性的人事管理。人们对人力资源管理这一专业的认知基本都产生在这个阶段，虽然它仅仅是演变过程中的第二阶段，对企业的影响却最深刻。

第二次工业革命以后，西方管理学进入行为科学理论阶段，“社会人假说”成为管理学的基础，“人”对企业发展的重要作用得到进一步明确，在某种程度上甚至超越了资本，并且第一次出现了职业经理人。当资本的价值创造能力日益降低时，面对残酷的市场竞争，资本便不得不把经营权从所有权当中剥离出来、让渡给职业经理人，精英群体借此登上企业发展的历史舞台。虽然精英属于少数群体，但相对于股东价值形态而言，劳动创造的价值终于得以被清晰体现。人的创造力不断提升，推动了社会化大分工的进程，“专业化”因此诞生，所有科学领域都进入了蓬勃发展期，在这个时期，精英成了“专业化”的代表。

这时，人力资源管理也开始进入专业管理阶段，不仅功能完全独立了出来，而且进一步细分，变得更加精细：分为人力资源规划、招聘管理、绩效管理、薪酬与福利管理、培训管理、员工关系管理六个人们熟知的功能模块，“分工”的目的依然是提高专业化水平。每一个细分领域都有一套自己的运行规则，它们共同构成了人力资源管理的职能系统，因此这个阶段也可称为职能管理阶段，其他管理职能也呈现出同样的变化过程。专业管理阶段的目标是提升精英的价值创造能力，所有的人力资源管理功能均服务于精英领导力。

一、工业 2.0 时代的价值创造方式

工业 2.0 时代的市场特征以及企业形态决定了专业管理的特点。

第二次工业革命爆发，带来了生产力的极大提升，产业垄断被纷纷打破，产业之间开始进行有限融合，逐渐形成产业集群，企业开始进入高速发展期，精英价值形态出现。股东价值形态中的指令性管理虽然方式灵活，但当工作内容日益复杂、技术含量不断提高时，指令性管理就会使每个人都感到焦头烂额、应接不暇。面对广阔的市场发展前景，企业必须突破规模限制，指令性管理显然已不再合适，于是逐渐被“分工”与“协作”式的产品管理替代。这是一种标准化的、规模化的价值创造方式，也是传统企业的基本管理方式，人力资源管理同样采取了这种方式。

“分工”有利于提升专业化水平，使企业能够进行技术含量更高的价值创造活动，为市场提供更好的产品；“协作”有利于推动规模化生产，使企业能够进行大规模价值创造活动，为市场提供更

多的产品——这让精英价值形态迅速发展起来，成为工业 2.0 时代的“最佳”组织形态。

相对于股东价值形态而言，传统企业能够为社会创造出更多的物质财富。在精英的领导下，各职能部门通过“协作”共同创造价值，让每个精英的价值得到了充分体现，其他群体虽然也积极参与了价值创造活动，但是创造的价值并不大。如果非要衡量或对比一下的话，这个比例可以用“二八法则”来体现，即一个传统组织 80% 的价值由精英团队创造，其他人创造了剩余 20% 的价值——这是由精英价值形态的基本特征决定的：少数“英雄”人物主导了企业的价值创造活动。从这个意义上说，工业 2.0 时代也是一个“英雄”时代。

“分工”与“协作”式的产品管理让企业告别了简陋的工厂制形式和粗放的指令性管理，开始着手构建各项管理机制，组织管理系统走向正规化、系统化，专业管理阶段终于到来。精英价值形态不断发展，分工越来越细，功能也越来越完善。在中国 20 世纪 90 年代后期，民营企业的家族传承、国有企业的构建现代企业制度几乎同时发生，这并非偶然，因为它们都要从股东价值形态向精英价值形态转变。关于产品管理的特点，我们将在后面继续介绍。

二、通过管理“职位”来“管人”

如果说“工作”让组织管理变得有章法，“职位”则让组织管理逐渐形成体系，管理基础从“工作”演变为“职位”，又是一次质的飞跃。

什么是“职位”？一组性质相似的“工作”逐步稳定下来就会形成“职位”，即相似的“工作”一旦被固化就会形成“职位”，也是人们常说的“因事设岗”。从概念描述上就可以发现，“职位”本身具有一种静态属性，天然强调稳定性，因此职位管理通常在相对封闭、变化不大的环境中发挥价值。“职位”的出现让零散的“工作”有了归宿，一个企业中所有的“工作”都会由不同的“职位”承载，而且这些“职位”都是稳定的，只要管理好“职位”，就能让组织顺畅地运转起来——“职位”让组织管理成了一个比较完整的系统。

在精英价值形态中，人的责、权、利通过“职位”体现，强调“人”必须符合“职位”要求，这就是所谓的“人岗匹配”，如图 3-4 所示。当“职位”变动时，责、权、利就会发生相应改变，“职位”没有改变，无论人怎么变动，责、权、利都不会发生改变，这就是职位管理的基本逻辑。

可以看到，组织从“管工作”演变为“管职位”，也没有直接管到“人”，却可以通过“管职位”实现“管人”的目的，以“职位”为管理基础是以“工作”为管理基础的一个延伸，“职位”让组织管理走向专业化、体系化，企业开始建设全方位的管理系统。

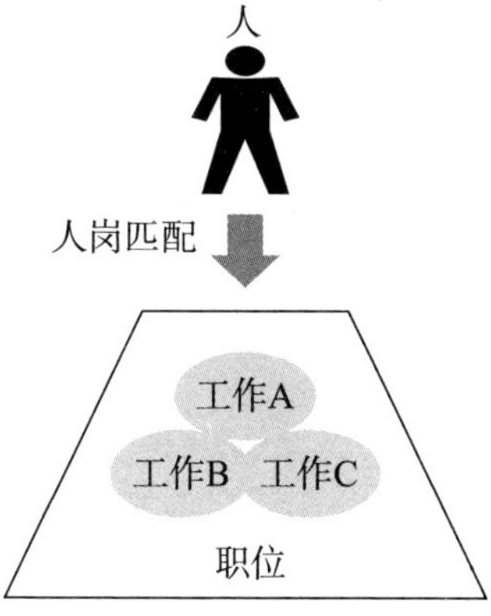

图 3-4 以“职位”为管理基础

“职位”的稳定性，既便于任职者体现其专业性，也让价值创造活动得以标准化，因此能够与产品管理方式充分结合，这也是工业 2.0 时代的市场特征决定的。

精英价值形态形如“金字塔”，“职位”就是构建“金字塔”的基本材料，整个“金字塔”由“职位”构成：依据责、权、利的大小，把“职位”价值进行分级，这就是“职级”，“职级”越高越接近“塔顶”，“职级”越低越接近“塔基”，精英群体通常处于顶层位置，因为这个位置上的人更容易体现自身价值。

人力资源管理只有演变到专业管理阶段时才得以形成一个体系，“职位”成了所有功能赖以发挥的基石。

三、专业管理阶段的特点

在工业 2.0 时代，专业管理只能管理“职位”，并没有管理到“人”：先设置“职位”，再找能够胜任职位的“人”，没有职位则无须找人，否则找来的人便无法安置——责、权、利根本说不清楚，更不用说让其发挥价值，这就是精英价值形态的管理特征。

专业管理背后是对人的创造力的认同，管理不再凭借经验、感悟进行，而是依托科学系统，这使得组织管理系统变得不再简单。当劳动的复杂性日趋明显、技术性越来越高，“人”对组织发展的重要作用被不断明确，企业就需要不断提高“人”的工作积极性，而这只能通过有效的管理系统实现，因此，原来的招工变成了招聘管理、奖惩变成了绩效管理、工资福利发放变成了薪酬管理、技能培训也变成了培训管理，目的就是提升“人”的价值创造能力。一旦认同了“人”的价值创造能力，西方管理学也进入一个新阶段，

"社会人假说"取代"经济人假说","人"的工作积极性可以通过管理调动起来，这就使激励机制在管理系统中变得越来越重要，这一思想贯穿在传统人力资源管理的所有功能中。

专业管理强调人力资源管理的专业性，"专业"一词即指专门的领域，相对于"事务性"而言，专业性体现为这个领域中的技术优势，同时也表明，人力资源管理已经成为一个独立的学科，商学院也纷纷开设相关课程。一个企业的人力资源管理功能是否能够充分发挥，主要取决于人力资源部的专业水平，很多时候，通过人力资源部即可看出一个企业的人力资源管理状态。对人力资源管理的专业要求信息均由"职位"承载，胜任某一"职位"必须具有其要求的专业性，其他专业领域同样如此。

在传统企业中，对专业性要求不高的职位，通常职位价值也并不高，"职级"在某种意义上代表着专业水平的高低。因此，传统企业进行人才盘点的意义并不大，因为"职位"的天然稳定性，所有人才的信息都可以从"职位"上反映出来，只需要盘点"职位"即可。

"职位"的出现让人力资源管理的六个功能模块的作用得到有效发挥，但这种天然的稳定性也限制了人才和企业的进一步的提升，尤其是当企业内外部的变化越来越明显时，专业人力资源管理便开始面临巨大挑战。

第四节

工业 3.0 时代最佳人力资源管理——战略管理

战略管理是工业 3.0 时代的最佳人力资源管理形式，以“角色”为管理基础。本书之所以使用“战略”一词，是为了强调人力资源管理的战略属性以及对企业发展的重要性。进入战略管理阶段，人力资源管理功能不再是进一步“分工”，而是在“分工”的基础上进行“集成”，“集成”不仅使人力资源管理在专业技术层面上有了大幅度提升，更重要的是实现了以客户为导向。这一阶段的人力资源管理也被称为集成管理，主要包含战略实现、人才成长、价值增长、变革创新、业务推动、文化再造等内容。

在中国，战略性人力资源管理的功能发挥得非常有限，只有在极少数企业中才能看到它的一些特点，因此这部分内容对绝大多数企业以及人力资源专业人员来说都比较陌生。

第三次工业革命以后，西方管理学进入现代管理理论阶段，“复杂人假说”成为管理学的基础，“人”对企业的发展已不仅仅是重要，而是起到了决定性的作用——企业发展彻底抛弃了对自然物的依靠，也不再取决于企业规模、人员数量、资本属性等，而完全取决于“人”的创造力。这里的“人”也不再是少数精英，而是人数较多的骨干，企业迎来了多数人创造主要价值的时代。战略管理阶段目的就是提升多数人的价值创造能力。

一、工业 3.0 时代的价值创造方式

工业 3.0 时代的市场特征以及企业形态决定了战略管理的特点。

第三次工业革命爆发，带来了生产力的极大提升，产业集群之间开始跨界融合，逐渐形成产业群落，出现了区域性的产业生态圈，客户价值形态出现，企业进入成熟阶段。

传统企业采取的产品管理方式虽然能够进行标准化、规模化的价值创造活动，但当客户需求变得分散且多变时，它就会让企业运行系统变得越来越僵化。面对更加广阔的市场发展前景，企业变得心有余而力不足。

稳定性是传统企业的典型特征，在工业 2.0 时代成为一种竞争优势。然而进入工业 3.0 时代，这种优势将逐渐转为劣势，企业必须用灵活性取代稳定性，这也预示着“分工”与“协作”式的产品管理时代即将结束，企业需要一种能够独立运行，且能够进行统一管理的价值创造方式。独立且统一即集成化、系统化的流程管理方式，这种方式彻底颠覆了传统的“分工”与“协作”，其灵活性体现在可以依据客户需求变化随时进行调整上。因此，这是一种动态的管理方式，也让客户价值形态成了一种动态的组织系统。

要想实现独立运行，就必须把不同的功能单元集成在一起，这让职能部门的存在失去意义，因此“部门”开始瓦解，而各类团队

逐渐形成：团队意味着开放，能够依据客户需求随时进行组合、拆分。要想实现统一管理，就必须覆盖一个完整的业务流程，每个业务流程对应一类客户需求，客户需求将由业务流程上的不同团队共同完成，无论客户需求如何改变，企业都能通过调整业务流程及时应对。因此客户价值形态也是一种能够“变形”的组织形态，其灵活性不言而喻。此时，企业规模已经变得没有什么意义，它完全可以依据市场需要变大或变小，由于具有强大的创造力，“变形”显得轻而易举，而这种组织形态特点恰好与工业 3.0 时代的市场特征相吻合。

要想让业务流程与客户需求实现对接，责、权、利就要下放至各业务流程及流程上的各类团队，带来组织管理重心的下移。因此，客户价值形态的组织也是分权型组织，团队则是客户价值形态组织中最基本的价值创造单元。

二、通过“管角色”来“管人”

如果说“职位”让组织管理变成了一个完整系统，“角色”则让组织管理变得富有生机，“生机”是指组织机能活跃、富有朝气。职位管理让传统企业如同一台机器，虽然结构严谨，能够高效运行，但冰冷、没有生气；角色管理则让现代企业如同一个生命体，不仅生机勃勃，而且能够新陈代谢。如今的生态型组织，也是因为“角色”成了整个“生态系统”的管理基础，才使每个成员单位变成不可缺少的“物种”。

什么是“角色”？“角色”既不是单纯的“人”，也不是单纯的“工作”，而是“人”与“工作”的统一体，“工作”改变，则“人”

必然随之改变；也可以说，“人”改变，则“工作”必然随之改变，这就是组织灵活性的根本所在。与股东价值形态的“工作”、精英价值形态的“职位”不同，“角色”让客户价值形态聚焦于“人”，系统性地研究“人”，此时责、权、利配置在“角色”上，企业通过“管角色”实现“管人”的目的。

角色管理的核心是能力素质，它第一次解析了“人”与“工作”之间的关系，回答了“人”之所以能够取得成功的根本原因，关于能力素质的内容，本书将在后面详细介绍。角色管理基础强调“人”的行为与价值创造活动中其所扮演的“角色”相匹配，意味着企业对人才的要求最终要在具体行为上得到呈现，行为成了人才价值的评价标准，这让组织管理活动终于落到了实处，如图 3-5 所示。

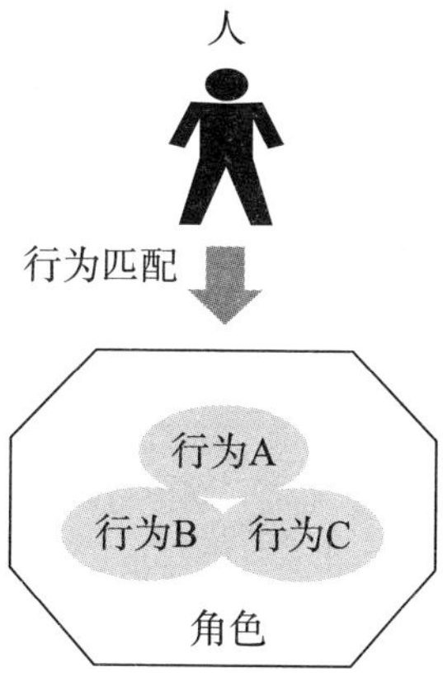

图 3-5 以“角色”为管理基础

角色强调“人”与“工作”的统一性，意味着当市场发生变化、对工作的要求提高时，“人”的价值创造能力必然随之提高，人的行为表现也要达到更高的标准，这一过程不需要企业的“有形之手”

发挥作用，而要通过外部驱动力来实现——这个驱动力就是客户，组织管理因此从被动变为主动，开始由原来的侧重“管”，转为侧重“理”，笔者把这种管理风格称为“自管理”，而客户价值形态的组织也被称为“自管理组织”。

当组织系统变得越来越复杂的时候，仅靠企业的“有形之手”根本无法驾驭，因此必须形成一种自管理系统，让“无形之手”发挥作用，自管理组织也将成为工业 3.0 时代的主流。

三、战略管理阶段的特点

战略管理阶段强调的是人力资源管理的战略属性。一直以来，“战略”一词都与“重要性”等词汇联系在一起，这显然把“战略”一词的含义狭隘化了。工业2.0时代的“战略”与工业3.0时代的“战略”在含义上具有本质区别，原因在于工业 2.0 时代的市场依然相对封闭、需求相对稳定，而到了工业 3.0 时代，市场发生了根本性转变，影响因素越来越多、风险越来越大、不确定性越来越明显，这时，“战略”的意义才会显露出来。“战略”本身就是在管理不确定性、管理风险，但凡能够确定、能够设计、能够规划出来的方案，与“战略”的关联都反而不大。“战略”一词的意义深远，本质上来自外部市场，越是分散且多变的客户需求越能体现出“战略”的价值，从这个意义上说，客户管理也是战略管理。客户从未如此深刻地影响企业的发展，这也是工业 3.0 时代的最佳组织形态被称为客户价值形态的原因。

谁能解决工业 3.0 时代的客户需求？是企业中的骨干，而不再是精英，提高骨干的价值创造能力成了战略人力资源管理的基本目标。骨干的人数众多，恰好对应分散且多变的客户需求，解决了骨干价值创造能力问题，就解决了客户需求问题，这是战略管理的基本逻辑。因此，这个阶段的人力资源管理的功能主要包括战略实现、人才成长、价值增长、变革创新、业务推动、文化再造等内容。当然，也不仅仅局限于这些内容，由于客户需求不断变化，但凡与“人”的价值创造能力相关的，都将属于战略管理的功能。例如，企业文化建设通常位于人力资源管理的边缘，而在战略管理阶段则必须将其纳入人力资源管理功能，因为企业文化对“人”的价值创造能力的影响非常明显。

以上每一项功能都是集成化的功能，都具有长期、系统、不确定等特征，没有现成的方法、路径、步骤，每一项内容都需要依据客户需求进行设计，因此通常都是定制化、个性化的解决方案，而且从设计到实施，涵盖了人力资源管理的整个流程。

当然，当企业进化到客户价值形态时，除人力资源管理功能发生了改变，其他管理功能同样发生了变化，它们都将从专业管理阶段演变到战略管理阶段，在功能上具有一定的相似性，只是表现形式存在差异。为了实现共同的目标，跨功能团队不断形成，又因为客户需求的变化不断解体、重组，直接使组织系统的复杂性大幅度提升。

进入工业 3.0 时代后，西方管理学的研究与发展建立在“复杂人假说”的基础上，而这个时期的很多先进理念都不是给传统企业准备的，如 20 世纪末提出的“学习型组织”，这应该是最早对未来组织的描述，很可惜，由于未能掌握其运行逻辑，中国企业也只学来了一个概念，连“皮毛”都算不上。理解了“复杂人”，就能理解战略管理的特点。

第五节

工业 4.0 时代最佳人力资源管理——价值管理

价值管理是工业 4.0 时代的最佳人力资源管理形式，以“人格”为管理基础。本书之所以使用“价值”一词，是为了体现人力资源管理的终极目标。区别于战略管理，价值管理最终要回归管理的本源，同时体现企业作为一个经济组织的基本使命——创造人类所需要的价值，除此之外不应该有其他含义，如果有，也是阶段性的、辅助性的。

利益相关者价值形态成为工业社会最后一个“最佳”组织形态，也是最高级的一个组织形态，但是组织的进化脚步并没有停止，只不过组织将从有形形态向无形形态转变，组织的边界将会消失。利益相关者价值形态目前还不会出现在经济系统中，因为工业 4.0 时代还没有到来，人力资源管理自然也还无法演变到价值管理阶段，只是让人们展望。然而，第四次工业革命却在悄然进行中，这几年生物技术、人工智能、量子信息技术正在迅猛发展，我们正在向工业 3.0 时代迈进。

西方管理学也将进入一个新的阶段，从人性的演变规律来看，“价值人假说”将会成为管理学的基础，人们从事劳动创造的根本出发点是为了实现“人”的价值，价值创造、价值评估、价值分配等每一个环节都需要得到清晰呈现，而这也将构成价值管理的核心内容。

这时再反过来看战略管理的意义，它只是实现价值管理的一个阶段性过程而已，因此价值管理将超越战略管理，成为工业时代的最后一种人力资源管理形式，企业将迎来所有人都创造价值、都能体现价值的时代。价值管理目的是提升所有人的价值创造能力，这里的“所有人”，就是利益相关者。

一、工业 4.0 时代的价值创造方式

工业 4.0 时代的市场特征以及企业形态决定了价值管理的特点。

第四次工业革命爆发，将带来生产力的极大提升，产业群落之间开始融合，一体化的经济生态圈逐步形成。这是一种分布式的生态系统，企业进入衰退阶段，利益相关者价值形态出现。

集成化、系统化的流程管理，虽然能够进行差异化、个性化的价值创造活动，但当市场从分散且多变的客户需求转变为独特的客户需求时，流程管理就将无法维持企业运行系统的顺畅运行，原因在于流程管理虽然通过流程再造解决了协同问题，能够灵活应对客户需求变化，但依然是一种预先设计好的业务流程，属于程式化的价值创造活动，一旦客户需求转变为独特需求，变化将会随时发生，集成化、系统化的流程管理就会束手无策，经常会因为无法跟随客户需求变化及时进行流程再造而导致业务流程在运行过程中出现断

点，迫使价值创造活动停滞，这显然不会让客户有最佳的价值体验。

为了解决这个问题，各类“团队”将解体，个体彻底得到解放，原来独立统一式的价值创造方式将转变为即时组合式的价值创造方式，被解放后的个体依据客户需求即时组建团队进行价值创造活动，流程管理时代就此结束。这种即时组合式的价值创造方式叫什么，现在还没有定义，但这将是一种最优业务流程以及最佳化的价值创造方式。

价值管理让企业与客户完全融为一体，使客户成为价值创造活动的必要组成部分，此时，无论客户需求如何改变，组织都能够应对自如。要想实现即时组合，就必须把各类“团队”打散，使每个人都能独立存在于组织中，个人成为最基本的价值创造单元，当客户需求出现时，这些个体可以随时组合成一个团队，当客户需求改变时，这个团队也可以随时进行调整。这种组合既是一种自由组合，也是一种最优组合，它把每个人的价值创造能力与客户需求结合在一起，既可彻底抛弃不必要的流程环节，也能让每个人的价值创造最大化，这使组织管理中心进一步下移，责、权、利配置在每一个个体身上，利益相关者价值形态的组织不仅是分权组织，更是开放组织，客户已完全融入企业之中，组织边界已形同虚设，离无形形态仅一步之遥，在用圆形描绘利益相关者价值形态组织的边界时使用了虚线，也是为了表达这个意思。这种组织形态特点恰好与工业 4.0 时代的市场特征相吻合。

二、通过“管人格”来“管人”

如果说“角色”让组织管理变得富有生机，“人格”则让组织管理的使命得到直接呈现。

什么是“组织”？管理是为了什么？这些命题在工业 4.0 时代都能找到答案。虽然角色管理让客户价值形态的企业蓬勃发展，但企业的目的依然是生存与发展，还没有实现企业的终极使命——因为客户价值形态组织的发展还没有彻底脱离市场的缺失需求。一旦进入工业 4.0 时代，缺失需求将全面向生长需求转变，所有的需求都将转变为一种独特需求，而能够满足独特需求的企业，必须具备独特的价值创造能力，这才是一个企业在工业时代的终极使命，这种独特的价值创造能力将体现在企业的独特“人格”上。“人格”是人性的全面具体化形式，理解了人格，就能全面解构一个人，人的价值创造能力是人格的必要组成部分，企业同样如此。

进化到利益相关者价值形态时，品牌将为企业创造主要价值，品牌即企业人格，承载着企业的独特价值创造能力。此时，市场中的独特客户需求与企业的独特价值创造能力相互吸引，品牌成为连结两者的通道。企业品牌承载着众多的独特人格，既能够聚集人格趋同的人才，又能向市场标识自己的独特价值创造能力，品牌最终成为影响企业价值创造活动成败的主要因素。此时，组织管理系统以“人格”为管理基础，人力资源管理通过“管人格”实现“管人”的目的，强调“人格匹配”，体现企业品牌与个体人格之间的一致性，如图 3-6 所示。

在利益相关者价值形态中，每个个体都能独立创造价值，没有了固定的部门、稳定的团队，所有个体在组织中都是独立的存在，由于有着共同的价值趋向，这些个体能够聚集在一起，追求共同的价值目标，而这则成为一种信仰。企业品牌凝聚了这种信仰，组织与个体相互成就了人的价值属性，因此，组织对“人”的管理聚焦在这些人格特征上，而责、权、利则第一次被配置在“人”的身上，组织管理也实现了真正意义上的“管人”。

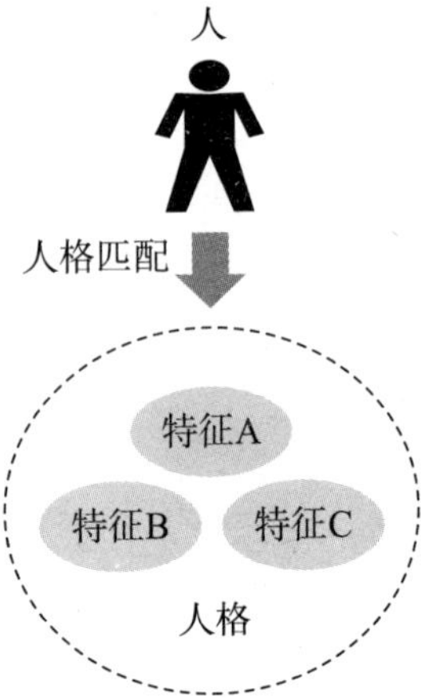

图 3-6　以“人格”为管理基础

三、价值管理阶段的特点

价值管理的主要内容是完成一个人力资源价值链，包括价值创造、价值评估、价值分配三个环节，回答了价值创造活动中的三个基本问题：人如何创造价值？创造了多少价值？如何分享价值？

这时，在客户价值形态中形成的人力资源专业团队将解散，但人力资源管理功能将留下，由每个管理者承载，这些管理者通常都是即时组建的团队的负责人，谁是团队负责人，谁就行使这项功能。在利益相关者价值形态中，谁都有可能成为团队负责人，因此谁都有可能行使人力资源管理功能。一旦成为团队负责人，整个团队如何为客户创造价值、每个成员创造多少价值、每个成员如何分享这些价值，就会成为团队负责人的主要工作，因此价值管理将提升所有人的价值创造能力，并且体现出这些人的价值。

进化到利益相关者价值形态后，企业内部的“分工”将彻底消失，所有的功能又将融合在一起，重新归还给管理者，而这时的管理者已不再是前面三个“最佳”组织形态中的管理者了，而是一种动态的“随机”管理者，谁的人格特征与客户需求最接近，谁就会成为管理者，带领团队完成价值创造活动。当客户需求改变时，团队也会随之进行调整，管理者也有可能发生改变，当客户需求消失时，则团队解散，管理者也会随之消失。

企业的进化过程如同一个轮回，最初，各项管理功能混合在一起，都属于管理者，经历了分工、经历了集成，最后又都还给了管理者，只是以不同形式贯穿了整个工业时代。

借助工业 4.0 时代的先进生产力，利益相关者价值形态的组织将会成为智能组织，采取网络型组织结构，通过信息技术把每个独立个体有机链接在一起，无论组织的运行系统构成多么复杂，组织都能有条不紊地运行，今天，区块链技术的发展，让我们看到了它在未来组织管理中的应用前景。

从这些管理特点中可以看出，工业 4.0 时代的管理学将建立在“价值人假说”的基础上，它充分认同的“人”的价值，也是人性的最高级状态。如果留意就会发现，随着生产力不断提升，“价值人”在这个世界上将越来越多，乔布斯（Steven. Paul. Jobs）那句“活着就是为了改变世界”，充分体现出了“价值人”的特征。

如今，由于中国企业正处于从精英价值形态向客户价值形态转变的过程中，以“人格”为基础的价值管理对中国企业而言还较为陌生，因此不作为本书的主要内容。

第六节

四种最佳人力资源管理的比较

人力资源管理虽然被划分成四个阶段，但都是一种最佳形式，从始至终，人力资源管理的使命都没有变过，只是在形式上发生了改变，有的是分工、有的是集成，它们服务于不同工业时代，而每一次改变的背后都是整个组织形态、管理系统的进化，并不只是人力资源管理这一专业领域的变化。因此，在筹划人力资源管理变革时，更需要从整个组织系统的高度进行思考。

通过 10S 企业形态分析模型，我们可以更详细地对人力资源管理的演变过程进行阐述，如从股权结构、治理结构、文化结构、产品结构、客户结构等视角来看人力资源管理，都能得出相同结论，因为这十个结构相辅相成，任何一个结构的变化都会引起其他结构的改变，因此，掌握一个结构的演变规律，就可以掌握其他结构的演变规律。本节将介绍其中两个，一个是价值单元，另一个是管理基础，这两个结构对人力资源管理的影响更加明显，通过总结、对比，读者可以进一步理解人力资源管理的变化。

一、价值单元的演变规律

价值单元是指企业中能够独立完成价值创造活动、价值成果可以用来进行价值交换的最小价值创造单位，承载着基本的价值形式——责、权、利，对企业的价值创造形式与管理方式有重要影响。伴随着企业形态的不断进化，价值单元也发生了规律性的改变，这就是价值单元的演变规律，不同的价值单元影响着人力资源管理功能的发挥，如图 3-7 所示。

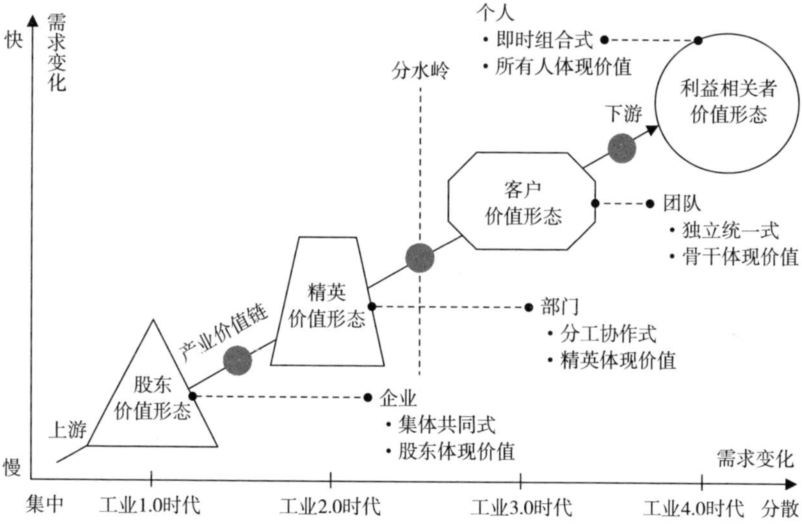

图 3-7　价值单元的演变规律

在股东价值形态中，企业自身就是最基本的价值单元，是集体共同式的价值创造。资本通过占有独特资源，间接为企业创造价值，同时把所有人的劳动都凝结在产品中，除了股东或老板以外，任何个人的价值都无法得到独立体现，从而最大化地体现了资本价值。

因此人力资源管理功能不但无法独立，而且都是事务性工作，如维护生产有效运行，保障资本收益最大化。

在精英价值形态中，部门是最基本的价值单元，是分工协作式的价值创造，产品管理就是这样一种价值创造方式。精英的价值通过领导力与专业能力在各职能部门中得到充分体现，不同部门之间通过“分工”与“协作”进行规模化、标准化的价值创造活动。此时，人力资源管理功能开始独立，并逐步形成一个体系，由人力资源部承载，人力资源管理的专业化水平得到提升，能够有效地服务于精英领导力。

在客户价值形态中，团队是最基本的价值单元，是独立统一式的价值创造，也是一种集成化、系统化的价值创造方式。通过流程再造，不同的功能被集成起来，形成能够统一管理的业务流程，由不同的团队承载，并能够随着客户需求的变化而变化。此时，人力资源管理功能也开始集成，战略管理的功能开始出现，通过提升各类团队创造力，推动企业战略的实施。

在利益相关者价值形态中，价值创造者个人将成为最基本的价值单元，是即时组合式的价值创造，价值创造者可以依据客户需求的特点即时形成一个最优流程，并与客户共同组建一种最优团队，共同完成一项价值创造活动。此时，人力资源管理功能开始与其他管理功能重新融合在一起，这样更便于提升个人的价值创造能力，既能最大限度地满足客户需求，又能充分体现个人价值。

价值单元的演变经历了企业、部门、团队、个人四个阶段，价值创造方式经历了集体共同、分工协作、独立统一、即时组合四种，人力资源管理也经历了人事管理、专业管理、战略管理、价值管理四个阶段，把一个企业中不同群体的价值创造能力依次发挥出来，在推动企业不断发展的同时，也完成工业时代赋予它的使命，可以说，两者的演变过程相辅相成。

从价值单元的演变规律可以看出，企业的空间形态逐步发生改变——内部空间逐步扩大，并且由封闭走向开放，最后与外部市场融合，企业边界消失。

二、管理基础的演变规律

管理基础是管理系统建立的依据，是组织的管理思想、制度、措施实现的基础，没有管理基础，价值创造活动就无法有效进行，组织运行秩序就无法建立。伴随着企业形态的进化，管理基础也发生了相应的改变，这就是管理基础的演变规律，如图 3-8 所示。人力资源管理作为一项重要的管理功能，必然要通过管理基础发挥作用，因此，有什么样的管理基础，就会有什么样的人力资源管理形式。

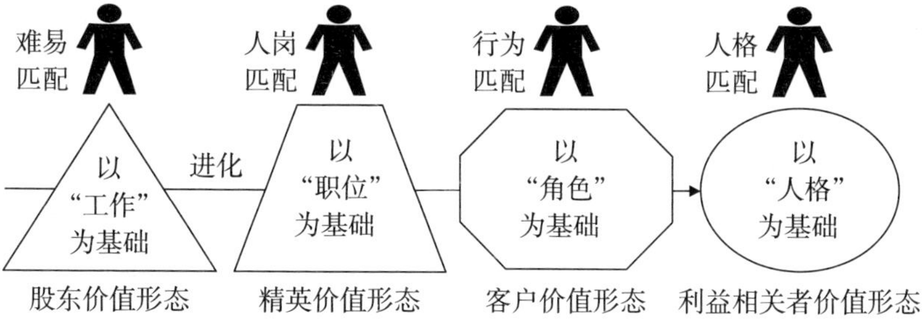

图 3-8　管理基础的演变规律

从组织形态的演变过程来看，管理基础结构经历了四个阶段，分别是以“工作”为基础、以“职位”为基础、以“角色”为基础、以“人格”为基础。之所以会首先出现“工作”，是因为“人”的价值还没有得到体现，当“人”的价值逐渐得到体现，管理基础自然也会一步一步发生转变。

股东价值形态以“工作”为管理基础，“人”的价值通过“工作”得到体现，企业通过“管工作”实现“管人”的目的。第一次工业革命让生产力大幅度提升，机器成为重要的价值创造工具，“人”的价值尚比不上机器与自然资源，因此管理活动主要围绕“工作”展开，强调“人”能胜任工作任务，此时，人事管理只能基于“工作”，如招工、奖惩、工资发放、技能训练等内容开展，主要是为了让“人”提高机器运行的效率及自然资源的使用效率，还没有看到“人”的创造力，这也是“经济人假说”产生的时代背景。

精英价值形态以“职位”为管理基础，“人”的价值通过“职位”得到体现，企业通过“管职位”实现“管人”的目的。第二次工业革命后，社会化大分工使工作细分及专业化的水平提高，出现了固定的“职位”，给“人”的价值创造能力发挥提供了条件，强调“人”与“职位”要求相匹配，这是“社会人假说”产生的时代背景。“职位”让企业管理系统走向专业化、标准化、系统化，专业管理体系在这个阶段形成，通常由六个基本功能模块构成，每个功能模块都在维护这套职位系统，这也是现阶段中国企业主要的人力资源管理形式。

客户价值形态以“角色”为管理基础，“人”的价值通过“角色”得以体现，企业通过“管角色”实现“管人”的目的。第三次工业革命后，市场需求变化加快，“职位”逐渐解体，“工作”得到解放，开始与“人”结合，因此产生了“角色”，强调“人”的行为与其承担的角色相匹配。“角色”的出现大大提升了组织管理的灵活性，也促使组织管理从“分工”转变为“集成”，把不同的功能模块集成在一起，完成更复杂的价值创造活动，在战略管理意义更加明显的同时，也让“人”的价值进一步得到提升，这也是“复杂人假说”产生的时代背景。

利益相关者价值形态以“人格”为基础，“人”的价值通过“人格”得到体现，企业通过“管人格”实现“管人”的目的。第四次工业革命后，先进技术将不断涌现，使每个人都具备独立创造价值的能力。“人”的重要性超越一切，“人格”逐渐成为企业价值创造能力的一种标识，组织管理的重心集中在“人格”上，人力资源管理也从战略层面上升到价值层面，关注每个人的价值创造过程，为每个人的价值实现创造条件，使企业价值与个人价值实现统一，这也是“价值人假说”产生的时代背景。

从“工作”到“职位”，从“职位”到“角色”，从“角色”到“人格”，管理基础实现了从“事”到“人”的过程，也反应出人性从“经济人”到“价值人”的演变规律。在这个过程中，人力资源管理功能也不断升级，实现了从低级到高级的演变过程，最终服务于每个人的价值创造能力的提升，这才是人力资源管理的“终极”使命。

三、四种人力资源管理形式的对比

每一个“最佳”人力资源管理形式都能出色地完成时代赋予的使命，人事管理让人力资源管理开始有章法，形成规则，成为组织管理必不可少的一种功能；专业管理让人力资源管理成为一个较为完整的体系，体现出专业化的技术水平；战略管理让人力资源管理功能变得更加重要，能够指导并参与公司的各项经营管理活动；价值管理让人力资源管理回归本源，体现每个组织成员自身的价值。四种最佳人力资源管理形式依次出现，在功能上呈现出一种递进关系，让我们看到人力资源管理如何有序地发生改变、如何推动企业不断发展。

以下是四种人力资源管理形式的对比，如表 3-2 所示。

表 3-2　四种最佳人力资源管理形式对比

	人事管理	专业管理	战略管理	价值管理
工业时代	工业 1.0 时代	工业 2.0 时代	工业 3.0 时代	工业 4.0 时代
组织形态	股东价值形态	精英价值形态	客户价值形态	利益相关者价值形态
企业发展阶段	初建期	发展期	成熟期	衰退期
基本目标	提升股东的价值创造能力	提升精英团队的价值创造能力	提升骨干群体的价值创造能力	提升利益相关者的价值创造能力
表现方式	有章可循	形成系统	富有活力	价值实现
功能特点	事务性	专业性	集成性	统一性
管理基础	以“工作”为基础	以“职位”为基础	以“角色”为基础	以“人格”为基础
前提条件	难易匹配	人岗匹配	行为匹配	特征匹配
管理方式	集体共同式	分工协作式	独立统一式	即时组合式
管理特点	指令性管理	标准化管理	满意度管理	个性化管理
价值单元	企业	部门	团队	个人
组织结构形态	直线型结构	职能型结构	流程型结构	网络型结构
人性假说	经济人假说	社会人假说	复杂人假说	价值人假说
管理学发展	古典管理理论	行为科学理论	现代管理理论	——

四个阶段的人力资源管理虽然表现形式不同，但目的都是通过提高人的价值创造能力来提高组织的价值创造能力，这是人力资源管理的基本使命，无论组织形态如何演变，这一使命始终都会存在。

改革开放已经40多年，中国经济走过了工业1.0时代、工业2.0时代，组织形态上经历了股东价值形态、精英价值形态，人力资源管理也度过了人事管理阶段、专业管理阶段。在展望工业3.0时代之际，企业将普遍进入转型期，人力资源管理也将从专业管理阶段向战略管理阶段转变，从上表的对比中可以看出，这将是一种颠覆性的转变，对中国企业发展将形成巨大挑战，从这几年的变革中已经能够看到这一点。专业管理对推动中国企业的快速发展起到了重要作用，已经完成了历史使命，人力资源管理的新篇章即将展现在眼前，人力资源管理的转型与升级也成了现阶段企业变革的重要工作内容之一。

接下来的三章将分别介绍专业管理、战略管理以及转型期人力资源管理的特征与内容，通过对三个阶段进行比较，读者将更容易理解人力资源管理是如何发生规律性改变的，并通过掌握人力资源管理变革的底层逻辑，指导中国企业实现顺利转型。

Chapter 4

传统人力资源管理系统

人类社会进入工业 2.0 时代，精英价值形态的企业纷纷出现，社会学家、组织理论之父马克斯·韦伯（Max. Weber）* 提出的科层制（也称理性官僚制）组织就是典型的精英价值形态组织，其应用条件是“人岗匹配”。一旦实现“人岗匹配”，精英价值形态组织就将如同精密的机器一般高效运行，机器上的所有零件（职位）都能发挥其应有的作用，“稳定”“严谨”成为这种组织的标签。科层制组织早已被当时的社会认同，成了工业 2.0 时代的最佳组织形态。

此时，人力资源管理从人事管理演变为专业管理，成为工业 2.0 时代的最佳人力资源管理形式。精英价值形态组织在这一时期纷纷走上多元化、国际化的道路，企业规模实现了质的飞跃，发展成集

* 马克斯·韦伯：1864—1920 年，德国著名社会学家、政治学家、经济学家、哲学家，对西方古典管理理论的确立作出了杰出贡献，是公认的古典社会学理论和公共行政学最重要的创始人之一，被后世称为“组织理论之父”。

团企业，专业管理在其中可谓功不可没。今天，大多数中国企业依然属于精英价值形态组织，因此专业管理依然是当前人力资源管理的主流形式。

当人类的脚步迈入工业 3.0 时代，新组织纷纷涌现，精英价值形态组织变成了“传统”组织，专业管理也就成为传统人力资源管理，当传统企业的转型成为时代命题，人力资源管理的变革也必然走向前台。

从某种意义上说，要想看清未来，就要看懂过去，掌握传统人力资源管理的运行逻辑，有助于企业采取有针对性的变革措施。

第一节

传统人力资源管理的特点

精英之所以能够超越资本、为企业创造主要价值，是因为他们具有专业知识与专业技能，这些都是价值创造能力的体现。当工业时代从 1.0 版本向 2.0 版本转变时，市场需求突然爆发，但资本的价值创造能力已无法满足市场，为了获取持久的资本收益，资本于是不得不向精英低头，甚至把企业的经营权从所有权中剥离出来，让渡给精英团队。得到了经营权的精英们开始大展拳脚，推动企业进入快速发展期。

随着精英价值形态不断成熟，为了继续提高精英的价值创造能力，资本开始与精英共同分享企业的所有权，这就是股权激励——最初的激励对象都是精英。精英领导力的基础在于精英在某一专业领域具有大多数人无法比拟的优势，是先进生产力的代表，他们作为“人”的价值创造能力通过专业水平体现出来，因此在企业中，精英要么是管理权威，要么是专业权威。

与精英价值形态相匹配的是专业化的人力资源管理。人力资源管理的专业性在这个阶段得到充分体现，专业化来自企业内部的“分工”——在这个阶段，各项管理功能随着企业的发展逐渐独立出来，人力资源管理只是其中之一。“人”在这个阶段才开始被视为一种重要资源，对人的管理被称为人力资源管理。

一、专业管理的历史意义

工业 2.0 时代的人力资源管理形式被称为专业管理是相对于工业 1.0 时代的人事管理而言的。人事管理是以“工作”为基础的一种管理方式，企业通过“管工作”实现“管人”的目的，它通过对“工作”的研究引导“人”的行为，主要目标是提高“人”的劳动生产效率，因此管理活动并没有直接管理到“人”。通常，这些工作任务比较简单，对“人”的要求相对不高，通过性别、年龄、经验等就可以直观判断某个人是否能够胜任该项工作，其目的是有效开展各项生产活动，保障资本的安全性与盈利性，一旦“机器”停止运转，资本利益就必然受到损害，这是资本的“软肋”。在工业 1.0 时代，工人通常会采取“罢工”的方式从资本那里争取一些权益，虽然这是一种两败俱伤的行为，但非常有效，因为他们清楚，受“罢工”影响损失最大的不是工人，而是资本。到了工业 2.0 时代，这类事件开始减少，因为资本对收益的追求受到了限制——不是不想，而是不能，这是一种无能为力且无可奈何的结果。在精英领导力开始为组织创造主要价值时，组织管理原则发生了根本性的改变——精英价值优先，而不再是资本价值优先。

对于股东价值形态而言，人力资源管理并不复杂，甚至可以用简单、粗放、随意等词汇来形容这些工作。人事管理都是一些事务性工作，无法和其他行政工作进行严格区分，在大多数情况下都被统一纳入行政事务管理，一般由行政人员承担这些工作。

进入工业 2.0 时代，社会生产力得到大幅度提升，产业开始快速发展，价值创造活动的复杂性越来越明显，人事管理已无法满足企业发展的需要，于是人力资源管理逐步迈向专业管理，人力资源管理功能开始独立出来，同时在企业中出现了专门承载这一重要管理功能的部门——人力资源部。在这一阶段，“人”才被看作一项重要资源，只要经过有效开发，就能创造出巨大财富。

专业管理使人力资源管理形成了一个完整的功能系统，主要体现为有相对完整的架构、有构建系统的逻辑、有分工明确的功能模块以及承载人力资源管理功能的岗位与一定数量的专业人才，这些都让人力资源管理功能的发挥得到了充分保障。

二、“分工”提高了价值创造能力

进入工业 2.0 时代后，市场需求急剧膨胀，社会需要更多的物质财富，事务管理无法支撑企业进行大规模的价值创造活动，组织管理全面走向专业化，而专业化的提升是通过“分工”实现的。

企业的规模越大，支撑企业运行的功能就会越多，这让行政人员不堪重负，于是原来混在一起的各项功能开始剥离，纷纷独立出来，形成某项具体功能。一旦独立，该项功能就会得到重视，人们开始深入思考其运行逻辑，而后这项功能逐步得到细化和完善。

对于人力资源管理而言，招工逐渐演变为招聘管理，工资福利发放逐渐演变为薪酬管理，奖惩逐渐演变为绩效管理，技能培训逐渐演变为培训管理，当员工不断增多时，员工关系管理也出现了。

总之，这些细分功能都是在人力资源管理成为一个专业时才逐步形成的，且各有各的运行逻辑，它们相互作用，共同构成一个完整的人力资源管理系统，而这个系统有力地支撑了精英领导力的发挥，提高了企业的价值创造能力。

在众多的专业管理功能中，人力资源管理不是第一个，也不是最后一个被剥离出来的功能。资料显示，财务管理应该是第一个从行政事务工作中剥离出来的功能，因为这项功能更直接、更频繁地参与价值创造活动，优先级更高。

专业化道路走到一定程度时就出现了职业化。职业化是指一种工作状态的标准化、规范化与制度化，包含工作中应该遵循的职业行为规范、职业素养和与之相匹配的职业技能。职业化在专业管理阶段才开始出现，从某种程度上代表了专业化的水平——如果说一个人的职业化程度较高，也暗含着“这个人有一定的专业水平”的意思，因此职业化成了对专业人士的基本要求。

“分工”虽然提高了专业化水平，但也造成了一定的壁垒，这种壁垒来自专业化的独立性，独立性越明显、知识技能的边界越清晰，就越不容易和其他功能进行融合，这便造成了知识系统的封闭。因此，当专业化达到一定程度时，就必然出现与其他专业知识的融合或者集成——集成的目的是探索更广阔的知识空间，否则专业化进程就将戛然而止。

三、“协作”扩大了价值创造规模

在工业 1.0 时代，虽然出现了很多有名的垄断企业，如标准石油、杜邦等，但这些企业当时的规模并不大。受制于当时的生产力水平，它们所进行的价值创造活动相对简单、能掌控的产业价值链较短，企业价值主要来自一些独特资源的获取，如石油、黑火药，而这些独特资源成了市场中的一些刚需品，只要经过简单加工、改造，企业就能获取丰厚的利润。

到了工业 2.0 时代，企业得到了突飞猛进的发展。原因在于专业“分工”之后，进行了有效“协作”，“分工”提升了企业的价值创造能力，而“协作”促使企业开展大规模的价值创造活动。这使企业能够掌控的产业价值链不断延长，开始为社会创造更多的物质财富，“分工”与“协作”就成了精英价值形态的基本特征，组织管理方式也从事务管理演变为产品管理。产品管理充分体现了“分工”与“协作”的特征，它把不同的功能环节按照一定的程式组装成一个系统，每个环节都有操作手册，标明操作规范以及相应标准，确保这些功能环节之间能够有效衔接。产品管理是传统企业中最基本的管理方式，所有管理机制都“嫁接”在产品管理系统中。当市场需求相对稳定时，这种“分工”与“协作”能够为市场提供大量同质化、标准化的产品；当市场需求增加时，只需要增加相应的产品生产线就能扩大产能。

随着企业规模不断扩大，“分工”越来越细、需要“协作”的环节越来越多，价值创造链条也越来越长，当市场需求稳定时，“协作”依然可以让企业按部就班地完成价值创造活动，而一旦客户需求发生变化，原来的业务流程就无法继续运行。在这种情况下，只有调整某个或某几个流程上的功能环节，才能适应客户新的需求，否则价值创造活动便无法继续进行，即使这一调整将增加企业的运营成本，企业也毫无办法。当客户需求频繁变化时，这种“分工”与“协作”式的价值创造方式便彻底无法应对，如不彻底改变，就无法满足市场要求，而这样的客户需求特征也预示着：市场不再需要规模化、同质化的产品了。

“分工”与“协作”相得益彰，在工业 2.0 时代推动企业得到快速发展，企业规模迅速扩大——谁处于精英价值形态，谁就会进入高速发展期，这是工业时代市场发展的基本要求。但这两者之间也存在着二律背反的关系，这也使企业在进入工业 3.0 时代时，必然发生改变。

第二节

建立在职位管理基础之上

前面介绍过，不同的企业形态对应不同的管理基础。传统人力资源管理系统建立在职位管理的基础上，没有职位管理，传统企业的管理活动都将处于一盘散沙的状态，而未来的人力资源管理系统则建立在角色管理的基础上，角色管理支撑新组织管理系统的有效运行。

职位管理出现在第二次工业革命后，社会化大分工使工作细分的程度及专业化的水平提高，很多事务性工作已无法混合在一起，一些相似工作的组合逐渐固化下来，由专门的人负责完成，形成“职位”。“职位”在企业的精英价值阶段诞生，但这并不意味着它将一直伴随着企业。

人力资源管理演变到专业管理时，所有功能都必须与职位建立起必然关系，否则该项功能就无法落实，其他管理功能亦是如此，只要涉及“人”，就都要通过“职位”体现出来。今天传统企业的管理制度哪个不是建立在“职位”上的?

一、职位系统的管理逻辑

在精英价值形态中，职位分布如同一张横纵交错的网，如图 4-1 所示，所有人都必须有职位，否则就无法进行管理。

横向分为不同职族，职族指工作性质相似的一群职位，业务越多、职族越多；职族中又分不同的职类，职类是指功能相似的一组职位，专业分工越细、职类越多；职类中又分不同的职种，职种是指知识技能相似的一种职位，工作内容越细、职种越多，职族、职类、职种是职位管理的一种横向分布。

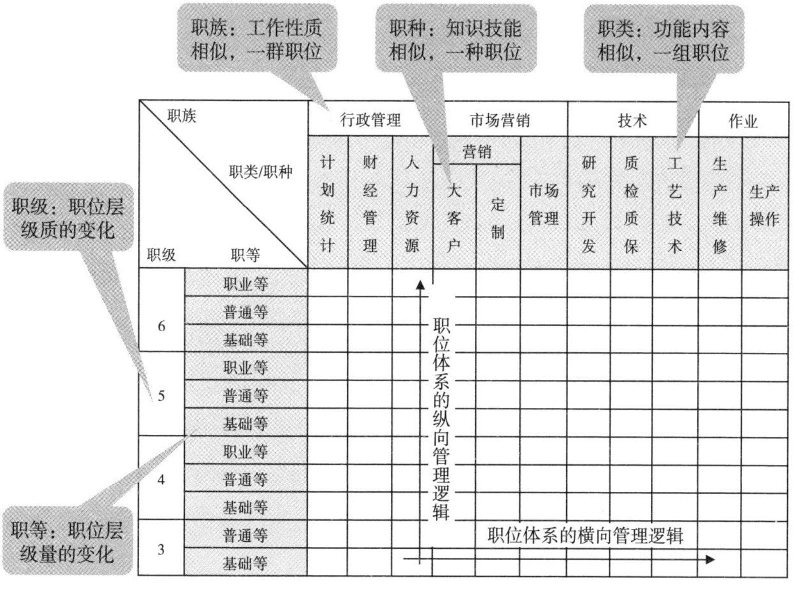

图 4-1　职位系统的管理逻辑

纵向分为不同职级，职级反映职位价值的高低、层次，体现责、权、利的质的变化；职级中又分不同职等，职等反映了同一职级内职位价值的高低、层次，体现责、权、利的量的变化，在职位的设置上，职位价值呈现出一种规律性的变化。职级、职等是职位管理的一种纵向分布。

职位的横、纵分布构成了一张网，把所有职位都纳入其中进行管理，从而也把所有员工都纳入其中。

职位管理系统是以职位为对象，科学地进行职位设置、职位分析、职位评估等一系列活动的管理过程。依据公司发展的需要，让所有职位上的工作内容承载公司战略意图，是职位设置；通过对每个职位的特点进行描述形成职位说明书，是职位分析；对每个职位的价值进行科学衡量，是职位评估。依据评估结果，可以划分出不同职级，并形成职位分布图。通常，职位价值越大，职级越高——精英群体都在最高职级上，呈现出传统企业“有顶有层”的布局。

职位说明书、职位分布图都是人力资源管理的基本工具。“职位”是传统企业的基本构成元素，如果把传统企业看成“金字塔”，“职位”就是构建“金字塔”的基本材料，“金字塔”的稳定就源于“职位”的稳定。没有职位管理系统，传统企业的运行就将处于散乱与无序中。

有了职位与职级，无论传统企业有多少人，都能被纳入职位管理系统，专业化人力资源管理也有了坚实的基础，因此相较于股东价值形态而言，精英价值形态的组织可以进行大规模的生产活动，谁处于工业 2.0 时代，谁就会迎来一个高速发展期，“世界工厂”是工业 2.0 时代的典型特征，美国、日本都曾经扮演过这一角色。

二、基于“职位”的人力资源管理

人事管理是以“工作”为基础的指令性管理，员工接受管理者的指令，并严格按照指令要求完成工作任务。指令性的管理方式显得非常灵活，但是当工作量加大、工作内容变得复杂时，指令性管理就会使管理者手忙脚乱、无暇应对，这时就需要有个东西承载这些“工作”，让每个“人”对各自的工作负责，减轻管理者的负担，“职位”因此逐渐形成——所有任职者以“各司其职”的方式，完成“职位”要求的工作内容，显然，这让组织管理向前迈出了划时代的一步。“职位”让“人”对工作有了一定的“主动性”，即便微弱，也足够为“社会人假说”提供有力依据。

职位管理并没有管理到“人”，而是通过“职位”的设置，明确对“人”的要求——谁能满足职位要求，谁就可以成为该职位的任职者，而“做好本职工作”就是专业化人力资源管理的精髓所在。有了“职位”，招聘、绩效、薪酬、培训等功能便纷纷剥离出来，并且随着专业化水平逐渐提升，又得到了不断的完善，相关制度与流程也随之建立。

管理咨询界通常把职位管理、绩效管理、薪酬管理称为人力资源管理咨询的“老三样”，因为在企业进入精英价值形态后，它们是最基础的管理机制，很多企业也是从“老三样”开始认知咨询行业以及咨询产品的。

表 4-1 基于“职位”的人力资源管理

特点	解释
以“职位”为中心	强调任职者的责、权、利与职位要求相匹配，把每个职位的工作责任与内容、任职资格等标准化
“人随岗变”	职位发生变化，员工的工作职责、薪酬福利、业绩要求等都随之发生变化
“因岗找人”	职位需要什么样的人，就匹配什么样的人

续表

特点	解释
“以岗定薪”	对职位价值进行评估，什么职位拿什么薪酬、什么职级拿什么薪酬
以“业绩”论英雄	通过业绩体现个人能力的高低、贡献的大小
以“职级”论成败	职级代表“人”在企业中价值的高低，成功标准是职级
发展方向明确	职位让员工有奋斗目标、明确个人职业发展方向

一旦组织系统的正常运行无法离开“职位”，“职位”就成了管理基础，这让工业 2.0 时代的人力资源管理的功能更加丰富、制度开始健全，如表 4-1 所示。“制度管理”始于职位管理系统的建立，这时，企业彻底告别“游击队”，转为“正规军”。

在精英价值形态中，“人”的价值主要通过“职位”得到体现，职级越高、“人”的价值越高。从这个视角看，传统企业最终必然以“职位”论成败，贡献再大也必须通过职位与职级体现。

三、职位管理系统开始瓦解

职位管理基础在工业 2.0 时代虽然推动了传统企业的发展，使传统企业迅速壮大，但进入新商业时代以来，它却严重阻碍了企业的发展，原因即在于“职位”固有的特征。当社会迈向工业 3.0 时代时，分散与多变的市场与稳定的职位之间显然匹配不上——外部市场环境变得越来越不确定，而职位上设定的工作内容根本无法实现同频变化，因此必然出现供给端滞后于需求端的现象。由两者的脱节导致的企业内部的“人岗不匹配”将成为一种普遍现象，职位管理基础开始瓦解，“金字塔”型的传统企业风雨飘摇。

表 4-2 职位管理系统的优、缺点对比

优点	缺点
以“职位”为中心，工作职责、内容、目标明确	但“人”也被局限在“职位”上，受到职位约束
“人随岗变”，责、权、利能够动态调整	但“人”的变化不能及时通过职位的变化体现出来，人岗越来越不匹配
“因岗找人”，有具体的方向与标准	但当市场变化频繁时，就变成找人容易，找到合适的人很难
“以岗定薪”，有了清晰的定薪依据	但压制了“人”的主观能动性，盲目与市场攀比，给多少钱干多少钱的活
以“业绩”论英雄，便于促进业绩完成	但也导致了重结果、轻过程的现象，“人”容易出现短视行为
以“职级”论成败，标准非常清晰，职位越高价值越高	但也造成了职位（职务）竞争异常激烈的现象，小团体之间冲突不断，“站队”很重要
“发展方向明确”，有利于选拔人才、提高专业水平	但也形成了“独木桥”，职级越高、职位数量越少，“人”的发展空间受限
稳定，便于企业迅速扩大规模	僵化，缺少灵活应变能力

在这个特殊的阶段，员工普遍会感到在工作任务中，原来常规性、模式化的工作内容越来越少，新情况、新任务却层出不穷，员工在工作中感到越来越吃力，即便很努力、很勤奋地工作，也会感到力不从心。例如，原本“职位”让工作内容变得清晰明确，这时候却发现“人”已被牢牢限制在“职位”上，根本无法大胆创新；原本以“职位”价值定薪相安无事，这时候却发现员工开始将自己

的薪酬与同行业其他企业进行横向比较——给多少钱干多少事，工作热情不断降低；原本“职级”体现了清晰的职业生涯，这时候却发现竞争对手越来越多，而个人的机会却越来越少……如表 4-2 所示，这些都是由于市场环境发生的根本性改变，对组织管理系统造成的冲击。

职位管理系统稳重有余而灵活不足，固守职位管理系统，只会让企业的运行系统越来越僵化，在市场竞争中越来越被动。如今，传统企业纷纷转型，职位管理基础开始走向崩溃，新的管理基础正在构建之中，它将有效地弥补职位管理的缺陷，让企业重新焕发出活力。

四、海尔的 OEC 管理法

谈到传统企业的管理方式，就要提一下海尔的 OEC 管理法，OEC 管理法是海尔于 1989 年创造的企业管理方法，为海尔创造了巨大的经济效益和社会效益。其中“O”代表 Overall（全方位），“E”代表 Everyone（每人）、Everything（每件事）、Everyday（每天），“C”代表 Control（控制）、Clear（清理），用海尔的话来概括就是“日事日毕，日清日高”，即“今天的工作必须今天完成，今天完成的事情必须比昨天有质的提高，明天的目标必须比今天更高”。

OEC 管理法贯穿 PDCA 循环，把企业的核心目标量化到“职位”上，让每一个细小的目标责任都能落实到员工身上。通过设定目标、设计达到这些目标的具体措施和方法——付诸实施——检查、纠正和改进计划及修正目标，使日常工作中的每件事都处于受控状态，并能达到持续提高的目的。海尔认为，“一个人做好一件事并不难，难的是使每个人每天都能做好每一件事”。OEC 管理法对中国企业产生了重要影响，相当一部分企业都到海尔“取过经”。

现在再看，OEC 管理法的目标可以用一句通俗的话总结：“让所有人做好本职工作”——这其实是典型的专业化人力资源管理的特点。20 世纪 90 年代，海尔开始从股东价值形态迈向精英价值形态，人力资源管理系统开始确立，而职位管理系统也不断完善，产品业务流程上的每个职位、每个功能环节的工作内容都被界定得非常清晰，经过不断的优化，又减少了不必要的、赘余的环节，使每条流水线、每道工序上工人的动作都做到最简化、最优化，使“人”与“岗”高度契合，从而有效节约了生产时间、提高了工作效率。不光海尔，很多优秀的中国企业在这一阶段都做到了这一点，这是“分工”与“协作”式的价值创造方式的基本要求。

OEC 管理法由三个体系构成：目标体系、日清体系、激励机制——确定目标、日清是完成目标的基础、日清的结果必须与激励机制挂钩才有效。这三者实际上是一个基于“职位”的人力资源管理业务流程，涵盖了人力资源价值链，总目标是“日高”，即企业、功能单元、个人都要有所提升，而基础是“日清”，即使企业日常工作的每一件事都达到有序状态和受控状态。达到“日高”的目的和巩固“日清”的基础又是在每天的日常工作中全面控制企业里每个人、每件事的具体行为过程。这就是 OEC 管理法的基本逻辑，它在海尔的精英价值形态中发挥了重要作用。

2012 年以后，海尔开始向“人单合一”全面转变，虽然保留了 OEC 管理法，但它已逐渐被“人单合一”兼容。“人单合一”是面向未来的组织管理模式，这是海尔在新商业时代进行的一次管理系统的升级和进化，它给海尔装备了一个“高级系统”，但此时作为“低级系统”的 OEC 管理法并未消失，而是被兼容。

第三节

划分为六个专业功能模块

专业管理是工业 2.0 时代的最佳人力资源管理形式，主要体现为专业分工非常清晰，提升了人力资源管理的专业水平。人力资源管理六大模块分别是人力资源规划、招聘与配置、培训与开发、绩效管理、薪酬福利管理、劳动关系管理，这六个功能模块是人力资源部内职位设置的依据，使这一重要部门能够有条不紊地展开工作。

人力资源管理六大模块之间相互衔接、互相作用，共同构成了人力资源管理体系，它的形成象征着企业管理正式走向正规化，告别了一直以来简单、粗放的管理系统，甚至一度成为代表组织管理水平的标准。

时至今日，一家上规模的企业，如果连这套管理系统都没有的话，很难想象它如何向下一个工业时代迈进——未来组织的人力资源管理功能建立在这些基本功能模块之上，是对这些基本功能的集成，没有这些基本功能支撑，再好的设想都不切合实际。

一、六个人力资源基本功能模块

人力资源管理的六个基本功能模块共同构成了人力资源管理系统，在实践中，还有一些其他功能可以被纳入这个系统。这种划分本身就是一种人为的划分，只不过在有了这种划分之后，人们对人力资源管理功能看得更加清晰，如图 4-2 所示。

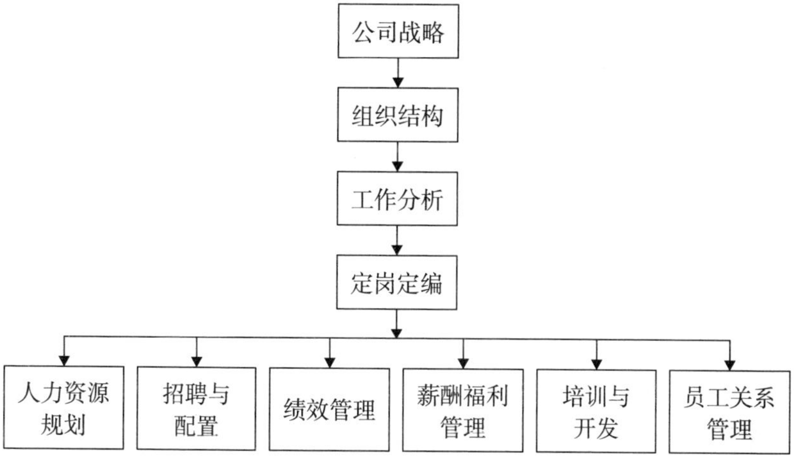

图 4-2　传统人力资源管理功能

从上图可以看到，所有人力资源管理功能模块都是在“职位”已经确定的情况下才开始发挥作用的，而只有依据公司战略设计相应的组织结构、在既定的组织结构下进行工作分析，才能设置出“职位”。可以看出，组织结构对人力资源管理的影响非常明显，甚至可以说，有什么样的组织结构形式，就会有什么样的人力资源管理形式与之相匹配，而在专业管理阶段，职能型结构是与之最匹配的形式。

早些年在企业中广泛应用的人力资源管理的信息化基本都是以这六个基本功能模块为基础进行设计的，在一定程度上提高了人力资源部的工作效率。而这几年，人力资源管理的数字化建设开始在企业中展开，但由于组织管理系统并未升级，很多数字化建设进展艰难。

传统人力资源管理的每个功能模块都有相对独立的运行逻辑，在这些逻辑之上又不断衍生出一些新内容，完善了各模块的功能，在某种程度上提高了人力资源管理的专业化水平。这六个基本功能模块站在传统企业的视角，让人们看到了功能的不断细化，但也让人们落入认知陷阱，不自觉地画地为牢，绝大多数人力资源管理领域的专业书籍都按照这种划分进行编写，几乎千篇一律，人们却乐此不疲，这都是人力资源管理知识系统被肢解后的必然结果，而到了需要集成时，这些认知又变成了思维上的障碍。

二、人才的选、育、用、留

与六项基本功能几乎同时出现的是人才的选、育、用、留的说法。这是从人才管理的角度阐述人力资源管理功能，虽然把人才管理说得清新脱俗，但同样是人力资源管理“分工”的结果，与六项功能模块的逻辑一致。

人才的选、育、用、留是精英视角下的表达方式，这不是对与错的问题，而是以这种视角看待人力资源管理，“人”必然成为一种等待开发与使用的资源，所有的管理活动都以“人”的被动性假设为前提，而忽视了“人”的主观能动性。这样的人力资源管理用于提高人的积极性尚可，却很难激发人的创造力，甚至可以说这套管理模式如同一个人才生产流水线，进入这个“人才生产流程”之后，“人”就将成为企业所需要的人才，但仅仅是适用于精英价值形态的“人才”。“选、育、用、留”这四个字已充分表达出，主动权都在企业，企业通过各种管理机制，把人才的价值开发出来，以完成企业安排的工作任务，可以说一切都在设计中、安排中、控制中，这样的人力资源管理系统最大的敌人是“变化”，然而“变化”总会到来。

只要在这种思维框架下，“人”的创造力就会被压制，价值创造活动就只能停留在一些常规工作上，即用经验、技能解决工作中出现的问题。最近流行的“赋能”一说，也是这种思维下的产物，一旦认为“人”始终处于一种被动状态，就会认为“人”需要不断被赋予某种能力和能量以提高价值创造能力。只有军队之类的组织才需要被“赋能”，因为军人必须严格遵守命令、完成任务，这是由组织特征所决定的，而“赋能”一词最早就是从军队组织中提出来的。“赋能”没有从根本上解决“人”的创造力问题，人类历史上的重大创新成果，从来都不是“被赋予”的，而源于内心强烈的成功动机，是自发的。

人才的选、育、用、留与六项功能模块相辅相成，在传统企业中服务于精英领导力，便于精英价值创造能力的发挥。而进入新商业时代，这种思维将对人力资源管理产生负面影响，此时，团队创新力开始为企业创造主要价值，而创新力源于人的主观能动性，不再是一种需要被开发、使用的资源，管理活动以人的主动性假设为前提，强调组织与人之间是平等的，管理机制的目的在于引导“人”的创造力的发挥，主动探索未知领域；管理逻辑也将发生根本性改变——企业进入高级组织形态后，将逐渐演变为一种自管理组织。

三、人力资源部生产的产品

部门的出现是企业内部“分工”的结果——不仅人力资源部，其他所有部门都是在精英价值形态阶段形成的，股东价值形态中只有工厂、没有部门。这意味着，基本价值单元发生了改变，企业内部的空间扩大了。

当企业进化到精英价值形态时，组织结构形式便从直线型演变为职能型，各部门在职能型结构中履行各项不同的功能，确保企业正常运行。人力资源管理的大部分功能都由人力资源部这个独立的部门承载，人力资源部内部再根据不同的功能模块划分若干岗位，如招聘岗、薪酬岗、绩效岗、培训岗等，或设置薪酬绩效岗，把两项功能进行合并，由一个岗位承载，这些都是“分工”之后再次细分的结果。一般而言，企业规模越大、分工越细，岗位及人数也会越多，大型传统企业甚至会单独为一个功能模块设置一个部门，如设置绩效考核部门专门负责绩效考核工作。在企业发展过程中，人力资源管理功能始终都存在，只是形式发生了变化，而人力资源部只是一个阶段性产物。

在“分工”与“协作”的基本形态特征之下，所有职能部门都是“生产部门”，只是生产的“产品”不同——人力资源管理的绝大部分功能都是人力资源部生产的“产品”，用于满足企业内部客户的需求，只不过与传统“产品”不同，这是一种无形“产品”或服务“产品”。在工业 2.0 时代，这些“功能”具有“产品”的所有属性，如它们都有“产品”使用说明、标准化“生产”流程、固定的交付时间等，最重要的是有“产品”生命周期，可以让人力资源部进行规模化“生产”，只是“产品名称”有所不同而已，如招聘管理、绩效管理、薪酬管理、培训管理、员工关系管理等，人力资源规划除外。

当内部需求稳定时，人力资源部可以进行“量产”，而一旦客户需求发生改变，就会出现“产能过剩”的局面，人力资源部的“产品”同样会“过剩”——不是没有客户需求，而是满足不了客户需求，所以才必须进行转型升级。

第四节

与传统的管理模式相匹配

提到传统企业转型，有必要回答一个最基本的问题：传统企业到底什么样？都说是“金字塔”，那么这个“金字塔”具有什么样的构造呢？只有明确什么样才算是传统企业，才能知道传统企业转型应该做什么。

如果把“金字塔”进行解构，就会发现其内部都有“三支柱模型”：职能型结构、职位管理基础、产品管理方式。这三个支柱恰恰是构成企业形态 10S 中的 3 个 S，分别对应组织结构、管理基础结构与产品结构。这里需要提示一下，此“三支柱模型”与戴维·尤里奇提出的“HR 三支柱模型”没有任何关系。

“三支柱模型”的通俗说法就是传统企业通常采取的职能型组织结构，在职位管理基础上实施产品管理方式，几乎成了传统管理模式的一种“标配”，也是判断一个企业是否属于传统企业的标准，无论这个企业属于什么行业、从事什么经济活动、是什么样的资本属性，只要有“三支柱模型”，就是精英价值形态，就都是传统企业。

专业化人力资源管理只有在“三支柱模型”中，才能发挥作用。

一、传统企业管理模式的特点

“三支柱模型”从组织结构、管理基础和管理方式三个角度对传统企业进行描述，勾勒出一个传统组织的基本形态特征，“金字塔”就是因为有了“三支柱模型”才成型，如图 4-3 所示。

职能型结构搭建起了“金字塔”的框架，这种结构的最大特点是企业形态由不同的职能部门构成，这是企业内部“分工”与“协作”的结果，分工越细，部门设置越多，企业规模则越大。所有“金字塔”的形成都是因为有职能型结构，企业规模的大小仅仅影响“金字塔”的大小，“金字塔”之所以能扛得住一定的市场冲击，也是因为职能型结构的特点。但是，新商业时代是一个不断变化的时代，“金字塔”终究有扛不住的一天，倒塌是一种必然的结果。

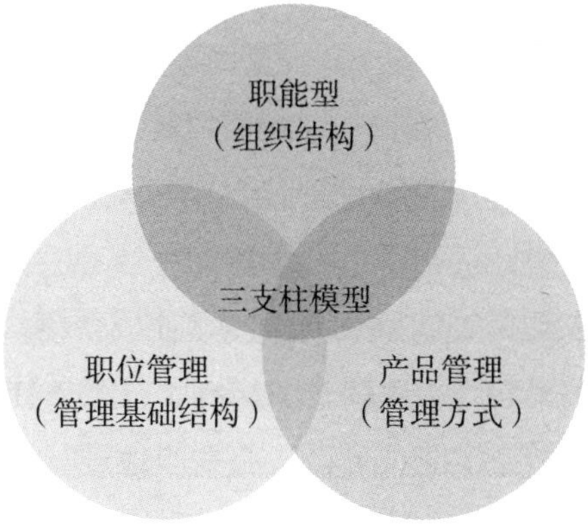

图 4-3　传统企业的“三支柱模型”

“职位”是构建“金字塔”的基础材料，所有的“金字塔”都是由“职位”一砖一瓦构建而成的。“职位”一旦设定，就不会轻易变动，这也是“金字塔”稳定的根源。职位管理让每个任职者都能各司其职。随着“职级”不断增加，“金字塔”逐渐变得巍峨耸立。

产品管理方式让“金字塔”有条不紊地运营，它是对产品生命周期进行的一系列管理活动，最终目标是实现产品价值最大化，而并非客户价值最大化。在职能型组织结构与职位管理基础的作用下，产品管理方式能够使企业进行大规模、标准化的生产，使传统企业得以迅速发展。

有建筑框架、有基础材料、有运行方式，“金字塔”成型于工业 2.0 时代的市场系统中。传统企业的优缺点都是“金字塔”的特点，曾经推动传统企业走向辉煌，但也会让企业身陷囹圄，而要想推倒“金字塔”，就必须让“三支柱模型”在企业中消失，这是必要条件，本书中所提到的变革措施，很多都是针对“三支柱模型”进行设计的。

二、传统企业的判断标准

所有企业在工业 2.0 时代都会进入高速发展期，“三支柱模型”对传统企业的发展起到了重要作用，有了“三支柱模型”，传统企业的稳定性终于被夯实了，可以放心大胆地进行扩张，走多元化、国际化的发展路线，传统企业就是这样一路走来的。一旦“金字塔”成形，竞争的主要方式就必然是“做大做强”，因为越大越稳、越稳越强，在市场中甚至可以形成摧枯拉朽、横扫千军的态势，因此在工业 2.0 时代，每个行业都会出现几个霸主，遥遥领先。当新商业时代到来，三大“支柱”就立刻变成了三座“大山”，使企业重负在身、举步维艰。在市场化程度越高的行业，采取“三支柱模型”的企业受到的冲击越大。

从“三支柱模型”可以判断一家企业是不是传统企业。这几年互联网公司不断兴起，有一部分认为自己不是一家传统企业，只要用“三支柱模型”衡量就会发现，它们依然是一座建立在互联网上的“金字塔”，传统企业管理上的问题一样不少，同样会面临转型的问题，甚至更加迫切，因为互联网行业天然排斥“金字塔”。

职能型结构、职位管理基、产品管理方式在管理学中虽然分属不同领域，但在设计原理上完全一致，因此能够集成在一起，成为一种稳定的组合，共同支撑传统企业有序运行。这三个管理理念在企业发展过程中几乎同时出现，都服务于精英价值形态，使其成为工业 2.0 时代的最佳组织形态。

中国企业一直有追逐光环的习惯，谁头戴光环，就会向谁学习，反而忽视了企业自身的实际情况。事实上，并不是所有先进理念或优秀实践都能“嫁接”到传统企业中，西方 20 世纪 80 年代以后出现的管理理念几乎没有以传统企业为研究样本的，然而中国企业却拿来就用。“拿来”后，这些理念通常都会经历三部曲：吹捧、改造、鸡肋，最终不是改造得不伦不类，就是放弃。当中国企业普遍进入转型阶段后，本以为这些管理理念会开始有用武之地，结果却发现我们的企业又去追逐更耀眼的光环了，仿佛永远不会考虑什么是最适合的。

职位管理在前面已有详细介绍，下面主要了解另外两个支柱——职能型结构与产品管理方式。

三、与职能型结构相匹配

由于精英价值形态是由股东价值形态进化而来的，组织结构中依然带着一点原来的特征——直线型结构的垂直管理特征被保留下来。因此，在精英价值形态初期，企业多采取直线职能型组织结构，“直线”说明从上到下的垂直管理模式，“职能”说明企业内部出现了专业分工与职能协作，专业管理与职能型结构正好相匹配，如图 4-4 所示。

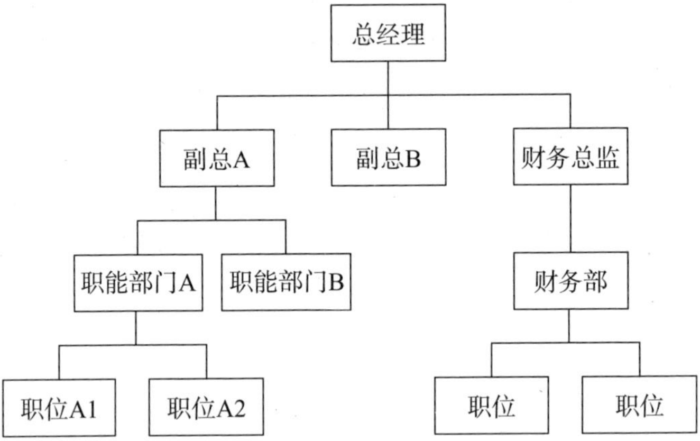

图 4-4　直线职能型组织结构

直线职能型结构使价值创造活动首先在不同职能单元中进行，提高了专业化水平，然后再由不同的职能单元以合作的方式共同完成一个业务流程，生产可以满足客户需求的产品。相对直线型结构而言，直线职能型的价值创造活动更加复杂。为了保障价值创造活动在各职能单元有序进行，职能单元内部出现了职位与职级，不同的职位、职级承担不同的责、权、利。选择“梯形”代表精英价值形态，主要体现了“有顶有层”的组织形态特点，只要有“顶”即代表有权威主体，集权特征明显，但在精英价值形态下，这个“顶”已经不再是一个“能人”或“强人”，而是一个精英管理团队。直线职能型结构保障了处于顶层的精英团队的领导力和专业能力的发挥，提高了企业整体的价值创造能力，美国钢铁公司（United States Steel）就是以这种组织结构形式在 1901 年成为世界上第一个资产达 10 亿美元的企业。

职能型组织结构分为两种形式：直线职能型与事业部型，一般而言，集团企业多采取事业部型结构，这些事业部或子公司等分支机构最终都将承担某种特定功能，在集团企业内部属于职能部门的一种，因此这种结构属于职能型结构。

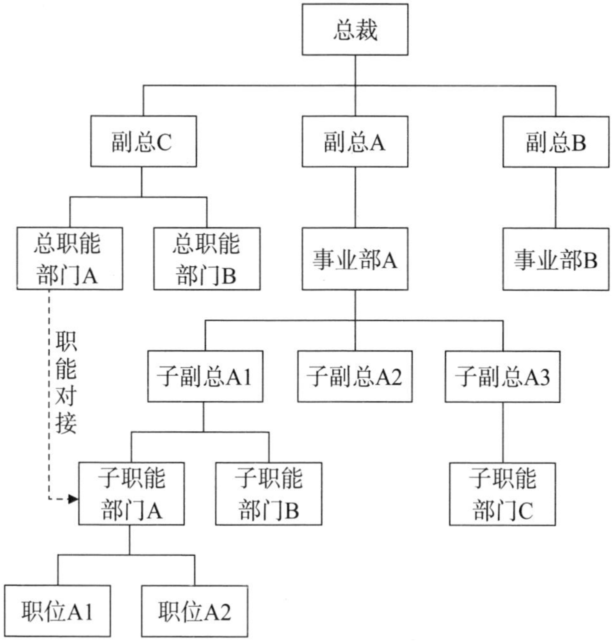

图 4-5　事业部型组织结构

事业部的出现是企业追求效率的一种表现，在“分工”与“协作”式的组织结构下，公司规模越大，运行效率越低。于是为了提高企业整体运行效率，企业迫不得已横向集中、纵向分离，事业部就独立出来，承担某种特定功能，使“分工”与“协作”的矛盾得到缓和。这时，企业也因此变为上下（母子）管理格局，如图 4-5 所示，集团企业自此形成，集团人力资源管理也成为专业管理的一个新课题。

有关职能型结构更详细的内容，详见笔者的《组织结构演变——解码组织变革底层逻辑》一书。

四、与产品管理方式相匹配

产品管理是企业对产品规划、开发、生产、营销、销售和支持等环节进行的一系列管理活动，目标是实现产品价值最大化，即企业价值最大化，这是传统企业的基本管理逻辑之一。当企业形态进化到精英价值形态时，产品管理理念便开始贯穿于企业的所有价值创造活动中。

在工业 2.0 时代，产品管理方式无处不在，人力资源管理功能同样也采取了产品管理方式，人力资源部提供的招聘管理、薪酬管理、绩效管理、培训管理、员工关系管理等活动，虽然看似一种服务，不像有形产品那样直观，但这些内容就是人力资源部生产的“产品”，这种服务的提供是以产品管理的方式进行的，因为所有活动都以这些产品生命周期为核心，是以产品价值最大化为目标展开的。当然，其他职能部门也是如此，因为这个时代就是产品管理时代。

从对产品管理的概念表述中可以看出，产品管理聚焦于产品本身，并没有把客户“放在眼中”，企业对客户需求的关怀与理解主要体现在产品功能上。传统企业的战略目标是尽快把产品变现为利润，占据一定的市场空间，让自身快速发展壮大，因此不仅产品管理的重点在产品上，整个企业管理的重点其实都在产品上。因为实现产品价值最大化的最佳方式是生产标准化、产品规模化，因此，企业制定出各种“标准”，甚至还需要“贯标”。标准看似是为了提高产品质量，实则设置了一种底线，即企业的价值创造活动只要达到这种底线就意味着满足客户需求。这就是产品管理背后的逻辑。然而，由于过早地接触到了先进管理理念，很多企业误以为自己做到了“以客户价值为导向”，事实上，不经过流程再造，企业就根本不会具备“以客户价值为导向”的能力。

在中国，所有处于或正在经历精英价值形态的企业，其管理模式都是“三支柱模型”，职能型结构、职位管理基础以及产品管理方式是这些企业的共同特征，前面提到的海尔的 OEC 管理法也是由于建立在“三支柱模型”基础上，才得以发挥其重要作用，这一点从海尔的管理系统中就可以看得清清楚楚。

第五节

职业经理人制度最重要

在专业管理阶段，职业经理人制度是最重要的人力资源管理机制——职业经理人就是精英群体，处于“金字塔”的顶层，管理好精英群体，精英价值形态的优势便能充分发挥出来。然而这项功能却不属于人力资源部，而属于董事会的专业委员会，如薪酬管理委员会或提名委员会之类，那么人力资源部做什么？对精英以外的人员的管理属于人力资源部，从这一点也能看出，人力资源部是服务于精英的——不仅人力资源部，其他职能部门的形成也是为了精英领导力的有效发挥。由于不属于人力资源部的职责范围，在精英价值形态初期、董事会功能缺位时，精英群体管理制度，即职业经理人制度常常被忽视，有时甚至成了空白。随着精英价值形态不断发展，其重要性不断显现，精英群体管理制度才成为公司治理领域的重要管理制度。通常情况下，单体公司由董事会直接制定并颁布这项制度，集团公司由控股公司或具有控制权公司制定这项制度、以董事会的名义颁布。无论由谁制定，它都是传统企业中必不可少的管理制度，如果至今还没有这项制度，那么很有可能这个企业还处于股东价值形态阶段，而不是精英价值形态阶段。

传统企业是一种“有顶有层”的组织形态，顶层设计对企业的发展影响重大，而职业经理人制度是顶层设计的核心内容。它的管理机制依然离不开选拔、绩效、薪酬等专业管理阶段的基本功能，只不过这部分群体被独立出来，并单独适用一项制度，通过制度明确职业经理人的责、权、利。这为精英领导力的发挥奠定了坚实的基础，有效地推动了精英价值形态的发展。

一、职业经理人为何出现？

职业经理人的出现意味着股东（资本）的价值创造能力开始弱化，需要有其他的价值创造能力加入，推动企业继续发展。如果资本收益力依然强大，就不会有职业经理人什么事，然而这时企业已不能再完全依靠个别“强人”的力量，而需要一个团队——职业经理人团队维持企业的发展，于是职业经理人管理制度就此诞生。

“经理人”这一概念已可以体现精英的特征，为何还要加上“职业”二字？主要原因有两点，一是为了强调职业素质和专业能力，二是为了体现市场化的人才管理理念。

工业 1.0 时代后期，股份公司开始大量出现，不但获得了巨额资本，还使企业规模实现了突破——比较典型的是美国铁路建设热潮。随着企业生产的社会化程度越来越高，这些铁路建设公司的规模和经营范围也日益扩大，企业人员不断增多、机构日益庞大，这不仅增加了企业管理的难度，也提高了经营决策风险，组织管理变得复杂起来。由于当时企业所有者的管理能力不足以满足铁路管理的高水平要求，铁路事故频发，于是公众强烈要求政府对企业的管理制度进行干预，选择有能力的人管理企业。此时，股东也充分意识到，要想获得资本收益最大化，就必须找到所有者之外的专业管理人才进行企业的经营管理。

由于政府的干预，经营管理从其他事务性工作中剥离，作为一种专业性的工作被确定下来，由于被大众认同、被政府认可、并长期存在，因此逐渐成为一种“职业”，这也是职业经理人的由来。虽然它与真正的职业经理人还有一定差距，但是随着工业 2.0 时代的到来，股东价值形态全面向精英价值形态转变，职业经理人队伍也开始在企业发展中不断壮大，逐渐成为今天的职业经理人团队。

职业经理人团队取代股东对企业进行经营管理，是精英价值形态获得确立的一个标志。精英团队的价值创造能力必然超越个别“强人”的价值创造能力，因此这是一次组织管理进化。在这一进化过程中，还曾经出现过所谓的“空降兵”，但最终结局大多不理想，这是因为，用一个“强人”取代另一个“强人”的时代已经结束，再有能力的人都有能力边界，“水土不服”是正常状态，更因为工业 2.0 时代的企业需要的是精英团队。

二、职业经理人应该“忠于”谁？

由于职业经理人与市场化人才管理理念挂钩，因此我们会面临一个问题，职业经理人应该“忠于”谁？老板还是企业？对于这个问题的解读，有助于读者理解精英价值形态的特征，以及专业管理阶段人力资源管理的目标。

认为应该“忠于”老板的职业经理人很容易成为股东的授权人，

此时企业会具有明显的股东价值形态特征。“忠于”老板即服务于老板，如果所有的职责都服务于股东而不是一个组织，那么即便精英的领导力很强，提高的也是资本的价值创造能力，维护的也是股东的利益，这个结局只有老板最喜欢，但这个组织与精英价值形态之间还有一段距离。

认为应该“忠于”企业的职业经理人很容易成为经理人，因为公司法有相关规定，经理人应具有忠实义务，当其自身利益与公司利益发生冲突时，应当维护公司利益，不得利用其在公司中的地位牺牲公司利益为自己或者第三人牟利，这一规定写得清清楚楚，没有必要再对职业经理人强调。

因此，无论“忠于”老板还是企业，都不太适合职业经理人。在精英价值形态中，职业经理人应该首先“忠于”自己的职业，其次才是“忠于”企业。“职业”代表被社会认同的工作，而这些工作对社会发展有特定的价值，这让所有“职业”具有一定的荣誉感——它能体现出“人”的社会属性，使“人”具有社会价值，而“职业经理人”就有这方面的含义——“忠于”职业就代表“忠于”自己的社会价值。从这个意义上说，职业经理人超越了组织边界，其价值体现形式已不再局限于某个具体公司，而是能够在更广泛的空间中被认同，让“人”的价值性体现得更加明显，但一般意义上的经理人尚无法做到这一点。

每个企业都有其发展目标，而一旦这个目标与现代社会的价值观相背离，谁“忠于”企业，谁就会推动企业在歧途中越走越远，这样的企业越强大，职业经理人反而越会被谴责，这显然与职业经理人的定位不符。因此，无论“忠于”老板还是企业，都不是一种理性的表达，它们很容易让职业经理人丧失独立人格，削弱其作为经营者的判断与决策能力，从而让精英团队的领导力“打折扣”。

用“忠于”老板来衡量职业经理人的情况在民营企业中比较常见，用“忠于”企业来衡量职业经理人的情况则在国有企业中比较常见，但它们往往都忽略了职业经理人“职业”的含义，弱化了职业经理人的社会价值。从委托代理理论的角度理解，职业经理人代表的是多元化的社会主体的利益，“忠于”职业就是“忠于”自己的价值属性，是一种更高尚的人格。

三、专业主义至上

“职业”离不开“专业”，精英价值形态的基本特征是“分工”与“协作”，“分工”有利于提高专业化水平，职业经理人需要具有明显的专业优势，这也是它成为企业精英、发挥领导力的必备条件，更是专业管理阶段组织管理系统的特色。

进入工业 2.0 时代，社会化分工开始加速，企业的价值创造活动日益复杂、难度越来越高，于是专业优势成为精英崛起的先决条件——只有他们才能胜任这些复杂的工作。所以，资本为了维护长期利益，甘愿放弃企业经营权。从这个意义上说，精英价值的来源就在于其在某一领域的专业优势，而之所以能够成为权威，也是因为他们具有超出其他人的绝对优势，而且优势越明显，权威地位越稳固。这种优势让他们的价值在企业中获得了认同和信任，责、权、利的配置更加稳定——这是领导力发挥作用的基础。

这种变化同样发生在社会系统中。具有专业优势的底层劳动者通过专业能力逐渐成为社会中的中产阶级，并成为社会发展的推动力量，工业 2.0 时代，劳资矛盾之所以能够得到比较明显的缓解，也是因为劳动者有了改变社会地位的通道。

精英的专业水平对企业的发展到底有多重要？可以说，它能决定一个企业在行业中的地位——专业优势并非人人都能获得，与个人的生长环境及成长经历密切相关，在工业 2.0 时代具有专业能力的人不少，但是具有专业优势的人并不多，他们承载着行业中的先进生产力，谁获得了这些精英，谁就获得了先进生产力，只有在这些精英的带领下，先进生产力才能发挥作用，这就是职业经理人对企业的价值。专业人力资源管理体系就是为了便于精英领导力的发挥、提高精英的价值创造能力而搭建的，没有专业优势的职业经理人在企业中的活动空间往往会受到限制。

进入工业 3.0 时代，情况又发生了改变——具有专业优势的人越来越多，“专业”成了一种普遍现象，精英群体的权威地位受到挑战。当企业的主要价值不再由少数精英创造时，精英价值形态就开始解体。精英价值形态塑造的是专业人才，人才的优秀体现在“一专多能”上，而新商业时代塑造的是战略型人才，人才的优秀体现在“多专多能”上。未来的商业领袖必然有明显的专业背景，因为只有专业领域出身的企业家，才能洞见产业发展的趋势，从而领导一个企业迈向未来，这一点已在先进企业的发展中得到了充分印证。

第六节

传统人力资源管理的缺陷

这里所说的缺陷在工业 2.0 时代还不能被称为缺陷，在原来的市场环境中，专业化人力资源管理有着出色的表现，推动了企业快速发展，是一种最佳的人力资源管理形式。

但一旦市场环境发生变化，精英价值形态的基本特征就会引发系统性问题，而且在精英价值形态中找不到解决方案，要想解决，就必须改变组织形态以及管理模式，如果不及时变革，企业就将永远停留在精英价值形态，直至被市场淘汰。

以下三个问题就属于这种缺陷，也使人力资源管理变革成为企业转型过程中的重要内容之一。

一、服务于精英领导力

在精英价值形态中，所有管理系统都服务于精英领导力的发挥与提升，人力资源管理系统也是如此。

精英是企业中的少数管理权威和专业权威，通常负责某个或几个功能领域，基于“职位”的专业化人力资源管理夯实了精英的权威地位，将一个企业所有的责、权、利都配置在“职位”上，便于精英的计划制订、任务分解，只要每个任职者能够做好本职工作，这个功能领域就能有效发挥作用，从而体现精英价值。精英是决定企业成败的关键人才，发挥着关键作用，甚至可以用“二八法则”形容他们对企业的贡献——一个企业中几乎所有的创新成果都是由他们主导完成的，创新能力是领导力的必要组成部分。但由于精英数量较少，因此精英价值形态组织的价值创造能力并不高，不仅是一种低级的组织形态，还是一种封闭的组织形态，当然，这也是由工业 2.0 时代的市场特征决定的。

企业的大多数员工已被牢牢地禁锢在各个“职位”上，“听领导指挥”“做好本职工作”成了职场基本守则，而这也让他们对创新变得战战兢兢，生怕做事超出自己的责、权范围，影响到自己的切身利益，最终，创新变成了精英的“专利”。但创新意味着成本高、有风险、会失败，不搞创新对自己没有太大的影响，搞了创新反而会让自己的处境变糟，因此，等到市场环境发生巨变、需要企业进行创新时，企业往往毫无创新能力可言，此时，无论企业如何“激活”“赋能”，效果均不会理想。有些企业天真地认为，只要加大激励力度，就会有创新成果，因此开始尝试各种激励手段，但不仅没有获得预期效果，反而把员工练得“刀枪不入”，目前这类事情在企业中正在不断上演。

在精英价值形态的文化元素中，必然会强调两个方面，一方面是管理者的领导力，另一方面则是一般员工的执行力与责任心。这是一对相辅相成的文化元素，目的同样是提高精英领导力，对员工创新能力的提高则没有什么作用。

传统人力资源管理无法有效提升大多数员工的价值创造能力，甚至在转型阶段阻碍员工的价值创造能力的发挥，这一点决定了专业管理必然随着新商业时代的到来而终结，人力资源管理开始向一个新的阶段演变。

二、静态的人力资源管理

前面提到过，传统人力资源管理采取的是一种产品管理的方式。生产产品的每一道工序都是依据产品的属性、特征严格设计的，有固定的流程与制度，为了让每一道工序顺利完成，还形成了操作手册；对工序上的每个岗位都有非常清晰、明确的要求；对所有的操作步骤都进行了严格控制，以避免出现任何纰漏或错误，确保产品能够按部就班地生产出来；违背操作步骤还会被处罚。可以说，操作手册把产品管理的特征发挥到了极致。不难看出，所有的流程设计都是从企业自身条件出发的，所有的标准都没有考虑到客户需求的变化，是一种“自以为是”的管理逻辑，在这样的逻辑下，如何期待创新的出现？创新从来没有标准可言，创新从来都是对既定的改变。

这些都说明，专业管理是一种静态的管理系统，这与工业 2.0 时代的市场特征相匹配，但市场环境的任何波动都会给企业带来一定的冲击，组织系统甚至会面临全面崩溃的危险，变化成了传统组织管理的最大敌人，然而“好日子”终究会过完。

客户需求分散且多变是工业 3.0 时代的市场特征，不确定是市场的标识。此时，战略越来越难以被规划出来，要求组织管理成为一种动态管理系统，能够随时依据市场变化进行调整，通过组织自身能力应对不断变化的市场，企业到了较量“内力”的时候，这是高级组织形态应有的特征。

对于传统企业而言，如果不及时变革，静态的人力资源管理就变成了僵化的人力资源管理，每当变化出现，企业就会手忙脚乱，而这种现象恰恰出现在今天的人力资源部中，其他职能部门亦是如此。

如今，所有需求变化都体现出了个性化、差异化的特征，产品管理方式下的人力资源管理根本无法满足这些需求，“职位”的稳定性逐渐变成了人力资源管理的最大软肋——无论专业水平多么高，无论信息化系统多么强大，企业在现实面前都会感到有心无力，变化会把企业所有辛辛苦苦积累的专业信心“删除”得干干净净。

三、协同效果并不理想

在传统企业中，“分工”与“协作”是一对既统一又矛盾的关系，符合“二律背反”原则。“二律背反”是德国哲学家康德提出的哲学理念，指相互联系的两种事物的运动规律之间存在着相互排斥的现象。“分工”与“协作”就是这样两种事物，“分工”越明确，“协作”越不畅，而要“协作”顺畅则必须“集成”而不是“分工”。在大多数情况下，只能说精英价值形态内部有“协作”，却不敢说有“协同”。

人们经常听到的“各自为政”与“推诿扯皮”就是协同不畅的典型问题表现。“各自为政”是指各自按自己的主张办事，不互相配合、不考虑全局、各搞一套，这不就是“分工”导致的？“推诿扯皮”是指出了问题相互推卸责任，进行毫无意义的争论，这不就是“协作”造成的？传统企业一般存在两个协同问题，一是总部职能（或中心职能）与业务单元之间的协同：由于工作性质不同，虽不能说势同水火，但多数情况下都是各干各的，很多时候即便想实现协同，也无从下手，因为两者之间根本没有对接的“接口”，无法协同；二是业务单元与业务单元之间的协同：虽然工作性质相似，但由于相互之间存在明确的责、权边界，只要对接在一起，责、权、利就无法分清，也存在协同障碍，虽然有对接的“接口”，却不敢协同，这是精英价值形态系统性问题。

就人力资源管理而言，主要体现为第一种问题，它不仅与业务部门很难形成协同，与其他的专业部门也难以形成协同。虽然双方看着都是忙忙碌碌的，但谁也不知道对方在做什么、进展到何种程度了，只有在问题出现后才会交流、商量解决方法。从这些表象也能看出，专业管理阶段的组织系统不仅相当封闭，而且工作方式也相对被动。

在市场需求相对稳定、变化不大时，协同不畅对企业的影响并不明显，毕竟传统企业强调控制，各分管领导沟通后就能解决一些问题。然而当需求变得分散且多变，协同不畅就会成为影响企业持续发展的重要因素，所有的不畅环节都会增加内部消耗，于是“大企业病”成为一种通病，对于在市场竞争中本已如履薄冰的企业而言，无疑是雪上加霜，持续的内耗必然会拖垮传统企业。

Chapter 5

新组织人力资源管理系统

本章所指的新组织系统是指客户价值形态，利益相关者价值形态虽然也是未来的一种新组织，但由于距离中国企业的现状较为遥远，故不在本书中介绍。

20世纪80年代后，客户价值形态的组织逐步出现，谷歌、苹果、微软、亚马逊等企业都是在这个期间诞生的，强大的生命力使它们很快取代了老牌世界500强，成为新商业时代的霸主。

今天，中国虽然还没有客户价值形态的企业，但已出现了很多对未来新组织的理解，如平台型组织、生态型组织、流程型组织、无边界组织、创新型组织、敏捷型组织、指数型组织，甚至还有云组织、水样组织、液态组织等，这些描述都在试图展示未来组织的一些基本特征。其实，名字叫什么本身并不重要，重要的是，传统组织时代即将终结，新组织已经开始向人们招手。

人力资源管理也将从专业管理演变为战略管理，成为工业3.0时代的最佳人力资源管理形式。从某种意义上说，专业管理是一种从企业视角出发构建的人力资源管理体系，而战略管理则是一种从客户视角出发构建的人力资源管理体系。专业管理是内部“分工”的结果，而战略管理则是内部“集成”的结果，“集成”不仅是为了提高价值创造能力，也是为了更好地满足客户需求，人力资源管理体系将实现“以客户价值为导向”。如今，在全球市值 TOP10 的企业中已看不见传统组织的踪影，具备客户价值形态特征的企业越来越多，战略管理系统发挥了重要作用，其中也包括人力资源管理。

第一节

新组织人力资源管理的特点

今天，企业以及商学院对人力资源管理的认知主要来自专业管理，它既给人们建造了一个专业架构，也限制住了人们的思维，当新问题出现时，人们依然会用传统思维去解读，不但解决不了问题，还会引发其他问题，因此，要理解战略管理阶段的特点，就需要树立一种新的管理思维、构建一种新的逻辑。

相对于专业管理而言，新组织的人力资源管理系统可以称为战略管理，战略管理是一种全方位的升级。工业 2.0 时代人力资源管理的缺点在工业 3.0 时代将得到有效解决，当然，战略管理也有其自身的缺陷，在进入工业 4.0 时代时就会爆发，但对于绝大多数中国企业而言，这些缺陷现阶段还不会暴露出来，因此本书对此不再进行阐述。

一、战略管理的基本目标

在专业管理阶段，由于人力资源管理系统无法提升大多数人的价值创造能力，导致精英价值形态的企业并不是一个拥有高级组织形态的企业，而战略管理的重点则是解决骨干人员的价值创造能力问题。这部分群体的人数众多，承载着新组织的创造力，正好与分散且多变的市场需求相匹配，企业在提高骨干人员价值创造能力的同时，也解决了自身在新商业时代的市场竞争问题，未来将是“队长之战”，战略性的人力资源管理将服务于这一目标。

战略管理是一种动态的人力资源管理，战略本身就是在对“不确定”进行管理，如果凡事能确定、能预测，有范式、有模板，战略管理就没有意义，因此，战略性人力资源管理需要不断创新，而这种创新来自对客户需求变化的理解。客户价值形态是一种动态的组织形态，与之相匹配的是动态的人力资源管理系统，战略管理将充分体现出组织的灵活性、管理的灵活性，这也是工业 3.0 时代的市场选择的必然结果。

战略管理将有效解决内部协同不畅的问题，通过集成化、系统化的管理方式把不同的功能进行融合，不同功能之间的边界开始变得模糊，减少了“各自为政”以及“推诿扯皮”的现象。通过这种管理方式，不同管理功能之间的对接通道被打开，不同的业务流程开始对接，企业在把价值消耗降到最低的同时，也提高了市场反应速度。客户价值形态本身是一种开放式组织形态，不解决内、外部的协同问题，这种组织根本无法高效运行。

要想顺利进入战略管理阶段，人力资源管理必须经过流程再造——这是企业通向客户价值形态的必由之路。20 世纪 80 年代，许多西方企业就是通过流程再造开启了走向新组织的演变历程。流程再造的结果是把“分工”与“协作”式的管理方式转变为集成化、系统化的管理方式。这里的“流程”指的是所有的业务流程，也包括人力资源管理流程，“再造”指的是重新设计、重新规划。《企业再造》的作者迈克尔·哈默（Michael. Hammer）曾经对流程再造进行了专门说明——“再造：不是自动化改造，而是重新开始”。企业将形成一种全新的价值创造方式，此时，企业提供给客户的也不再是一种单纯的产品，而是一种系统化的解决方案，流程再造对企业的影响是颠覆性的，也被称为流程革命。

二、流程革命的历史意义

20 世纪 80 年代初到 20 世纪 90 年代，西方许多规模庞大的企业结构臃肿、运行效率低下，难以适应市场生态的变化，出现了所谓的“大企业病”。为了改变这种状况，美国学者迈克尔·哈默与詹姆斯·钱皮（James. A. Champy）提出了企业再造的管理思想，两人联名出版了专著《企业再造》，系统阐述了企业流程再造的思想，提出只有通过流程再造才能使企业彻底摆脱传统管理模式的弊端。这一全新的思想一经提出，立刻震动了西方管理学界，并逐渐演变为一场管理学革命，为接下来的西方企业变革提供了理论依据。

流程革命革了谁的命？传统管理是产品管理，因此，流程革命当然是流程管理革了产品管理的命。

产品管理的“目光”始终聚焦于产品（功能），以产品价值为导向，因而能够实现产品标准化、规模化生产，这是工业 2.0 时代赋予企业的使命，虽然推动了企业的高速发展，但只能满足同质化的、规模化的市场需求，一旦市场需求变得分散且多变，产品管理的历史使命就即将终结。采取产品管理的方式容易造成产能过剩，这一点已经在现实中得到印证，很多企业正在艰难探索之中，殊不知其他先进企业早已给出了答案——能够解决现阶段企业危机的，只有流程革命。

为什么要革命？因为市场发生了巨变，新商业时代已经到来，产品价值开始让位于客户价值，“二八法则”让位于长尾理论，产品价值最大化将转变为客户价值最大化，让客户价值成为第一位，流程革命就是要实现这个目标。用集成化、系统化的管理方式取代“分工”与“协作”式的管理方式。

很多企业都进行过流程梳理，都认为自己的业务流程比较清晰。其实这种活动与流程再造没有任何关系，业务流程无论梳理多少遍依然是产品生产的业务流程，最后实行的还是产品管理方式，如同传统人力资源管理无论如何强调客户的重要性，提供的还是标准化产品，根本满足不了差异化的客户需求。当客户需求频繁变化时，流程再造将是一种常态，因此企业必然要采取一种动态的管理方式，这也使客户价值形态成为一种动态的组织系统，而战略管理是这种组织系统中人力资源管理的基本形式。

三、“集成化”便于满足客户需求

“集成化”是指任何流程环节都能有机融合在一起，实现“无缝对接”，因此消灭了“分工”——要想集成就必须打破所有“分工”的边界，实现“无边界”。集成是为了更好地满足客户需求，客户需要什么样的功能，企业就应该集成什么样的功能，而不需要顾忌任何边界的限制。所谓“流程革命”就是为了实现这一目标，没有经历流程再造的企业，根本无法实现“以客户为导向”。

传统企业始终都是以产品为导向的，目的是实现产品价值最大化，而不是以客户价值为导向。以客户价值为导向的管理活动从来都是个性化的、差异化的，因此，新组织为客户提供的是一套解决方案，产品只是解决方案中的一个组件而已，客户需要什么产品，企业就有能力提供什么产品，至于产品是不是企业自己生产的并不重要，重要的是企业提供的方案能否让客户满意。这并不是说产品不重要，而是产品已经成为方案的底线——这是工业 2.0 时代的命题，已经由产品管理解决，因此才称得上“进化”。同样，战略管理也是专业管理的“进化”，它兼容了专业管理的所有功能。

人力资源管理的各项功能本身相互关联、密不可分，只是在专业管理阶段，为了提高专业性，人为地进行了分工，但这种分工弱化了客户需求——分工使人力资源管理只能解决某一点上的问题，却忽视了整个人力资源管理的系统性，甚至有时候解决了“点”上的问题，还会引发其他更严重的问题。进入战略管理阶段后，“集成化”则围绕着客户需求，实现了从“点”到“面”的覆盖，需要解决“面”上的问题时，就提供系统性的解决方案，需要解决“点”上的问题时，则提供有针对性的解决方案——毕竟战略管理兼容专业管理的功能，只不过所有解决方案都是从客户需求出发，避免了片面、孤立地理解人力资源管理。

要想体现战略人力资源管理功能，就必须对传统人力资源管理功能进行集成——无论内部客户有什么样的差异化需求，都可以依据客户需求对原有功能进行集成，集成之后形成一种新的功能，也是战略管理功能。人力资源管理发展到这个阶段时，已不再进行功能细分，而是功能集成，集成过程的难度更大，要解决的问题也更复杂。

战略管理为内部客户提供的都是个性化的解决方案，当客户需求发生改变时，会进行流程再造，形成一种新的解决方案，创新贯穿于战略管理的全过程。进入工业 3.0 时代后，创新就等同于战略。

四、“系统化”便于衡量价值创造

何谓“系统化”？“系统化”就是指对集成后的业务流程进行有效“封装”，形成一个完整的价值管理单位，消灭“协作”。“封装”是为了更清晰地衡量出价值创造主体为客户创造了多少价值——“封装”之后，某一价值创造活动便能从其他业务中剥离出来，进行单独衡量，价值创造主体到底创造了多少价值将会一目了然。

在专业管理阶段，人力资源管理功能到底创造了多少价值根本无法说清，当然，其他功能也是如此，原因就在于“分工”与“协作”的组织形态特征：“分工”让所有功能无法独立存在，必须通过“协作”共同创造价值，所有功能的价值只能按照某种既定规则进行区分——当然，这比股东价值形态要强，因为在工业 1.0 时代，连规则都还制定不出来。一个价值创造活动包含了若干功能，但每项功能都无法说清自身价值——直接成本还算比较一目了然，间接成本则根本无法分清。在传统企业中，谁最接近最终成果、谁最接近客户，谁就最容易体现价值，因为这个环节最容易体现价值，却经常掩盖了过程中其他功能创造的价值，在事实上造成了一种内部不公平。

“系统化”则解决了这一问题，在集成化的基础上，所有成本都可以依据业务流程进行归集，并“封装”在每一项价值创造活动中，它们能够进行独立核算，让很多间接成本转化为直接成本。“系统化”让每一项功能都独立出来，而价值一旦被清晰地呈现，整个业务流程就会变得畅通无阻，组织系统无论多么复杂，都能够高效运行。客户价值形态是一种开放的、动态的复杂组织系统，如生态型组织。这样庞大的复杂系统，如果价值创造活动无法被清晰衡量，很难想象它该如何运行，恐怕早已混乱不堪，正是因为有这种集成化、系统化的基本管理方式，才让生态型组织显露出强大的生命力。

笔者把集成化、系统化的管理方式统称为集成业务管理（IBM，Integrated Business Management），这是一种管理活动方式，开始于企业由精英价值形态向客户价值形态转型的阶段，成熟于企业的客户价值形态阶段，项目管理、流程管理都是典型的集成业务管理方式，在上述转型过程中发挥了重要作用。在这一转型过程中，它将逐步取代传统的产品管理方式，成为一种基本的管理机制，所有功能都将以集成业务管理的方式开展。

战略管理与工业 3.0 时代的市场特征相匹配，无论是功能特点还是系统建设方法都与专业管理截然不同，成为工业 3.0 时代的最佳人力资源管理形式。

第二节

体现战略管理的基本属性

“战略”这一概念，在工业 2.0 时代就传到了中国，由于听起来比较“高大上”，经常被用在一些管理概念中。然而其目的并非阐述战略功能，更多的是希望引起人们足够的重视，因此很多时候，战略性即等同于重要性。这使“战略”的含义狭义化了，也使中国企业对战略的理解仅仅停留在了重要性这一层面。

今天的中国企业对“战略性人力资源管理”并不陌生，“脸熟”的原因是它经常出现，但本书将从组织形态进化的角度对战略管理进行阐述，挖掘其更深层次的内涵。

传统人力资源管理几乎没有行使过战略管理功能，企业的人力资源管理也并不会因为加上了“战略”这一前缀，就能被称为“战略性人力资源管理”。由于过早使用了“战略”一词，反而给人们对它的认知带来了一定障碍，这种障碍不仅让“战略”显得平淡无奇，也使人们容易陷入传统人力资源管理的误区，因此有必要先将它与传统人力资源管理“划清界限”。

一、战略管理的三个基本属性

对“战略”这一概念有众多解读，从组织形态管理的角度看，“战略”具有三个特征：事关全局、长期影响、挑战不确定性，因此“战略”应该具备三个属性：全局性、长期性、不确定性，如图 5-1 所示。

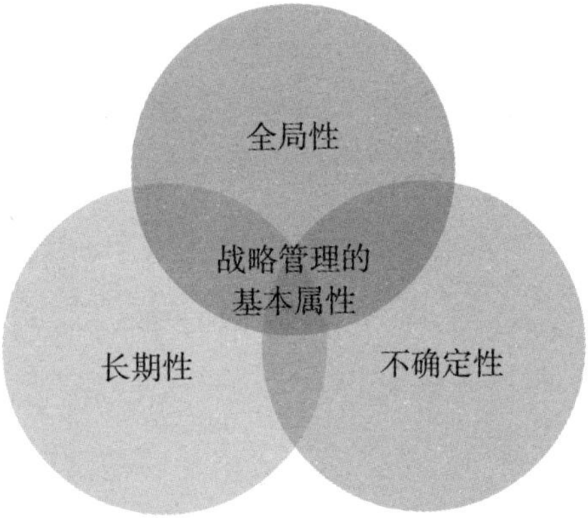

图 5-1　战略管理的三个基本属性

“全局性”是指战略管理将影响企业整体，必须解决企业的系统性发展问题；“长期性”是指战略管理始终面向未来，必须解决企业的持续发展问题；“不确定性”是指战略管理应能适应动态变化，必须解决企业面临的各种突发问题。三者相互作用，构成战略管理的基本属性。与此相对应的是局部性、短期性、确定性，这三者恰恰是专业管理的基本属性。

在三个属性当中，全局性、长期性比较容易理解，但处于工业 2.0 时代的人们很难深刻体会到“不确定性”——因为精英组织形态具有“分工”与“协作”的特征，在思考战略之初，就进行了人为设计，可以说布局在前，再把战略设想“装”入这一设计好的框架中，哈佛商学院教授迈克尔·波特（Michael. E.Porter）的价值链理论也证实了这一点。然而，这种设计根本无法实现最优化，因此存在着严重缺陷，尤其是在市场频繁变化时，设定的目标与实施过程很容易被割裂。

“不确定性”意味着人力资源管理是一种过程管理、动态管理、风险管理，可以随时依据客户需求变化进行调整，而不再是一种标准化、范式化的管理，它需要为客户提供有针对性的解决方案，而通常没有成功经验可参考，只能通过创新实现——战略管理面对的都是“无人区”，这是它与专业管理最大的区别，也正是这种“不确定性”让战略管理显得更加“高级”。

就“战略”属性而言，在专业管理阶段，除了人力资源规划功能，其他人力资源管理功能均不具备“战略性”，不管如何强调它们的重要性，它们均与“战略性”无关。人力资源规划不应该属于人力资源部功能的一部分，这是因为人力资源部采取的是产品管理方式，为整个组织提供的是一种标准化产品，但人力资源规划不是一种产品，而是一种集成化、系统化的解决方案，因此只有人力资源规划具有“战略性”，它不应属于人力资源部，而应属于精英团队——由人力资源部主导实施的人力资源规划，几乎都达不到应有的效果，因为人力资源部并不具备这个能力以及相应的条件。

二、战略性人力资源管理的特点

战略性人力资源管理功能由“战略”的三个基本属性所决定。从三个属性看，战略性人力资源管理是一种集成化、系统化的管理方式，为内部客户提供整套的人力资源解决方案，专业管理阶段的“分工”被“集成化”取代、“协作”被“系统化”取代，但传统人力资源管理的功能并没有消失，而是被集成到战略性人力资源管理的功能之中。战略性人力资源管理将聚焦以下几方面内容：战略实现、人才成长、价值增长、变革创新、业务推动、文化再造等。每项内容都是一种集成化的管理、都不是单一功能能实现的，而是一系列内容的组合，每项内容都必须依据客户需求明确具体的工作事项。也就是说，所有战略性人力资源管理工作内容都由客户需求决定，没有固定的程式、模板——只有在这种情况下，企业才会需要大多数人的创造力，否则何必多此一举。因此，战略管理的使命是提升大多数人的价值创造能力。

在所有功能中，人力资源规划的技术含量高、实施难度大，也是因为它集成了其他人力资源管理功能，涉及所有人力资源管理业务流程。而到了战略管理阶段，这样的功能将成为人力资源管理的主要内容，如战略实现、人才成长等，这样的变化才称得上管理系统的“进化”。

在专业管理阶段，人力资源管理做的是加法：功能不断细分；而在战略管理阶段，人力资源管理做的是减法：功能不断集成。战略性人力资源管理的内容不仅突破了单一专业领域，而且开始与其他专业领域进行融合，这也意味着其他专业领域、其他管理功能都将呈现出这一变化，而这些变化都必须通过流程再造实现。

中国企业曾经历过一段高速发展期，但那并不是“战略”上的成功，而是外部市场在发挥决定性作用——即便在战略上出了些问题，由于外部市场形势良好，企业也依然能够蓬勃发展。所以说，良好的外部市场形势在一定程度上掩盖了企业战略上的失误。真正的考验来自新商业时代，这时，市场进入成熟阶段，企业将告别快速发展期，战略管理对企业发展的重要性逐渐凸显出来，这也是称这一阶段的管理为战略管理的原因。

三、由团队承载的动态管理方式

人力资源部是工业2.0时代的产物，因为工业1.0时代只能进行人事管理，人力资源管理功能还没有独立出来。随着企业不断发展，人力资源管理功能开始独立，人力资源部也随之形成，为精英价值形态提供了必要的支撑，其他部门也纷纷以这种方式出现，“部门”成了精英价值形态的基本价值单元。进入工业3.0时代，人力资源部的使命已经完成，丧失了继续存在的必要性，人员纷纷脱离“部门”，“部门”开始解体，取而代之的是团队，团队成了工业3.0时代的基本价值单元。人员脱离“部门”是因为客户需求不断变化，人员需要重新进行组合，以便更好地满足客户需求。这一过程通过流程再造完成。

客户价值形态是一种动态的组织形态，“部门”的稳定性与组织的动态性之间出现了矛盾，而“团队”则天然具有动态属性，“团队”取代“部门”是迟早的事。在这一过程中，起决定性作用的依然是客户需求，市场风险越大、竞争越激烈的行业越会率先转型，带动产业链上的其他企业跟进。

由团队承载战略管理功能主要体现在两个方面，一方面是内部团队化，即依据客户需求形成一个个相对独立的团队，完成一些特定的工作任务，这是人力资源管理领域内部的集成；另一方面是外部团队化，即依据客户需求与其他专业领域的人员组建一个个相对独立的团队，完成一些特定的工作任务，这是专业领域之间的集成。在专业管理阶段，在人力资源部内部或外部组建这样的团队，效果其实并不理想，至少可以说，这样的团队缺乏创造力——因为人员都已被固定在某个特定“职位”上，有着明确的工作内容，人员的专业能力也相对单一，很难胜任这样的集成式管理活动，动态属性很难体现出来。

从战略管理的基本属性上可以看出，人力资源管理活动将从被动向主动转变，因为只有主动才能应对不确定的市场环境，从而获取竞争优势。传统人力资源管理面对的通常是确定性，因此是一种被动的静态管理活动，而战略管理需要不停地分析、预判，才能跟得上客户需求变化的节奏，因此是一种主动的动态管理活动。从专业管理进化到战略管理，是人力资源管理演变过程中的一个分水岭，今天的中国企业恰恰处于这样一个阶段。

第三节

建立在角色管理基础之上

“职位”是工业 2.0 时代的最佳管理基础，而“角色”则是工业 3.0 时代的最佳管理基础，谁想顺利迈进工业 3.0 时代，谁的管理基础就必须从职位管理转变为角色管理。

客户价值形态的管理系统建立在角色管理基础上，没有角色管理，集成化、系统化的管理方式就无法建立，组织的灵活性与动态性就无法体现。要理解先进企业的管理系统，就必须先理解角色管理的特点，因为从职位管理的视角根本无法看清未来新组织的运行轨迹——这是两种不同逻辑下的管理系统。

建立在职位管理基础上的传统企业的运行系统稳定有余而灵活不足，一旦市场发生频繁变化，就会立刻显得僵化；而角色管理则具有较强的灵活性，市场变化越快，这种灵活性体现得越明显，在稳定的市场环境中反而效果不佳，角色管理基础与工业 3.0 时代的市场特征相匹配。如果说“部门”与“职位”相对，那么“团队”就与“角色”相对，本书提到的“团队”除非特指，均由不同的“角色”构成，而不是“职位”。

一、何谓角色管理基础？

一组性质相似的“工作”被固化下来就会形成一个“职位”，因此“职位”天然具有稳定性。然而进入工业3.0时代，客户需求的频繁变化使“职位”无法承载，常规性工作越来越少，新情况、新任务不断涌现，“职位”的边界越清晰，越容易出现“推诿扯皮”“各自为政”的现象。此时，“职位”逐渐解体，“工作”得到解放，“工作”与“人”开始直接结合，这就是“角色”。“角色”并不是“人”，更不是“工作”，它是“人+工作”，“角色”体现了“人”与“工作”的统一性，当“工作”发生变动时，“人”必须同时改变，因此“角色”天然具有动态属性。这就是“角色”与“职位”的本质区别，是市场发展的必然要求，为了迅速响应客户需求，责、权、利必须被配置在“角色”上。

职位管理的前提是“人岗匹配”，而角色管理的前提条件是“行为匹配”，即“人”的行为要与工作要求相匹配——无论市场如何变化，“人”的行为都能满足“角色”的要求，一旦匹配，企业将充满活力，如同一个有着源源不断的生命力的生态系统。

“职位”依据功能划分进行设置，而“角色”则依据客户需求进行设置。功能通常相对稳定，因此一个职能部门中的职位设置变化不大，而客户需求却不然，一个团队的角色设计仅针对特定的项目，不同的项目需要设计不同角色，这也是角色管理动态性的体现。

一个企业可以存在价值不明显的“职位”，但绝不会存在价值不明显的“角色”。这是因为，职位设计或人岗匹配过程中可能出现问题，而角色管理强调“人”与“工作”的统一性，即便某个角色没有发挥应有价值，也能够立刻被优化，组织不会任由这种状态持续下去。角色管理让所有“角色”都处于动态调整中，不仅能优化人才，还能推动人才主动追求更具价值的“角色”，最终，每个“角色”都必须有其存在的价值，彼得原理（the Peter Principle）将被彻底抛弃。

“角色”是工业 3.0 时代的最佳管理基础，任何即将进入工业 3.0 时代的企业，都必须开始构建角色管理系统，否则，传统企业的问题始终都会存在，并对企业的发展产生负面影响。角色管理是一个划时代的产物，它的重要性远超人们的想象。

二、冰山模型的核心内涵

角色管理的依据来自能力素质。

20 世纪 70 年代，哈佛大学麦克里兰（David. C.McClelland）博士发现，成绩的优异程度与实际工作的表现没有直接相关性，能够直接影响工作业绩的个人条件和行为特征的是一种被称为“能力素质”的东西，随后提出了能力素质冰山模型，如图 5-2 所示，这个过程也印证了，精英不一定能够胜任所有工作。20 世纪 80 年代后，西方企业普遍进入转型期。

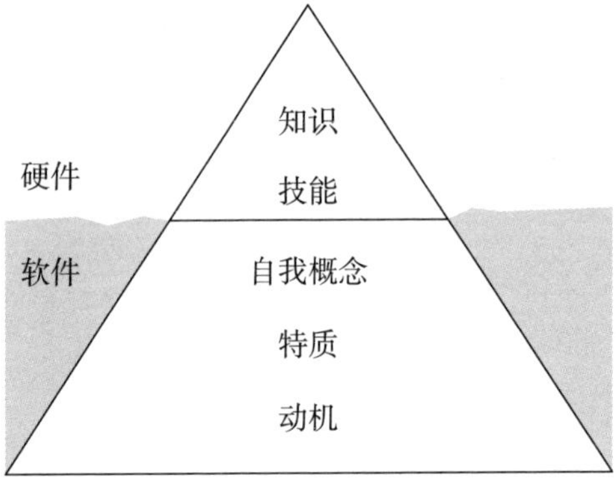

图 5-2　能力素质冰山模型

能力素质冰山模型最早用于人才选拔，通过对“人”的能力素质分析，甄选适合组织需要的人才，因为能力素质决定了“人”是否能够获得组织预期的结果。这就形成了一个潜在逻辑：具有什么样的能力素质就会有什么样的行为表现，就会产出什么样的劳动成果——冰山模型其实在为我们揭示“人”取得成功的决定性因素。

什么是角色？“人”的能力素质与“工作”的基本要求相结合，就是角色。提高能力素质就能够胜任业务流程上（团队）的不同角色，从这个意义上说，具有什么样的能力素质，就承担什么样的责任、获得什么样的回报，它的最终目标是让人们尽快取得成功、尽早实现自我价值，用最少的时间成本获取人生中最大的成绩，这就是角色管理的核心思想，也是素质教育的本质。

国外曾经做过一个职场调研，结果显示，只有少数人会在一家公司工作十年以上，如果超过十年还没有取得一些成绩的话，通常会被人耻笑，而在中国，调研结果却截然相反：除了逐步晋升为企业精英的少数人以外，大多数人将在基层岗位上度过一生——这是农业社会而不是工业社会的思维。相当一部分人在某一岗位上成为一名熟练工后，就会进入相对较长的“职场垃圾时间”，直到退休。这并不能代表一个人对企业的“忠诚度”，而只是丧失了改变现状的能力，这就是两种不同管理基础带来的不同结果。

角色管理能够推动“人”不断追求成功，一旦发现没有可能取得成功，“人”就会选择离开，寻找更适合自己的空间。通常，市场变化越快，员工的流动率应该越高，它体现了一个企业正常的新陈代谢能力，也让企业始终保持强大的创造力，高级组织形态都具有这样的特征。

三、角色管理的基本内容

职位管理体系包括职位设置、职位分析、职位评估三块主要内容，分别形成职位说明书与职位分布图，这是人力资源管理在专业管理阶段的基本工具。角色管理体系也分为三块内容：角色设计、角色分析、角色评估，分别形成角色说明书与角色分布图，这是人力资源管理在战略管理阶段的基本工具。

角色设计是指通过流程再造，依据客户需求的特点，结合企业资源及人员现状，设计出不同的“角色”，必要时赋予这些“角色”新头衔，代表不同的责、权、利。不同的业务流程上有不同的“角色”，相同的业务流程上也会有不同的“角色”，由“人”与“工作”的匹配程度决定。

角色分析是指分析与描述出业务流程上每个工作模块的具体工作内容：完成这些工作内容需要“角色”具备哪些能力素质标准、这些“角色”会有什么样的行为表现及成果产出，角色分析之后，将会形成角色说明书。

角色评估是指对每个人的能力素质进行评价，通过评估判断个人达到了什么样的能力素质标准、能够胜任业务流程上的什么“角色”。角色评估之后，将会形成角色分布图。人们常说的人才盘点应该基于“角色”，而不是“职位”，因为只有当人才在业务流程上的角色经常变动时，盘点才有必要。

角色管理是一种动态管理系统，因此，角色说明书及角色分布图的变更及调整的频率远远高于职位说明书及职位分布图。在现实中，角色管理系统的构建者不一定是人力资源工作者，更多的应该是流程负责人，因为只有流程负责人更清楚流程再造之后需要什么样的“角色”，因此，每一个流程负责人都应该清楚公司人力资源的现状。

四、中国企业的角色管理建设

如今，角色管理在中国企业中刚刚起步，只有一些竞争比较激烈、市场需求变化较快的行业中的企业开始建立角色管理系统，如任职资格体系、能力素质模型。但很可惜，这些任职资格、能力素质模型依然没有脱离“职位”，因此被称为岗位任职资格、岗位胜任力模型。它们保留了传统企业职位管理的特征，弱化了角色管理的功效，使业务单元的灵活性受到明显影响。这种岗位任职资格、岗位胜任力模型对企业的转型虽然能起到一些作用，但并不大，甚至会在一定程度上延缓变革的进程。究其原因还是职位管理思维根深蒂固，这种思维短时间内很难纠正，但是随着中国经济改革的持续深入，职位管理体系受到的冲击将会越来越大，无论是企业还是个人都将意识到，职位管理对价值的消耗过大，企业创造的价值完全会被内部消耗掉，这时，角色管理就会从“幕后”逐渐走向“台前”，开始扮演“主角”。

角色管理与集成化、系统化的管理方式相匹配，如流程管理、项目管理都是角色管理的一种，如果企业中还没有形成集成业务管理方式，就没有必要构建角色管理系统。

角色管理基础对中国企业变革有多重要？可以说，很多制度与工具的落脚点都将着力在“角色”上，如宽带薪酬、OKR（目标与关键成果法）等，都需要以角色管理为依托，因为只有角色管理能释放员工的创造力、提高企业的灵活性。华为的“铁三角”就是“角色”的一种初级表现形式：在一个相对完整的流程上，设计出三种角色，这三种角色被集成在一起，无法分割，它们被封装成一个相对完整的业务单位。

构建角色管理系统将成为中国企业转型的重要内容之一，但并不意味着职位管理会立刻消失，在相当长的一段时间内，两种管理基础将同时存在，形成一种二元格局，只不过二者此消彼长：随着集成业务管理方式的覆盖率越来越高，职位管理的空间将越来越小，直到消失，这时企业只有一种管理基础——角色管理。

无论传统企业是否愿意，职位管理基础的历史使命都行将结束，接下来将是角色管理的时代，各种“团队”与“角色”将不断涌现，预示着新组织正在孕育之中。

第四节

与新组织管理模式相匹配

客户价值形态是工业 3.0 时代的最佳组织形态，无论未来的新组织叫什么，都需要具有这种组织形态特征，才能实现价值最大化，这是市场发展与人性特征演变的必然结果。

如果把未来的新组织进行解构，就会发现其内部都有“三支柱模型”，此“三支柱模型”与传统企业的“三支柱模型”截然不同，它们是流程型组织结构、角色管理基础、流程管理方式，这三个支柱恰恰是构成企业形态 10S 中的 3 个 S。

新“三支柱模型”的通俗说法就是新组织通常采取流程型结构，在角色管理基础上实施流程管理方式，这将成为客户价值形态管理模式的一种“标配”，也是判断一个组织是否属于新组织的标准，无论这个企业处于什么行业、从事什么经济活动、是什么样的资本属性，只要有新“三支柱模型”，就都是一种新组织。

战略性人力资源管理必须在新“三支柱模型”中才能发挥作用。

一、新组织的“三支柱模型”

新“三支柱模型”分别从组织结构、管理基础结构和产品结构三个角度对新组织进行描述，勾勒了一个新组织的基本框架。从这几年西方涌现的一些新组织中可以发现，其背后都有新“三支柱模型”的身影。仔细研究就会发现，新“三支柱模型”虽然分属不同领域，但在设计原理上完全一致，因此能够集成在一起，成为一个模型，共同支撑新组织有序运行，如图 5-3 所示。

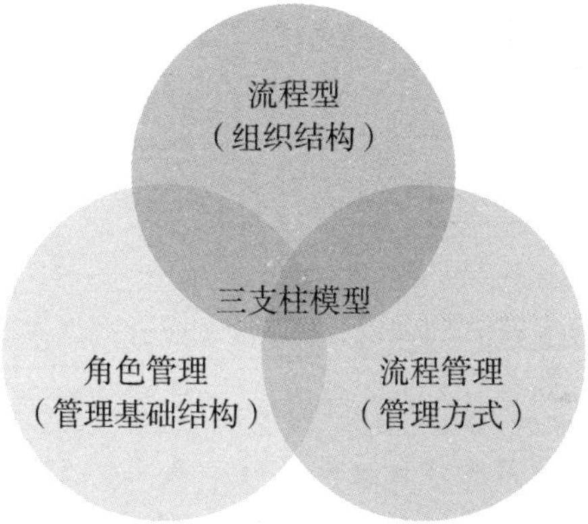

图 5-3 新组织的“三支柱模型”

新“三支柱模型”是一种全新的管理模式，与工业 3.0 时代的市场特征相匹配，是对传统管理模式的颠覆，有三个特点需要特别提示一下，因为这是它与传统组织管理模式最明显的不同。

第一个是“去中心”。“中心”是指总部功能，这是决策权的归属地，所有能够影响公司整体运行的指令均出自这个“中心”，有“中心”即意味着集权、控制，所有功能单元都必须强制执行“中心”的指令。“去中心”通常有两种情况：一种情况是把稳定的“中心”

变为临时的“中心”，原来是固定存在、高高在上的，如今变成临时机构，当需要一个集权、控制中心时才会出现，起到统领所有功能的作用，不需要时自然消失；另一种情况是彻底“去中心”，所有功能单元高度独立，功能单元之间自由连接，彼此之间相互发出指令，任何一个功能都可能成为阶段性的中心。无论哪种情况，“去中心”都在弱化集权，当一个企业绝大部分时间不存在这种稳定的、强有力的权力中心时，反而会关注市场需求。

第二个是“创新力”。“去中心”的结果将赋予功能单元更大的权限，让各类功能单元活跃起来。市场变化频繁意味着客户需求分散且多变，创新成为满足客户需求的唯一路径，在这种管理模式中，创新将成为所有团队、个人的行为习惯和日常行为，根本无须刻意为之。新“三支柱模型”为所有创新活动创造了条件，推动企业自觉提升创新能力，让创新成为一种力量——创新力。如果新组织不具备强大的创新能力，“去中心”反而变得多余。

第三个是“价值中心”。价值中心不是成本中心，也不是利润中心——只有传统企业才会这样区分。新“三支柱模型”让所有的功能单元成为无差别价值中心。流程型结构就是由不同类型的价值中心共同构成的，流程管理则是把不同的功能集成为价值中心，然后再把这些价值中心集成为更大的价值中心。每个价值中心为企业创造的价值通过内部市场和价值交换原则呈现。

“去中心”“创新力”“价值中心”让新组织充满着活力，也是传统企业无法实现的。

新“三支柱模型”是战略管理的基本运行环境，在传统人力资源管理中无法得到体现，但是随着工业 3.0 时代进程的加快，企业对战略管理功能的需求会逐渐明显。

下面介绍三支柱中的另外两个支柱——流程型结构与流程管理方式。

二、与流程型结构相匹配

早在 20 世纪 80 年代，西方企业就开始探索流程型结构，到了 21 世纪，更是以惊人速度发展，互联网公司即属于早期的实践者。

流程再造思想为企业提供了一种全新的运行思路——组织居然可以实现动态运行。这是对传统运行秩序的颠覆，它彻底改变了精英价值形态的管理模式，开启了组织管理的新篇章。相对于直线型结构的三角形、职能型结构的梯形而言，流程型结构形如八边形，组织形态从纵向的变成了横向的，形状上的改变更明显。在流程型结构中已经没有了集中式的中心功能，如图 5-4 所示。

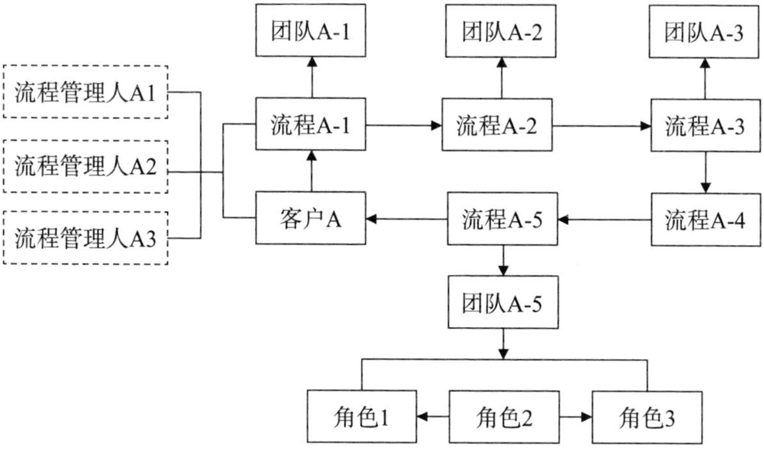

图 5-4　流程型组织结构

流程型结构以业务流程作为组织结构形式，由于业务流程可以随着客户需求的变化随时进行调整，于是客户组织形态具有了明显的动态属性。不同类型的业务流程对应不同类型的团队，团队是企业最基本的价值单元，人力资源管理功能由团队承载，其他功能同样如此。相同的功能可以划分为不同的团队，不同的功能也可以组成一个团队，团队创新力开始为企业创造主要价值。在流程型结构中，相同的业务流程可以有不同的流程管理者，不同的业务流程也可以有同一个流程管理者，完全取决于客户需求特征，它使流程管理者与价值创造活动结合得更加紧密，灵活性更加明显。

流程型结构通过业务流程把不同的功能集成在一起，解决了由于客户需求不断变化而出现的功能单元之间协作不畅的问题，同时能够依据客户需求对业务流程进行灵活调整，打开了企业与客户之间的边界墙，使企业与市场的契合度增强，因此，流程型结构是一种开放型的组织结构，这是封闭型组织不具备的特征。

流程型结构是一种动态的结构形式，业务流程纵横交错，复杂程度远远超过职能型结构，当业务的多元化达到一定程度时，就需要先进的信息技术支持，简化复杂的价值创造活动。

有关流程型结构更详细的内容，可以参见笔者《组织结构演变——解码组织变革底层逻辑》一书。

三、与流程管理方式相匹配

有了流程型结构，就会有流程管理。流程管理是围绕客户需求动机生命周期开展的一系列价值创造活动，它不再为客户提供单一的功能性产品，而提供一整套个性化的解决方案，产品只是其中的一个组成部分。产品可以多样、多元，目的是满足客户需求，只有客户价值最大化，企业价值才能最大化，这就是流程管理背后的逻辑。

流程管理也是一种集成化、系统化的管理方式，“集成化”即任何流程环节都能无缝对接、融为一体；而“系统化”则可以将集成后的业务流程进行封装，形成一个完整的管理单位。“流程革命”就是由集成化、系统化的价值创造方式取代“分工”与“协作”的价值创造方式。“流程革命”之后，企业的“产品”将从标准化、规模化、同质化的功能性产品，转变为个性化、差异化、创新性的成套解决方案，固定的生产工艺（流程）将转变为可以调节的生产工艺（流程）；确定的生产期限将转变为可以谈判的服务期限……流程管理的“目光”始终聚焦在客户（需求）身上、围绕客户（需求）展开一系列价值创造活动、所有变化都以客户为导向，以满足客户需求为基本原则，这与传统管理的理念截然相反。

战略性人力资源管理即采取流程管理方式，实现从客户需求到客户需求的全流程闭环管理，战略管理功能即对专业管理功能进行集成，形成不同的人力资源管理流程：客户需要什么，人力资源管理就会集成什么样的功能。在专业管理阶段，只有人力资源规划具备一些战略管理功能。

传统企业中的流程管理在本质上依然是产品管理，这样的流程梳理多少次也达不到流程管理的效果，但很多企业却误以为自己已经在流程梳理中实现了流程管理，直到今天依然如此。

四、海尔的“人单合一”模式

海尔自 2005 年之后大力提倡的“人单合一”模式其实是面向

未来的一种管理模式，具有战略管理的一些特征，人力资源管理也被嵌入了“人单合一”模式中。

“人”代表价值创造能力，“单”代表客户需求，“人单合一”，即指价值创造能力与客户需求相结合。然而结合的前提是匹配，即“人”的价值创造能力能够满足客户需求。因此，如果“人单合一”未能彻底贯彻实施，原因应该是“人”与“单”匹配不上。工业 3.0 时代，客户需求不仅不会萎缩，还会增长得更加迅猛，但是企业的创造力却不一定能够满足这种需求。

海尔在精英价值形态阶段实施了 OEC 模式，并对企业发展起到了良好作用，但在进入新商业时代之际，却必须升级到“人单合一”模式。为此，海尔进行了颠覆式的变革，在战略与组织模式上实施了“三化”——企业平台化、员工创客化、用户个性化。要想实现“企业平台化”，组织结构就需要从原来的职能型结构转变为流程型结构，如今，海尔是矩阵型结构，这种结构已经开始具备流程型结构的一些特征。要想实现“员工创客化”，管理基础就需要从原来的职位管理系统转变为角色管理系统，员工是否能够成为真正的“创客”，取决于他的价值创造能力而不是职位。要想实现“用户个性化”，管理方式就需要从原来的产品管理转变为流程管理，张瑞敏的“砸仓库”生动地演绎了这一变化过程，只不过没有获得人们的关注。所有这些改变，让今天的海尔拥有与传统企业不同的特征。仔细观察就会发现，企业平台化、员工创客化、用户个性化的背后，就是新“三支柱模型”的逻辑。

值得一提的是，流程再造是“人单合一”的关键环节，在实施平台化战略的过程中，海尔通过流程再造形成了内部市场及市场链：把市场经济中的利益调节机制引入企业内部，围绕战略目标，把企业上下流程、上下工序和岗位之间单纯的行政关系转变为相对平等的买卖和契约关系，通过新型关系把外部市场订单转变成一系列的内部市场订单，形成以“订单”为驱动力，通过“订单”使上下流程、上下工序和岗位之间相互咬合、可以自行调节的业务链。流程再造打通了“人”与“单”之间的通路，而“人”将成为最后的决定性因素。

从 OEC 模式到“人单合一”模式，既是海尔组织形态与管理模式的变革之路，也将是大多数中国企业需要走的变革之路。

第五节

提升团队的价值创造能力

客户价值形态下，团队创新力为企业创造主要价值，这是客户价值形态的组织 DNA。在频繁变化的市场需求面前，精英领导力开始束手无策，遇到了资本在股东价值形态末期遇到的同样问题，为了完成股东的委托责任，只能依靠更多的价值主体，因此被迫让渡了一些责、权、利。此时，以骨干人才为核心的价值创造团队从各功能单元中脱颖而出，成为企业主要的价值创造力量，此时，企业形态发生根本性改变。

进入工业 3.0 时代，市场进入成熟期，企业竞争也到了比拼“内力”的时候——只有多数人的价值创造能力才能代表一个组织真实且稳定的价值创造能力，它的价值创造能力不会因为几个关键人才的流失而急剧下滑。战略管理的目的是提升团队的价值创造能力，让企业能够适应频繁变化的市场环境。

一、部门消失、团队崛起

前文介绍过，随着企业形态不断演变，价值单元的演变会经历“企业、部门、团队、个人”四个阶段，价值创造形式也会经历“集体共同式、分工协作式、独立统一式、即时组合式”四种，在这个过程中，个体的价值创造能力逐渐显现出来。随着价值单元结构不断演变，产品最初由企业产出，然后由部门产出，再然后由团队产出，最后由个人产出。在这个过程中，企业空间也逐步从封闭走向开放，当企业进化到利益相关者价值形态时，内外部空间将充分开放，组织边界将逐渐消失，企业开始与外部市场融合。

“个人”是工业4.0时代最基本的价值单元，现在谈它为时尚早，今天，传统企业转型的方向是让创新团队取代职能部门。中国的互联网企业步伐较快，“团队”的覆盖率相对较高，这与行业特征密切相关。一般来说，客户需求变化越快、市场风险越高、竞争越激烈的行业，对企业形态的要求越高。

进入新商业时代，传统企业形态由于不能适应市场发展的变化开始土崩瓦解。新组织将是一种彻底的组织形态再造，其中比较明显的变化是职能部门逐渐解体，由团队取代：一开始是临时团队，临时团队完成任务后，团队成员回到各职能部门；当市场变化加剧，临时团队的存在便开始逐渐常态化，团队成员不需要再回到职能部门，因此，职能部门逐渐失去了存在的必要性，“团队”正式取代“部门”，成为企业中最基本的价值单元。未来平台组织的特点将是“平台 + 团队”；生态组织的特点将是“生态 + 物种”，“物种”代表的依然是“团队”。在客户价值形态中，个人还不具备独立创造价值的能力，因此还无法实现“平台 + 个人”。

在传统企业中，拆掉部门、建立团队没有任何意义，因为传统管理模式根本不支持，只有在企业进入转型阶段、构建新管理模式时，团队才能发挥优势。一旦团队成为最基本的价值单元，“人才”的创造力就会被释放出来，从而使企业的价值创造能力得到大幅度提升。因此，团队崛起将是新组织建立的一个重要标志。

“部门”的消失送走了专业管理，而“团队”的崛起迎来了战略管理。面对新的组织系统，人力资源管理功能将发生彻底改变，如果企业无法接受这种变化，战略管理的功能也将无法得到体现。

二、新商业时代的最佳团队

新商业时代的最佳团队通常有五个核心要素：独立性、角色化、互补性、创造力、新陈代谢，如图 5-5 所示。

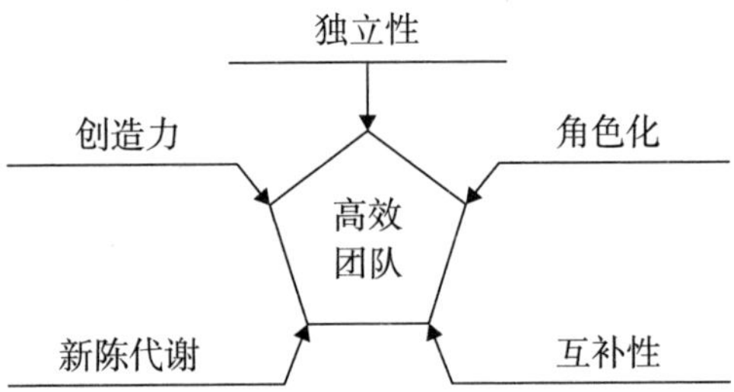

图 5-5　工业 3.0 时代最佳团队的基本特征

第一是独立性。绝对独立并不存在，这是一种相对独立。独立是为了使团队创造的价值能得到更清晰、更容易的呈现，独立性越明显，团队的价值评估、成本核算越容易。独立性使团队的功能相对完整、目标更加清晰，这是团队高效运行的前提，它提高了团队的市场反应速度，使团队能够有效面对终端客户需求的变化。独立性能够增强团队的使命感，便于激发团队的创造力。

第二是角色化。团队由不同角色构成，角色化增强了团队凝聚力与战斗力；角色意味着平等，每个角色都将通过个人价值创造能力获得相应的责、权、利；团队依据客户需求的特点设置不同的角色——谁有能力，谁就获得团队中特定的角色。这种变化能够彻底激发团队成员的价值创造力，让每个角色都能充分发挥作用。

第三是互补性。角色不需要重复，但要求互补，任何人的能力都有边界，互补可以实现价值创造能力的 $1+1 \geqslant 2$。无论市场如何变化，如果组织能让每个人都发挥出自身优势，还能通过角色互补实现有效集成，让所有角色的优势都得到充分体现，“最佳”团队就将形成。在新商业时代，人多力量不一定大，没有互补性的团队，结局甚至会是 $1+1 \leqslant 1$。最佳团队通过这种互补性，实现了团队整体价值创造能力的提高，它不需要全能型选手，“百花齐放才是春”——任何过于强大的角色，都会造成团队对它的依赖，使团队失去互补性。

第四是创造力。团队出现并成为最基本的价值单元，目标就是提升企业的创造力，这是市场变化对新组织的基本要求。创造力不是积极性，否则传统管理模式就能做到，创造力体现在创造新事物的能力上，只有通过“人”的劳动实现价值的从无到有，才能让“人”的价值获得前所未有的重视。当客户需求变得日益分散、多变，提高企业创造力是唯一有效的解决方案。无论是独立性，还是角色化、互补性，都是为了实现企业创造力的提升，创造力得不到体现，就没有必要形成团队。

第五是新陈代谢。市场在变、需求在变，团队也必须能够随之而变，这就是新陈代谢。新陈代谢体现为团队角色的不断变化，一成不变的团队只能让企业价值创造能力逐渐僵化，这种变化能让团队更加符合市场变化的要求。新陈代谢是让团队始终保持强大创造力的最有效方式，市场变化越快，团队的新陈代谢能力就应该越强，这种新陈代谢也将让新组织变得更加灵活。

新商业时代的企业竞争最终将体现为团队之间的竞争：谁拥有优秀的团队，谁就拥有未来，而关键在于如何构建这种团队。这五项特征在传统团队中很难体现出来，否则传统企业也不会面临转型危机。人力资源管理进入战略管理阶段后，所有功能都将由这样的团队实现，无论是出于服务客户的需求，还是出于自身发展的考虑，团队建设都将成为一项重要工作。

三、分布式领导力的时代

传统企业要想成功转型，就必须经历流程革命，针对这一点，早已有大量的实证案例。流程革命之后，组织形态将发生根本性转变：从封闭走向开放，从简单走向复杂，从静态走向动态……这样一个开放的、动态的复杂组织系统，对“人”的要求大幅提升，而领导力的问题就会自然浮出水面。

这里的领导力并非传统领导力。在中国大多数企业中，领导力的载体通常是各级管理者，不是管理者的人似乎不需要领导力，这就是传统领导力的特点。领导力的对象是静态的、稳定的，而这样的领导力很难驾驭新组织，因为新组织需要的是动态的领导“角色”，而不是静态的领导“职位”，如何清晰地描述这一领导力的变化，笔者一直没有找到合适的词汇，直到“分布式领导力”的概念出现，才顿感眼前一亮。

明茨伯格于2006年在《金融时报》上曾提出，“组织应该将以个人为中心的领导力模式转变为分布式领导力模式。分布式领导力就是指组织的不同成员根据自己的能力和环境条件的变化动态地分享领导角色”。这一观点符合客户价值形态对团队管理的基本要求，因此，“分布式领导力”将是未来的领导力形式，如图5-6所示。

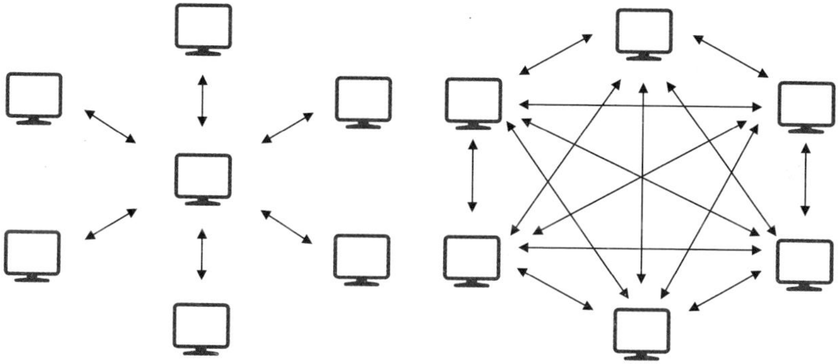

中心式领导力模式　　分布式领导力模式

图5-6　中心式领导力与分布式领导力示意图

流程革命之后，团队将开始崛起。“团队”本身具有动态属性，能够依据任务进行组合，任务结束，团队解散，然后依据新任务再重新组合成新的团队；企业的业务流程上分布着各类创新团队，通过集成化、系统化的流程管理满足客户需求。团队为“分布式领导力”创造了基本条件：谁具备领导团队的能力，谁就会成为团队的领导者，带领团队完成某一特定工作任务，这种转变能够有力促进骨干力量的壮大。工业3.0时代的企业竞争是“队长之战”，各类“队长”是“分布式领导力”的具体承载者，而他们也将承担起组织发展的重任。

与分布式领导力对应的是中心式领导力，与传统企业形态相匹配。分布式领导力在传统企业中无法形成，因为管理模式不支持这种形式的领导力，通过对比就能看出两者的本质区别，如表5-1所示。

表5-1　中心式领导力与分布式领导力的对比

	中心式领导力	分布式领导力
组织环境	简单、封闭	复杂、开放
管理阶段	专业管理	战略管理
典型特征	稳定性	动态性
表现形式	固定程式	灵活多变
	对内	由外到内
	被动	主动
领导力载体	职能线条中	业务流程上
	由“职位”承载	由“角色”承载
	少数人	多数人
领导力来源	基于授权	基于创造力
领导力配置	前置	即时
组织结构	直线型、职能型	流程型、网络型

进入客户价值形态时，组织系统变得越来越复杂，必须利用新技术驾驭这种形态的组织，如区块链技术，显而易见，“分布式领导力”存在的前提之一是具有这样的技术环境。

仔细观察就会发现，不仅仅是企业这样的经济组织，整个世界都在从中心式系统向分布式系统转变——这既是经济系统的变革，也是人类社会的变革，人类正在经历这场深刻的变革。

第六节

进入人力资源自管理时代

未来企业到底什么样？答案多得让人眼花缭乱，但可以肯定的是，新组织有一个共同点，那就是具有动态性。动态性让新组织系统的复杂度远远超越传统组织，新组织系统建立在一套全新的管理逻辑上，如果用传统管理的逻辑去理解它，就会感到格格不入。

动态组织对人力资源管理提出了新的要求：由被动管理转为主动管理，通过自主性管理应对频繁变化的外部市场以及内部系统，这就是人力资源的自管理系统。它在企业的转型阶段开始出现，在客户价值形态阶段成型，在利益相关者价值形态阶段成熟。企业在战略管理阶段将会体现出这种自管理特征，否则面对市场的不确定性，组织的所有功能都将不知所措、无能为力。

也许有人会质疑，人们是否能够做到自主性管理？当企业价值与个体价值趋同时，自管理就能够实现。在股东价值形态阶段，这两者是相互背离、甚至对立的；在精英价值形态阶段，两者在少数精英身上完成部分重合；在客户价值形态阶段，则在多数人身上实现了大部分重合；在利益相关者价值形态阶段，则将实现完全重合。因此，企业在进入工业 3.0 时代后，自管理特征就会显现。从管理学理论基础也可以看到这一规律：自管理的特点在“经济人”身上看不见，在“社会人”身上开始出现，在“复杂人”身上基本得到体现，在“价值人”身上则得到完全展现。

无论人类社会如何变化，主角都是“人”，因此，只要认识到“人”的变化规律，就能掌握时代发展的“密码”，工业时代的“密码”就在能力素质冰山模型中，而人类的自管理时代迟早都会到来。

一、冰山之下

第五章介绍过的能力素质给出了“人”获得成功的必要条件——“人”对自身的掌控程度。

冰山模型分为两部分，一部分是“冰山之上”的部分，基本上体现出了“人”的外在特征，这部分内容不需要深入接触，通过简单观察分析就能识别，如“人”的知识水平、从业经验、技能水平等；另一部分是“冰山之下”的部分，这部分内容必须经过与“人”的深入接触，通过系统分析才能识别，如“人”的自我概念（态度、价值观、自我形象等）、特质、动机等。“人”的能力素质是指整个“冰山”，它决定了“人”的行为结果。从冰山模型可以发现，越是“冰山之上”的部分越便于识别、容易改变，越是“冰山之下”的部分越难以识别、不易改变，但主导“人”的行为结果的却是“冰山之下”的部分，而且越深层次的内容，对“人”的影响越大。

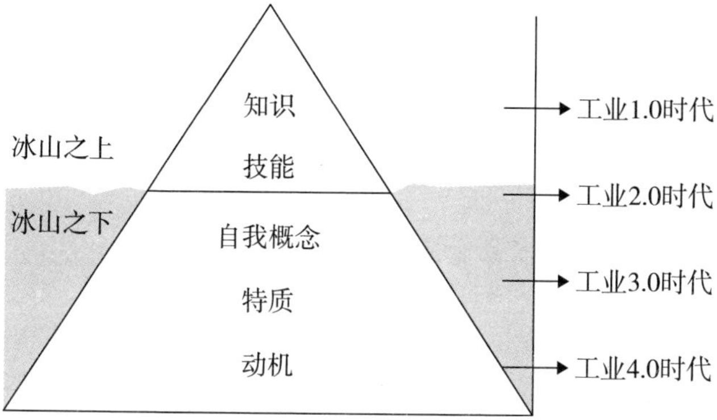

图 5-7　工业时代与冰山模型的关系

冰山模型形象地反映出了人类工业时代价值创造活动的特点。对“人”的认知从“冰山之上”延伸到“冰山之下”，人类社会也从工业 1.0 时代逐步迈向了工业 4.0 时代，如图 5-7 所示。工业 1.0 时代，人们认识了“冰山之上”的部分，人类开始能够进行机械化生产，走上了工业化道路；工业 2.0 时代，除了“冰山之上”的部分，人们又认识到了态度、价值观、自我形象等“冰山之下”的浅层次部分，人类开始能够进行工业化制造、开始了大规模的生产制造；工业 3.0 时代，人们认识到了“人”的“特质”，人类开始能够进行网络式创新，为社会提供丰富多彩的创新产品；工业 4.0 时代，人们将认识到冰山模型最深处的“人”的“动机”，人类将能够进行个性化创造，推动每个人追求自我价值的实现，这就是冰山模型隐藏的奥秘。当人类的“动机”能够被捕捉到时，人类将再无秘密可言，要么消亡，要么进化。

进入工业 3.0 时代，随着科学技术的不断发展，“冰山之下”的部分越来越清晰，人类将越来越多地认知到自己的“特质”。特质属于天赋，一旦掌控它，取得成功的概率就将大幅提升，“人”

的价值属性将越来越明显。出于对成功的追求，人的自主性将逐渐体现出来，人力资源的自管理时代将于此时到来，战略管理功能开始在自管理系统中发挥作用。

二、自管理体现为新陈代谢

当企业进化到客户价值形态时，“自管理”的特征就已经比较明显了，否则，一个复杂的组织系统是无法有效运行的。

“自管理”也称自主性管理。自主性不是主动性，主动性是个体按照自己设定的目标行动，而不依赖外力推动的意愿，带有时效性；自主性是个体自由地、独立地支配言行的状态，带有长效性。能够实现“自管理”的组织被称为“自管理组织”。

与“自管理”相对的是“被管理”，“被管理”是个体需要被动的服从指令，按照他人计划行事的状态，以这种方式进行价值创造活动的组织被称为“被管理组织”，股东价值形态、精英价值形态都属于这种组织。当然，绝对的“被管理”或“自管理”都是不存在的，只是程度上有差别。

生态型企业就是一种自管理组织，理解了生态型企业，就理解了自管理系统的特点，因为生态型企业具有“新陈代谢”功能，这种功能使企业面对外部环境能够产生自觉反应：当外部市场发生变化时，企业能够随时进行自我更新，始终保持强大的竞争力，而不需要在公司层面刻意研究市场变化，然后再制订变革方案，所有的变革都已在内部习惯性开展。这就是所谓的“不见其变、变在其中”，利用“无形之手”的力量进行变革。

承担这些变革任务的是“生态系统”中的“物种”，“物种”即各类创新团队，是企业在客户价值形态阶段最基本的价值创造单元。由于“物种”最熟悉客户需求动机，也能最先感知到环境的变化，因此变革是从“物种”开始的，任何“物种”的变化都将引起连锁反应，对相关“物种”产生影响，促使其他“物种”进行相应变革，最后影响到整个生态系统。这是一种由内而外、由下而上的变革，如同分布式系统，任何一点都可能成为变革的中心，对其他领域产生影响。与传统组织的变革方式完全不同，它利用“无形之手”的力量进行变革，并不强调顶层设计。

在自管理体系的作用下，企业规模在事实上失去了存在的意义，因为无论规模大小，企业都能灵活运行，企业彻底摆脱了传统时代“做大做强”的竞争规则。对于自管理组织而言，无论规模多大，都能体现出灵活性。当然，这对管理系统提出了新的要求，能够支持自管理体系的绝不是传统管理逻辑，因此，要构建新组织，就需要建立一套全新的管理逻辑，人力资源的战略管理功能就基于此。

三、人力资源的自管理体系

在战略管理阶段，人力资源管理功能已经能够体现出自管理的特征。战略本身就是在管理不确定性，当不确定性到达一定程度时，必然需要依托人的自主性来解决所有的不确定性。专业管理面临的大多是确定性问题，因此才能依据确定性实现“分工”：每一项功能内容明确、边界清晰。当面对不确定性问题时，“分工”就变成了“集成”：每一项功能内容不仅模糊，且有明显差异，很多时候甚至无法明确每项功能具体包括哪些内容，因为内容会依据客户需求不断变化。这些功能不再是人力资源管理的职责，而将成为其他专业领域共同的功能，如战略实现、价值增长、人才成长等。

只有“自管理”才需要多数人的创造力，“被管理”根本不需要：无论有多少人，如果没有创造力，工作效率就无法与机器相比，对于这部分“人”的工作，人事管理即可应付自如，专业管理都用不到。然而，创造力让每个个体变得独一无二——只有多数人的创造力才能真实地体现一个组织的创造力。

一旦大多数人的自主性体现出来，人力资源管理的发展就会由繁趋简，同时技术含量大幅提升，专业管理阶段无法实现的功能，在战略管理阶段都能实现。到了工业 4.0 时代，企业的自管理特征将更加明显，因为这时每个个体都能够独立进行创造价值，人力资源管理功能演变到价值管理阶段，虽然只关注价值创造、价值衡量、价值分配三个过程，看起来似乎被简化了，但已比战略管理又高了一个层次。

战略管理最终落脚在“人”的主观能动性上，让多数人能够主动发现问题、思考如何解决问题并付诸行动是工业 3.0 时代的企业面对不确定性时的最佳解决方案。当组织系统越来越复杂时，如果每个人仍然被动地接受指令、执行既定的工作计划，组织将不再能高效运行——即便是高等生物，也依然有其力所不能及的边界。要想实现某种创新，就要打破原有的逻辑，在新的逻辑下，很多原来的“不可思议”都将成为现实。

从工业 2.0 时代向工业 3.0 时代转变的过程是工业时代的分水岭，很多变化都让这次企业转型显得意义非凡。但是，如何才能实现顺利演变？人力资源管理将如何推动企业进化？这就是下一章的主要内容了。

Chapter 6

人力资源管理转型与升级

今天的中国正处在从工业 2.0 时代迈向工业 3.0 时代，人力资源管理也正处于一个过渡阶段，这一阶段的人力资源管理同时具备两种最佳人力资源管理形式的特征，承前启后，推动人力资源管理实现顺利演变。

这一阶段的人力资源管理形式对于中国企业并不陌生，就是戴维·尤里奇提出的“HR 三支柱模型”。它在传统人力资源管理的基础上转型升级，清晰地呈现了人力资源管理从专业管理走向战略管理的过程，也让人们开始了解战略管理的特征。

“HR 三支柱模型”与传统企业的“三支柱模型”和新组织的“三支柱模型”没有任何关系，它们是不同领域的定义与命题，希望读者不要弄混。

20 世纪 80 年代后，西方很多企业借助“HR 三支柱模型”推动企业逐步实现转型，IBM 就是最佳实践者之一。然而它在中国企业的实践却不太理想，原因在于尤里奇的研究样本是变革中的企业，而不是传统企业，传统管理模式与“HR 三支柱模型”并不兼容。而“HR 三支柱模型”在互联网公司中的运用效果相对较好，也是因为这些公司不再是传统企业，使“HR 三支柱模型”有了发挥作用的土壤。

本章将从组织形态管理的角度解读“HR 三支柱模型”，希望能够为读者厘清它的运行逻辑。

第一节

“四角色模型”与“HR 三支柱模型”

谈到“HR 三支柱模型”不得不先说说戴维·尤里奇（Dave. Ulrich），他被誉为人力资源管理的开拓者、人力资源管理之父。他提出的“HR 三支柱模型”使很多跨国公司的人力资源管理变革受到启发，不了解他的一些经历，很容易走回传统管理思维框架，让这套方法沦为鸡肋。

早在 20 世纪 80 年代末期，尤里奇就已经活跃在学术和咨询界。值得一提的是，他曾是 GE“群策群力”专家团队的核心成员，曾以 GE 为研究样本写过《通用电气模式》《无边界组织：打破组织结构链》等著作，在国内均有译本。

20 世纪 80 年代是杰克·韦尔奇（Jack. Welch）大刀阔斧地改造 GE 的时期，在这一轮史无前例的变革中，他尝试了群策群力、无边界组织、零层管理等变革措施，最终重新激发了组织活力，推动 GE 实现了脱胎换骨式的飞跃。在他的领导下，GE 的市值从 120 亿美元增至 4100 亿美元。

尤里奇应该参与并见证了这一变革过程。那个年代，不仅 GE，先进企业所做的变革如出一辙，如 IBM 的“让大象跳舞”、宝洁的“产品经理系统”、京瓷的“阿米巴经营”，这些变革从变革的底层逻辑上看没有任何区别。“HR 三支柱模型”本身脱胎于企业的转型过程，又在其他转型企业中得到了实践，成为转型阶段的最佳人力资源管理形式，适合今天中国变革中的企业借鉴。

“HR 三支柱模型”脱胎于实践研究，但尚未上升为科学理论，因此在推广、应用的过程中受到了一定的限制，在实践中甚至“走了样”，这都需要企业从底层逻辑上重新解读。

一、人力资源管理的危机时刻

20 世纪 80 年代后，一大批西方企业开始步入工业 3.0 时代，市场需求开始变得分散且多变，企业业绩出现大幅度滑坡，包括 GE、IBM。组织管理面临前所未有的危机，专业管理无法解决企业中出现的问题，企业苦苦挣扎，人力资源部也饱受责难。

学者托马斯·斯图沃特（Thomas. A. Stewart）在 1996 年的《财富》中提出“炸掉你的人力资源部”，并对人力资源部进行了非常直白的描述。

“在你的公司中存在着一个令人感觉暖洋洋、昏昏欲睡的东西……这个东西就是你公司中的一个部门。这个部门所属雇员 80% 的时间都用在日常性的行政管理事务上。该部门几乎所有的职能都可以让其他部门用更少的时间却更为熟练地完成。更要命的是，该部门的领导人无法描述出他们对公司的价值增值所作出的具体贡献是什么，而只能用一些流行的、无法量化的和苍白无力的语言为自己辩解……这个部门竟然还常常向其他部门提建议，告诉他们如何精简那些不会给公司带来价值增值的工作……我所描述的当然就是你们公司的人力资源部，因此我想给你一个小小的建议：为什么不把你的人力资源部炸掉？”

从这段话中可以看出人力资源部的处境有多尴尬，传统人力资源管理对企业的价值已经“跌倒了地板上”，多年后，学者拉姆·查兰又提出了类似的论调——“拆分人力资源部”。无论是否赞同这些观点，不可否认的是，“炸掉”“拆除”之声一直不绝于耳。伴随着企业转型不断推进，也必须承认人力资源管理功能的确没有被充分发挥出来，否则也不会有这样的“待遇”。德勤（Deloitte）就曾在一份报告中提到，42% 的企业领导者认为人力资源团队表现不合格。

让人力资源管理体现价值的前提是创造价值。那么，如何创造价值这一命题就摆在了眼前。由于环境发生了剧变，专业管理无路可走，所以必须突破传统思维，“解救”困境中的人力资源管理。戴维·尤里奇提出的“HR 四角色模型”与“HR 三支柱模型”，重新对人力资源管理功能进行了定位，给出了人力资源管理创造价值的解决方案，成为人力资源部的“救命稻草”——它的价值在于让人力资源管理功能体现出战略属性，这一属性首先体现在“四角色模型”中。

二、人力资源管理的“四角色模型”

“四角色模型”是人力资源管理在企业转型阶段的基本定位，这四种角色一出现就让人眼前一亮，人力资源部又重新“抬起了头”。为何说是“又”，因为在工业 2.0 时代，专业管理对企业的发展曾起到重要作用。

在戴维·尤里奇看来，人力资源管理应该在企业中扮演四种角色：首先，成为高级经理和直线经理在战略执行过程中的业务伙伴，协助他们依据市场制订计划，而不是在会议室里闭门造车；其次，成为任务组织与实施方面的专家，提供高效的行政管理支持，在保证质量的前提下尽可能降低成本；再次，成为员工的坚强后盾，即提高员工对公司的投入度和价值创造能力；最后，成为持续变革的推动者，通过流程重组和文化再造增强企业的变革能力。

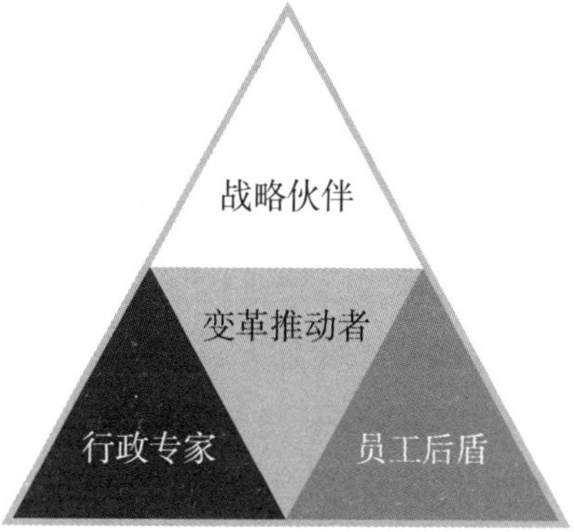

图 6-1 人力资源管理的“四角色模型”

上面的描述对人力资源管理进行了重新定位：战略伙伴（Strategic Partner）、行政专家（Administrative Expert）、员工后盾（Employee Champion）与变革推动者（Change Agent），如图 6-1 所示，不仅听起来“高大上”，而且在功能上进行了全面升级，不论是内行还是外行，一看到这四种角色，都会立刻对人力资源管理肃然起敬。

“四角色模型”把人力资源管理提到了一个新的高度，对人事管理、专业管理的功能进行了概括总结，重点体现在战略管理功能上，并第一次提出人力资源管理功能上的集成，如战略伙伴、变革推动者，这些都是人力资源管理集成后才能实现的功能。然而与战略管理相比，“四角色模型”又显然稍逊一筹，它既有传统人力资源管理的特点，又旗帜鲜明地提出了战略管理，正是企业转型阶段人力资源管理的定位。“四角色模型”回答了这个特殊阶段人力资源管理应该做什么的重要命题。

没有“四角色模型”就不会有“三支柱模型”，或者说，有了“四角色”的功能定位，才会有“三支柱”的工作方式。

三、人力资源管理的“三支柱模型”

“HR 三支柱模型”不是一种人力资源管理领域的新功能，而是一种新的人力资源管理方式，在以前的人力资源管理活动中从来没有出现过。这是一种集成业务管理方式，第一次出现在人力资源管理活动中。

在戴维·尤里奇看来，人力资源管理的工作方式应该有以下三个方面的内容：一是 COE（Center of Expert，战略指导中心），二是 BP（Business Partner，共赢业务伙伴），三是 SSC（Shared Service Centre，共享服务中心），如图 6-2 所示。

HRSSC 承载着企业内部与人力资源管理有关的基础性的、能够标准化的一些工作，如员工招聘、绩效考核、薪酬福利核算与发放、社会保险管理、人事档案、人事信息服务管理、劳动合同管理、新员工培训、员工投诉与建议处理、咨询服务等，并将它们集中起来，统一处理，这个能够进行统一处理的中心就是 HRSSC。

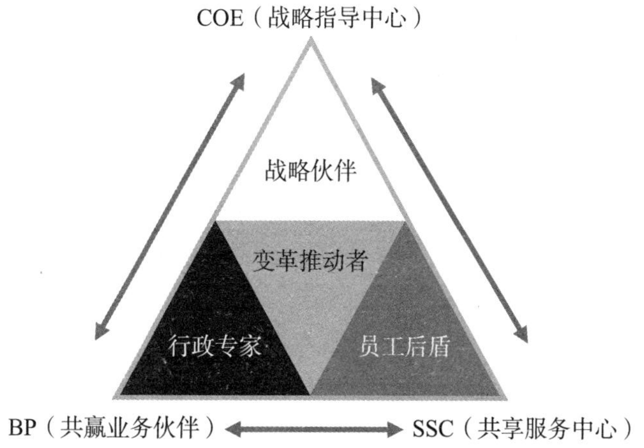

图 6-2　人力资源管理的“三支柱模型”

HRBP 承载着人力资源管理对业务单元提供个性化专业支持的工作，如推行业务单元人力资源战略规划并处理问题等，定期评估效果，发挥公司与业务单元之间的沟通桥梁与管道作用，推动战略规划的有效落实。

HRCOE 承载着公司人力资源战略规划的设计工作，应当能够依据外部环境的变化调整政策，使之与战略发展保持一致，并持续改进。

“四角色模型”与“HR 三支柱模型”，一个回答了企业转型阶段的人力资源管理应该如何定位的问题，另一个回答了企业转型阶段的人力资源管理如何创造价值的问题。而它们，恰恰构成了人力资源管理在从专业管理迈向战略管理的过程中的变革方案。

第二节

“HR 三支柱模型”如何创造价值

“HR 三支柱模型”是企业转型阶段的最佳人力资源管理形式，在一定程度上将解决传统人力资源管理的问题，尤其就“如何创造价值”这一争议给出了明确答案，避免人力资源部“被炸掉、被拆掉”。

要理解“HR 三支柱模型”如何让人力资源管理的价值体现出来，就需要了解 COE、BP、SSC 之间的逻辑关系，这种逻辑关系让“HR 三支柱模型”能够有效创造价值。理解人力资源管理的新逻辑，有助于在构建“HR 三支柱模型”时摆脱传统管理思维的束缚。

一、“HR 三支柱模型”如何形成?

“HR 三支柱模型”是对传统人力资源管理功能的升级，在升级过程中，COE、BP、SSC 三种功能先后出现，形成了相对稳定的三种功能，它们形成的顺序恰恰也是人力资源管理功能升级的过程，如图 6-3 所示。

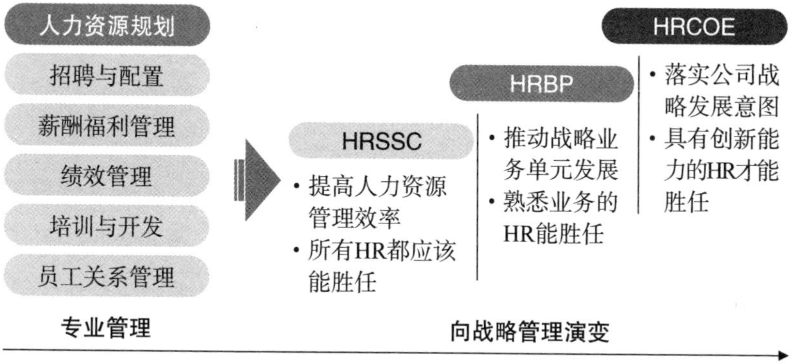

图 6-3 “HR 三支柱模型”的形成过程

在精英价值形态后期，信息技术开始应用于企业管理，出现了人力资源管理信息化，专业管理的大部分功能通过信息化技术转变为信息化产品，极大地提高了人力资源管理效率。这些功能在专业管理中本身就是一种“产品”，在转型过程中可以被用来满足内部客户最基本的人力资源管理需求，因此逐渐形成了共享服务中心，即 SSC，要求所有 HR 都能胜任。SSC 之所以最早出现，是因为它承载了大部分专业管理的功能。

SSC 形成后，人力资源管理开始有更多的时间和精力关注业务单元的发展。此时，市场环境已经开始明显改变，为了应对市场变化，新兴的业务单元不断出现，为了支持这些战略业务单元迅速发展，人力资源管理必须贴近这些业务单元，并提供有针对性的专业支持，因此逐渐成为这些业务单元的共赢业务伙伴，即 BP。BP 之所以第二个出现，是因为它不再提供标准化的产品，而是差异化的、集成式的人力资源服务，要求熟悉业务的 HR 胜任。在企业转型阶段，

BP 会更多出现在战略业务单元中，推动一些创新业务的发展。

市场环境频繁变化，战略业务单元逐渐增多，它们承载着企业特定的战略使命。这些战略业务单元处于不同的发展阶段，具有明显的不平衡性，人力资源管理的需求更加多元化，要能够针对所有业务单元设计出有效的战略管理政策，以服务公司的整体战略发展设想，因此逐渐形成了专家中心，即 COE，从战略层面进行整体规划，要求具有创新能力的 HR 胜任。COE 之所以最后出现，是因为在市场变化不明显时，COE 的价值还体现不出来，企业也不需要 COE。

20 世纪 80 年代后，西方企业全面进入转型阶段，遇到了与今天中国企业相同的问题，人力资源管理的变革成为这些企业共同的课题。随着转型不断推进，三种功能依次出现在企业中，并逐渐成为一种最佳实践，在人力资源管理活动中稳定下来。戴维 · 尤里奇在研究过程中应该看到了这一现象，并对它进行了提炼、总结，从而形成“HR 三支柱模型”。这一模型来自实践，属于经验总结，为很多企业提供了借鉴，但是如果不了解其运行逻辑，也很容易回到传统管理的模式中，使它发挥不了多大作用。

二、“HR 三支柱模型”如何创造价值?

在企业转型阶段，SSC 能够为所有业务单元提供常规性、基础性的人力资源服务，让传统人力资源管理的效率更高、服务更加便利；BP 对不同业务单元进行具体的、差异化的人力资源管理支持，打通公司与业务单元之间的“边界墙”；COE 则对不同业务单元进行策略性、战略性的人力资源管理指导，提高业务单元的战略管理能力。BP、COE 的出现使公司战略意图得到有效贯彻，对业务单元的发展起到了明显的推动作用。在“HR 三支柱模型”中，SSC、BP、COE 分别承担着人力资源管理业务流程上的不同功能，三者缺一不可，它们协同运行，共同推动战略业务的发展，并彻底改变了传统人力资源管理的工作方式。

事实上，“四角色模型”与“HR 三支柱模型”在企业中构成了一个矩阵，纵向代表新的功能定位，体现人力资源管理功能与各业务单元之间基本关系；横向代表工作方式。“四角色”的功能定位之所以能够在每个业务单元中发挥作用，也是通过“HR 三支柱模型”实现的，如图 6-4 所示。

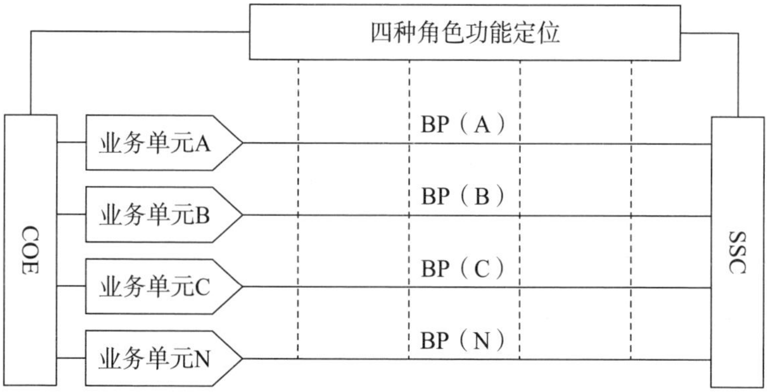

图 6-4 三支柱模型的逻辑关系

在企业转型阶段，SSC 可以使人力资源基础性、服务性的工作逐渐工具化或者被外包出去，有助于转型企业逐步实施人力资源轻资产战略；BP 则可以进行有针对性的人力资源管理支持，推动战略业务在转型阶段崛起；COE 可以为战略业务设计有效的人力资源解决方案，为企业的整体转型提供有效的指引，解决人力资源管理与公司战略脱节的问题。

“HR 三支柱模型”既体现了战略管理功能，又体现了专业管理功能，既能满足共性的，也能满足个性的人力资源需求，把四种角色的功能定位贯彻其中，改变了由专业分工引发的功能孤立与运行僵化，推动人力资源管理功能全面升级，使人力资源部的工作得到极大改善，这就是“HR 三支柱模型”创造价值的具体表现。

三、企业转型阶段，BP 的重要性凸显

在“分工”与”协作”式的精英价值形态下，必然出现“母子矛盾”与“子子矛盾”，没有形成集团形式的企业中则存在“职能部门”与“业务部门”之间的矛盾以及业务部门之间的矛盾，矛盾的焦点在于双方的价值导向出现偏差，因此“管控”就成为这些规模型企业共同面临的课题。

从这个逻辑上讲，无论企业的业务单元规模多大、成立时间多长、行业地位多高，也只是一个“巨婴”而已，因为传统企业中只有一种管控风格——操作管控。然而，要想使业务单元能够承担战略使命，就需要进行战略管控，而这意味着企业必须摆脱精英价值形态特征，构建新的管理机制。

BP 就是新管理机制中的一个重要环节，它让战略管控终于摆脱操作管控的束缚，总部职能部门通过 BP 与业务单元之间形成“伙伴关系”。何谓“伙伴”？“为着相同的目标走到一起、为达到目标而共同奋斗的人”才是“伙伴”，这一概念有两层含义：一是总部与业务单元之间的地位应该平等，在企业中是对等的角色关系，而不是上下级关系；二是总部与业务单元的目标相同，双方应该有

共同目标、有趋同的价值导向，这种导向来自客户，而不是自身利益。

BP 之所以重要，是因为它是人力资源部与业务单元之间在功能上进行集成的“接口”，没有 BP，人力资源管理功能便无法被集成到业务流程中，其他职能部门同样如此。

BP 的出现让企业形态发生了根本性改变：集成管理开始取代传统的产品管理，业务单元的独立性越来越明显，终于可以从“巨婴”走向成熟。当“母子关系”逐渐淡化、“伙伴关系”越来越清晰时，战略管控就会形成。

第三节

“HR 三支柱模型”是一次流程革命

前面说过，“HR 三支柱模型”是一种集成化、系统化的价值创造方式，无法出现在传统企业当中。要想实现集成业务管理方式，必须经过流程再造，这是摆脱传统管理困境的唯一途径，且未来新组织系统都将建立在流程再造的基础上，只要客户需求发生改变，就必须进行流程再造。

“HR 三支柱模型”也是流程再造的产物。它能够依据内部客户需求不断调整人力资源管理流程，最大化地满足客户需求；与专业管理相比，它已不再强调专业分工，而开始体现集成，但并没有实现全流程集成，原因在于，企业在转型过程中的流程革命并不彻底，因此无法彻底摆脱传统企业的特征；它有着专业管理与战略管理的双重特征，发挥着承前启后的作用。

为何流程革命不彻底？因为企业在这一阶段的创造力不够强大，团队创新力成长为企业主要价值创造者需要一个过程。但随着流程革命不断深入，创造力不断增长、骨干队伍不断壮大，最终取得胜利。这时，全流程集成就能实现。创造力是在转型过程中培育并强大起来的。

一、实现"以客户需求为导向"

产品管理的目标是产品价值最大化，而流程管理的目标是客户价值最大化，"HR 三支柱模型"则兼顾产品价值与客户价值。例如，SSC 功能就保留了很多专业管理功能，这些功能都具有明显的"产品"属性。

流程管理是围绕客户需求动机的生命周期展开的一系列价值创造活动，企业不再为客户提供单一的功能性产品，而是一整套个性化的解决方案，产品只是其中的一个组成部分。流程管理的"目光"始终聚焦在客户（需求）身上，所有变化都以客户需求为导向，只有客户价值最大化，企业价值才能最大化，而这与传统管理的逻辑截然相反。

经过流程再造，人力资源管理功能开始与业务流程集成，形成了"HR 三支柱模型"，不仅在一定程度上实现了"以客户需求为导向"，更体现了战略管理的一些功能：从战略设计到战略推进，再到形成一个完整的业务流程，专业管理的功能模块被集成在这一业务流程中，客户需要什么，"HR 三支柱模型"就提供什么。企业提供了什么样的人力资源管理产品将变得越来越不重要，重要的是企业为客户解决了哪些人力资源管理领域的问题、对客户有何价值。

虽然"HR 三支柱模型"是不彻底的流程革命的产物，但第一次实现了"以客户价值为导向"，开始为客户提供有针对性的、个性化的解决方案，这是人力资源管理一次质的飞跃，这种转变对传统人力资源管理而言是一种极大的挑战。很多时候，“HR 三支柱模型”得不到顺利实施的相当一部分原因在于企业没有进行流程再造，而是在传统管理模式下强行划分出 COE、BP、SSC 三种角色——这种改变的意义不大，达不到“集成”的效果，更体现不出战略管理功能。

二、人力资源的集成业务管理

既然是不彻底的流程革命的产物，也就是说“HR 三支柱模型”并不是一种成熟的流程管理方式，那么它是什么？可以说，它是项目管理，也是集成业务管理的形式之一。

项目管理是介于产品管理和流程管理中间的管理形式，因此身兼产品管理和流程管理的双重特征，在西方管理学发展过程中，项目管理理念也出现在两者之间。企业在进行流程再造时，集成化、系统化的管理方式并没有覆盖全流程，形成了项目管理，而一旦实现全流程覆盖，项目管理就将成为流程管理。

“HR 三支柱模型”属于人力资源的项目管理，每一个客户需求构成一个项目。对客户需求进行分析、提出有针对性的人力资源管理政策，属于 COE 的工作范畴；在业务单元中不断贯彻与推动人力资源管理政策，属于 BP 的工作范畴；具体方案的实施与产品供应则属于 SSC 的工作范畴。通过流程再造，“HR 三支柱模型”把这三块工作内容集成在一起，形成一个系统化的解决方案，共同解决业务单元的需求。当客户需求发生改变时，“HR 三支柱模型”能够及时调整进程、重新调配资源，继续提供解决方案。这些都是集成业务管理方式的典型特征。

“HR 三支柱模型”让人力资源管理从提供规模化、同质化的功能型产品转变为提供具有个性化、差异化的成套解决方案；业务流程从固定的、标准化的转变为动态的、可调整的；活动期限从确定的转变为可以谈判的……这些变化都源于业务单元的需求发生了根本性改变，这种改变催生了“HR 三支柱模型”这样的人力资源管理形式，为客户创造的价值也变得清晰可见，人力资源管理虽然还没有完全演变到战略管理阶段，但战略性人力资源管理的特征已显现出来。

很多企业并没有发现，“HR 三支柱模型”其实是一种项目管理方式，SSC、BP、COE 很大程度上并没有实现集成，依然在各自孤立地开展工作，这依然是一种产品管理方式，不但满足不了业务单元的需求，自身的问题也会越来越严重。

相当一部分中国企业进行的项目管理活动在本质上还是一种产品管理活动，是把差异化的项目做成了标准化的产品，因此在理解项目管理这一管理理念时，很容易陷入传统思维的误区，这一点也是笔者在实践中感触最深的地方——企业没有真正理解项目管理。

三、体现出人力资源战略管理属性

转型阶段的企业还无法像客户价值形态的企业那样将所有的功能单元都转变为价值单元，因此，这个阶段的集成化人力资源管理还无法覆盖全流程，项目管理也未能成为流程管理，但已具备了集成业务管理方式的一些基本特征，除此之外，“HR 三支柱模型”还体现出了明显的战略属性。

SSC 基本上承载了专业管理阶段的人力资源管理功能，除了人力资源规划，其余功能都可以被标准化。虽然 SSC 对转型企业而言必不可少，但它创造的价值并不突出，只是在企业转型初期的作用会比较明显。随着企业不断发展，这部分功能将被逐渐弱化，直至成为一种基本技能——这是人力资源管理技术提升的必然结果：当越来越多的人掌握了人力资源管理基本技能时，其价值必然越来越小。

COE 的出现是一个非常明显的信号，它第一次把战略管理功能清晰地展示出来，明确了战略管理在人力资源管理功能中的地位，人力资源规划这样的功能也终于可以从精英团队的职责中剥离出来，由人力资源部承担。COE 是人力资源管理转型升级的一个信号，它拉开了战略管理的序幕，但在企业转型初期，COE 的作用并不明显，但随着市场的不确定性越来越强、战略业务单元越来越多，其作用会越来越大，功能也会越来越完善，并开始与其他专业领域的功能集成，使战略管理的范围不断扩大。

BP 是一个非常特殊的角色，其特殊性体现为，它是专业管理和战略管理之间的桥梁。没有 BP，战略管理功能就无法得到有效实施，弥补了 HR 在专业管理阶段想做但又做不了的工作，是转型阶段人力资源管理的最大亮点。在企业转型初期，这种特殊性让 BP 很容易成为功能转换期的矛盾焦点，产品管理方式与集成业务管理方式的博弈主要集中在 BP 身上，对业务单元发展产生明显的影响。随着企业不断发展,BP 将越来越成熟，但最终也会逐渐消失，要么被分化为 COE，要么被分化为 SSC，这种分化使 COE、SSC 的功能发生一定变化，两者将可以实现无缝对接，不再需要中间桥梁。BP 的消失意味着企业转型彻底结束，人力资源管理全面进入战略管理阶段。BP 伴随着转型诞生，也伴随着转型消亡，完成使命。

“HR 三支柱模型”将推动人力资源管理从专业管理阶段演变到

战略管理阶段。在转型过程中，战略管理功能会越来越明显，而专业管理功能将会越来越模糊。

四、人力资源部的“掘墓人”

人力资源管理职能重要，不等于人力资源部重要，这一点在企业中经常被混淆，原因就在于“人力资源”这一概念被尤里奇提出时，企业已处于精英价值形态，“部门”是企业最基本的价值单元，于是企业认为，人力资源管理职能必须由人力资源部承载，让这一重要功能被牢牢地束缚在“部门”之中。

精英价值形态是工业 2.0 时代的最佳组织形态，这时，外部市场相对稳定、客户需求变化不大，专业管理表现尚佳，然而一旦进入新商业时代，问题就会接踵而来，人力资源部开始沦为众矢之的。无论是“炸掉”人力资源部还是“拆分”人力资源部，最终目的都不是消灭一个部门，而是释放人力资源管理功能，消灭“部门”、释放功能是这些学者提升人力资源管理功能的出发点，只不过手段似乎让一些人难以接受，毕竟影响的群体较多。

但无论是否接受，人力资源部都无法改变处境尴尬的事实，尤其是当市场频繁变化时，传统人力资源管理更显得软弱无力。正当人力资源部提心吊胆、如履薄冰之际，“救命稻草”——“HR 三支柱模型”出现了，它对人力资源管理功能进行重新定位，并改变了人力资源部的工作方式，是一次全新的升级。它让人力资源部重新“抬起头”，并很快形成一种共识：能不能做到已经不重要了，重要的是赶紧做，再不做真的会“永无出头之日”，于是相当一部分人力资源部度过了这一危机。虽然要实施“HR 三支柱模型”就必须在企业内部进行流程再造，否则效果有限，但显然这时很多传统企业已经顾不上这么多了，只能“先上车、再买票”。

“HR 三支柱模型”虽然解决了眼前的危机，但是仔细研究就会发现，这是一种人力资源集成管理功能，沿着这种逻辑发展下去，迟早会突破部门“分工”的界限，与其他功能融合，从“HR 三支柱模型”对人员的素质要求上也能发现这一点。升级之后的人力资源管理功能是否专属于人力资源部还不好说，因为其功能的发挥完全可以跨越部门的界限。一旦非人力资源管理专业出身的人员也可以胜任人力资源管理工作，甚至更出色，人力资源部的命运就可想而知。现在看，不论企业将“HR 三支柱模型”干得怎么样，它都会成为人力资源部的“掘墓人”，这一功能的发挥已经开始让人力资源部团队化、职位角色化，并促使人力资源专业工作者走出人力资源部、接触客户，封闭的部门被打开。随着转型不断深入，各类人力资源管理功能团队将出现在新组织中，发挥战略管理的功能。

回过头来再看，“炸掉”与“拆分”人力资源部是释放人力资源管理功能，而“HR 三支柱模型”则是升级人力资源管理功能，它们在本质上都是立足于现状的一种解决方案，最终目标其实都一样，只是三位学者采取的方式不同而已。显然，尤里奇说得最清晰，而且温和了许多，更能“体谅”人力资源管理部。

“部门”是职能“分工”的结果，经历了“从无到有”，当然也会“从有到无”，人力资源部会消失，但人力资源管理功能却会始终伴随组织发展，只不过表现形式不同。

第四节

“HR 三支柱模型”在中国的实践现状

中国企业纷纷进入转型阶段，戴维·尤里奇的“四角色模型”与“HR 三支柱模型”也成为近几年来少有的颇具影响力的管理理念，因此迅速被中国企业“拿来”。整体看，表现得有些“水土不服”，只在极少数企业中被运用得不错，绝大多数效果并不令人满意。

显然，这是企业自身有问题。传统企业形态并不支持“HR 三支柱模型”，但凡将它运用得得心应手的企业都已不再是传统企业，所有的最佳实践都没有出现在传统企业中——构建“HR 三支柱模型”时，企业必须同时进行系统性变革，为“HR 三支柱模型”创造合适的条件，否则，再好的理论也发挥不出作用。

一、与传统企业形态的特征不匹配

传统企业的组织结构，要么是直线职能型，要么是事业部型，整个企业管理系统建立在职位管理的基础之上，以产品管理的方式进行价值创造活动，职能型结构、职位管理基础、产品管理方式是传统企业管理模式的特征，同时也是判断标准。

传统管理模式的这些特点与“HR 三支柱模型”并不匹配，如果强行采取“HR 三支柱模型”，传统企业的“三支柱”就必然会被割裂，不仅形成不了集成效果，最后还会变成“一支柱”。这一支柱不是人们想象的 BP，而是 SSC，因为 SSC 本身就承载了人力资源管理在专业管理阶段的大部分功能，在传统管理模式没有改变的情况下，SSC 属于“本色出演”，干起活来轻车熟路，即便出现了 COE、BP，干的也是 SSC 的活。这时候，有没有“HR 三支柱模型”，对企业的影响不大。

职能型结构让企业很难形成相对独立且能覆盖一个相对完整的业务流程的业务单元，人力资源部与业务单元无法形成“伙伴关系”。在“母子”格局下，战略业务单元只能放大某个功能，而不是承担某个战略使命，因此人力资源管理根本不需要具备战略管理功能，更不需要进行流程再造，自然也谈不上“以客户需求为导向”。

职位管理基础把每一项工作内容都限制在预先设定好的“职位”，COE、BP、SSC 变成了三个特定的“职位”，给集成造成了很大困难：本意是要以客户需求为导向、解决客户的实际问题，然而受制于职位的责、权、利边界，根本无法有效集成，无论 COE、BP、SSC 多么努力工作，最后都只能按部就班地完成“职位”所规定的工作内容，这和专业管理又有何区别？

总的来看，传统企业的运行系统“配置”较低，而“四角色模型”和“HR 三支柱模型”是一种高级“配置”，两者并不兼容。不改变传统企业的形态及管理模式，无论“HR 三支柱模型”功能多么强大，无论企业多么需要，也发挥不出它应有的作用。如今，相当一部分企业中出现了 COE、BP、SSC 三种角色，但让人遗憾的是，人力资源管理的效果却并没有什么明显改变。

二、COE 在一定时期内“无所作为”

“HR 三支柱模型”是对传统人力资源管理的升级，并集中体现在 COE 上，但是，这一功能在一定时期内却“无所作为”，原因就在于企业在转型初期依然以专业阶段的人力资源管理功能为主，是 SSC 的“战场”——这其实符合企业形态进化规律。2014 年笔者提出组织形态管理理论之后，开始与中国企业频繁接触，“HR 三支柱模型”恰好在这个期间被中国企业“拿来”，于是笔者见证了“它”在中国企业中的实践过程，以下两个互联网公司的例子最能说明问题。

笔者曾与一家中国著名互联网公司的人力资源负责人进行交流，发现这家公司有 90 多位 BP，而 COE 却只有 1 位，就是这位人力资源负责人，但这并不影响“HR 三支柱模型”功能的发挥，反而让 BP 的价值得到了充分的体现。同样，笔者也曾与北京某互联网公司的一位 HR 进行过交流，这位 HR 原本应聘的是 COE，但入职以后却发现几乎无事可做，最后只能转变为 BP，工作内容不断增多，这就是企业在转型初期的特点。相比传统企业而言，互联网公司会率先遇到转型问题，“HR 三支柱模型”也会最先应用于这些企业。

进入转型阶段后，一段时间内，企业其实并没有那么多战略业务，也没有那么多战略管理需求，需求最多的还是那些常规性的人力资源管理功能，即便战略管理需求逐渐增多，也不需要那么多的 COE。COE 的提升与企业的转型进程密切相关，企业变革速度越快，对 COE 的需求越高，反之亦然。

此外，现阶段能够胜任 COE 的人并不多。专业能力过硬、业务能力够强，又具备创新思维与战略视野的人才是不可能从市场中轻易获取的，企业只能从现有人才中甄选。从这一点也可以看出，演变到战略管理阶段时，人力资源管理对“人”的要求将会更高，人才培养的重要性将更加凸显。

在转型阶段有一个比较有意思的现象：“HR 三支柱模型”会被拆分。COE 的功能相对高端，企业想做但不容易做，而 SSC 的功能相对低端，经常发生，企业不愿意做但还必须做，因此，企业通常会将这两部分功能转移给专业公司来完成，这将使专业公司与企业的价值关系更加紧密。于是“HR 三支柱模型”中就剩下了 BP，位于中端，既重要又经常发生，因此成了转型企业人力资源管理的重头戏。

COE 着眼于未来，眼前能够有所作为的是 BP，但是由于传统企业形态特征的原因，BP 很容易沦为“鸡肋”。

三、BP 从追捧到鸡肋

“伙伴”的本意是指人力资源部与业务单元之间地位平等、目标相同，然而由于传统企业并没有进行系统性变革，这也让“伙伴”关系变了味，通常会出现三种状况。

一是“伙伴”变“伙计”。差之一字，谬之千里，“伙计”旧时特指店员或长工，BP 一到业务单元就被强势的业务单元负责人“拿下”了，当成“伙计”使唤，认为 BP 是总部派来解决业务单元人手不足、专业不足等问题的人。这就让 BP 非常被动，地位一旦不对等，话语权就会消失，于是 BP 的工作安排由业务单元决定，很难协调公司与业务单元之间的关系。

二是“伙伴”变“监理”。BP 毕竟还要推行公司的人力资源管理政策，如果真成了业务单元的“伙计”，BP 也就不再是 BP，所以为了避免被业务单元“拿下”，BP 难免会产生“拿下”业务单元的想法，而此时 BP 就变成了“监理”。“监”是监视、督察，“理”特指执行者，“监理”就是公司派到业务单元监督管理政策落实的 HR，依然无法成为业务单元的“伙伴”。

三是“伙伴”变“替补”。既不愿做业务单元的“伙计”，也没能做成公司的“监理”，于是 BP 可能变成一名“替补”。通常，BP 被认为是集成式人才，招聘、绩效、薪酬、培训等样样皆通，然而通才容易获得“替补”的“待遇”，哪里需要“补”哪里。

从以上三种情况可以看出，企业对 BP 的定位尚不清晰，这是传统企业形态特征所决定的，无论是 BP 还是业务单元的本意是什么，这些情况最终都还是会发生。在传统企业中，BP 的价值更多地体现在促进公司与业务单元之间的沟通这一点上，至于其本身具有的集成功能则根本无法得到体现，对战略业务单元的发展几乎没有任何影响。

西方企业的管理理念在中国企业实践的三部曲没有绕过“HR 三支柱模型”：BP 曾被企业广泛吹捧，而一旦 BP 无法解决现实问题，它“鸡肋”的结局就已经注定。企业完全没有理解这些理念的底层逻辑及适用对象，徒有其“形”，而无其“实”。

要想让“HR 三支柱模型”真正发挥作用，就必须对传统企业的形态及管理模式进行系统化变革，为“HR 三支柱模型”创造发挥作用的环境。

第五节

"HR 三支柱模型"如何发挥作用

传统企业的形态特征决定了它很难针对不同业务单元提供差异化的人力资源解决方案，于是当客户需求频繁变化时，人力资源部便常常与业务单元发生冲突，常规工作都时常遇到阻碍，更别说升级人力资源管理功能。要想让"HR 三支柱模型"发挥作用，企业就必须建立一种新型管理模式——"三引擎模型"。

"引擎"是指动力来源，从工业 2.0 时代进入工业 3.0 时代，中国企业的转型将是一项系统工程，多数企业很难做到系统化转变，只能通过"引擎"实现"以点带面"，推动企业变革逐步深入。20 世纪 80 年代，西方企业遇到了同样的问题，因此纷纷走上了转型之路，它们虽然在变革形式、变革措施上有所不同，但变革的逻辑完全一致，都有"三引擎模型"的身影，进入 21 世纪之后都已经不再是传统企业。"三引擎模型"成了转型阶段的最佳企业管理模式。

一、转型企业的“三引擎模型”

“三引擎模型”的通俗说法就是传统企业转型要建立矩阵型组织结构，并在二元管理基础上采取项目管理。这三个引擎恰恰是构成企业形态10S中的3个S，分别是组织结构、管理基础结构与产品结构。这几乎成了转型企业管理模式的一种“标配”，也是判断企业是否进入转型阶段的标准，如图6-5所示。“HR三支柱模型”需要在“三引擎模型”下才能发挥作用。

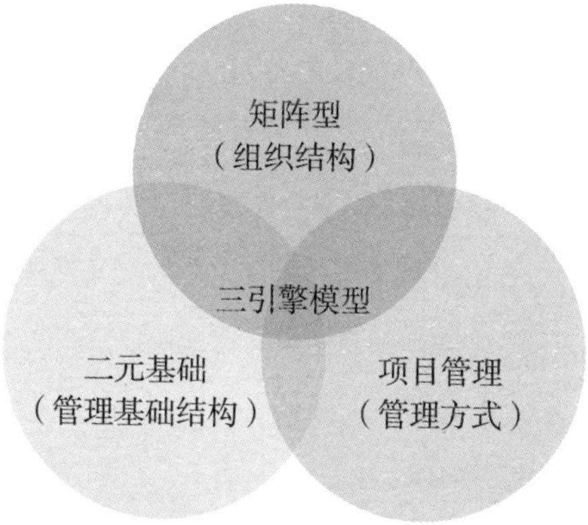

图6-5 转型企业的“三引擎模型”

为了适应新商业时代的分散且多变的市场特点，转型企业必须通过流程再造建立能够跨越不同功能单元的横向管理线条，把这些不同的功能集成在一起，形成一个相对独立的业务单元，这些业务单元（如事业部）将依据产品类型或客户类型进行划分。一旦这样的业务单元出现，职能型结构就开始向矩阵型结构转变。矩阵型结构兼有职能型结构与流程型结构的特征，它的出现是在传统的垂直（纵向）管理模式中出现了水平（横向）管理模式，能够有针对性地满足某个或某类客户的需求，为“HR 三支柱模型”创造了一个基本的运行秩序。

二元管理基础是指职位管理与角色管理。传统企业的管理系统建立在职位管理的基础上，属于一元管理基础。进入新商业时代后，本应以角色管理取代职位管理，但是由于无法一步到位，因此只能在相对独立的业务单元中率先引入角色管理体系，支撑流程再造后出现的横向管理线条，而在无法独立运行的功能单元中暂时保留职位管理基础，因此形成的是二元管理基础，这也是转型阶段的“特色”。随着转型的不断深入，二元将回归一元——角色管理基础。对 COE、BP、SSC 的管理，就是基于角色而不是职位的，否则“HR 三支柱模型”将无法被集成为一个人力资源管理系统。

项目管理是集成业务管理的一种形式，但还没有演变为流程管理，它兼有产品管理和流程管理的特征。由于转型阶段无法实现对全流程进行流程再造，因此实现集成管理的范围有限，但项目管理已初具集成化、系统化管理的特征，明显提高了跨功能协同效果，增强了对市场变化的应对能力。伴随着矩阵型结构、角色管理基础的建立，项目管理将在相对独立的业务单元中率先实施，当项目管理能够覆盖全流程时，项目管理也将演变为流程管理。项目管理将成为转型企业的一种基本管理系统，“HR 三支柱模型”本身也是一种项目管理方式。

仔细研究可以发现，但凡“HR 三支柱模型”运行效果好的企业，其管理模式都具有“三引擎模型”的特征，几乎无一例外，很多先进的管理理念都是在“三引擎模型”之下才能运行，这也将是传统企业转型迈向新组织的必由之路。

二元管理在前面已经有详细介绍，下面主要了解另外两个引擎——矩阵型结构与项目管理方式。

二、与矩阵型结构相匹配

当市场生态从工业 2.0 时代迈向工业 3.0 时代，企业的组织结构也开始从职能型向流程型演变。职能型结构采取的是纵向（垂直）管理模式，而流程型结构采取的是横向（水平）管理模式，两者相差甚远，不可能一蹴而就，因此必然存在一个过渡阶段的组织结构形式，这就是矩阵型结构。在纵向管理模式中出现横向管理线条——这是应对市场频繁变化的有效路径，也让矩阵型成了唯一一种纵、横两种管理线条并存的组织结构。横向管理线条把“分工”与“协作”的管理转化为系统化、集成化的管理，为“HR 三支柱模型”的运行创造了必要条件。

组织结构从垂直型向水平型转变是企业适应市场需求变化的必然结果，矩阵型结构则是企业为了取得这种结果而进行的大胆突破，有着划时代的意义。

当市场发生剧变后，长尾理论驱使企业尝试满足分散且多变的小客户的需求，这时就需要来自不同功能单元的价值创造者组建成临时性团队，共同完成这种特定任务。由于这些团队跨越了不同的功能单元，就会在纵向的运行秩序中，出现一种横向的运行秩序。企业此时同时拥有两种运行秩序，最初以纵向为主导，因为小客户的需求比较零散，当市场需求开始变得分散，零散就变成了主流，纵向秩序将开始全面向横向秩序转变，最终由横向秩序主导。在这个过程中，职能型结构特征逐渐淡化，而流程型结构特征开始显现，这就是矩阵型结构的特色，“HR 三支柱模型”在这个过程中出现并发挥重要作用，成为横向运行秩序的一部分。当矩阵型结构彻底转变为流程型结构，“HR 三支柱模型”也将消失。

在矩阵型组织结构中，横向管理线条是专门为分散且多变的小客户需求设置的，这些需求与传统客户需求有着明显的差别，但对企业的未来发展却会产生重要影响。为满足这类需求开展的价值创造活动被称为“项目”。这些横向管理线条实际上把业务流程上的相关功能集成在了一起，进行系统化管理，但这时的管理方式还不能叫流程管理，而应被称为“项目管理”：一个项目就是一个相对完整的价值创造过程，集成化、系统化的管理方式终于出现，只不过是由矩阵型结构承载的，如图 6-6 所示。

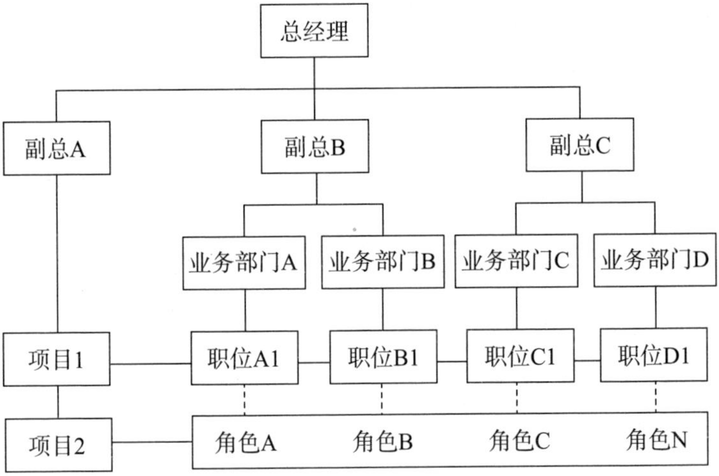

图 6-6　矩阵型组织结构示意图

由于项目团队成员来自不同的职能单元，职级无法在项目团队中继续存在，因此团队内部是平等的角色关系而不是传统的等级关系，这有利于调动团队成员的主观能动性，使其能够创造性地完成某一特定任务。实际上，矩阵型组织结构已经打破了传统管理模式，当一个企业中这样的项目团队不断增多时，就说明市场需求的变化程度在不断加剧，企业变革的需求更加强烈。

有关矩阵型结构更详细的内容，请参阅笔者《组织结构演变——解码组织变革底层逻辑》一书。

三、与项目管理方式相匹配

项目管理并不是一个新鲜事物，很多企业早已实行项目管理，但并没有达到预想的效果，主要原因在于传统企业的形态与项目管理并不兼容，一直以来，项目管理的含义被很多企业误读了。

项目管理是一种跨功能的集成业务管理活动，不仅能有效满足客户需求，还能解决不同功能之间的协同问题。然而在传统企业中实施的项目管理根本摆脱不了产品管理的程式：许多本来具有差异化的项目被硬生生做成标准化项目，而且他们认为，越标准越容易管理。这极大地限制了项目上的创新活动，与产品几乎没有任何区别，项目的标准化程度越高，越便于规模化的产出，试问这种项目管理如何能考虑到客户需求的差异与变化？但是传统企业却习以为常，这就是很多中国式项目管理的真实写照。

由于没有考虑客户价值，企业无法依据客户需求对不同功能进行集成，只能继续按照“分工”与“协作”的方式管理。在这样的“项目管理”中，产品价值的最大化是压倒性的，对客户的关怀只能通过反复强调产品的功能来体现，一旦产品功能与客户需求产生偏差，这些企业通常会放弃客户价值、保全产品价值。“HR 三支柱模型”本应属于人力资源中的项目管理，在这种境况下也不得不变成人力资源中的产品管理，因此无论如何设计，都只能发挥出SSC“一支柱”的效果——因为只有SSC落入产品管理的范畴。

项目管理虽然还没有实现全流程集成，但已不再是“分工”与“协作”的运行方式，它兼顾了产品价值与客户价值，并在两者之间寻求平衡，正因如此，它才会与矩阵型结构、二元管理基础相得益彰，构成“三引擎模型”。

项目管理体现出了个性化、独立性的价值创造方式的特点——没有两个完全相同的项目存在，每个项目都会依据客户需求特征进行创新。只有这样，才能开始形成“以客户为导向”，让SSC、BP、COE为业务单元创造价值提供落脚点。要想让“HR三支柱模型”发挥作用，就要让项目管理成为转型企业的基本管理方式。

项目管理与新商业时代市场的特征相吻合，最初在业务系统（如相对独立的业务单元、事业部）中开始运用，随后将覆盖企业所有功能领域。一旦覆盖所有领域，“项目”的产品属性就将彻底消失，产品管理的历史使命将彻底终结。

四、人力资源管理演变进行时

回顾一下前面的内容可以发现，不同的企业形态适用不同的管理模式。截取精英价值形态向客户价值形态进化的历程，可以看到三种不同的管理模式：传统企业的“三支柱模型”、转型企业的“三引擎模型”、未来组织的新“三支柱模型”，这三种管理模式也构成了一种演变规律，我们称之为管理模式的演变规律，如图6-7所示。

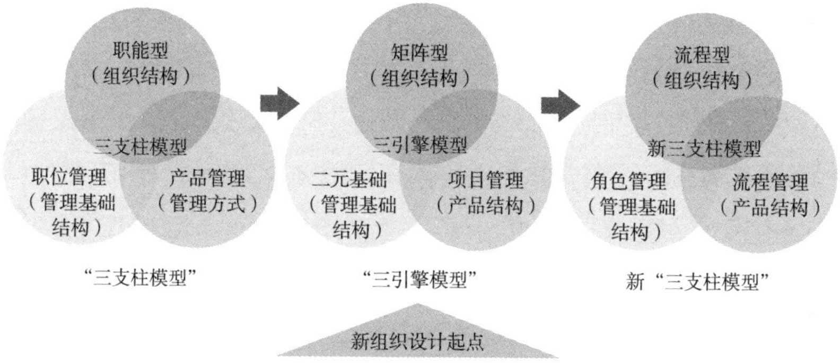

图 6-7　管理模式的演变规律

三种管理模式对应三种人力资源管理形式，分别是专业管理、转型管理、战略管理。

职能型结构、职位管理基础、产品管理方式构成了工业 2.0 时代的最佳企业管理模式，在这种管理模式中，人力资源管理进入专业管理阶段，提升精英团队的领导力是其最终目标；流程型结构、角色管理基础、流程管理方式构成了工业 3.0 时代的最佳企业管理模式，在这种管理模式中，人力资源管理进入战略管理阶段，提升团队创新力是其最终目标；矩阵型结构、二元管理基础、项目管理方式构成了转型阶段的最佳企业管理模式，在这种管理模式中，人力资源管理进入转型升级阶段，"HR 三支柱模型"是其典型特征，目标是实现从精英领导力到团队创新力的转变，顺利实现企业形态 DNA 的再造。

"三引擎模型"在管理模式演变的过程中起到了承前启后的作用——向前对接传统管理模式，向后对接新组织管理模式，形成一种有序的改变。今天，传统企业要向新组织转型，就必然要从"三引擎模型"开始，因为这是新组织设计的起点。

笔者在《组织结构演变：解码组织变革的底层逻辑》一书中曾提到新组织设计方法论：一个“中心”、两条“路径”、三个“引擎”、五项“机制”。其中，三个“引擎”即指“三引擎模型”，而两条“路径”中的其中一条就是指职能单元在转型过程当中需要以内部客户为导向构建“HR 三支柱模型”。

第六节

人力资源数字化转型中的误区

“数字化”与“智能化”是这几年才流行起来的新概念，它们的出现让“信息化”黯然失色，仿佛被打入“冷宫”。其实从某种意义上来说，“数字化”与“智能化”本身也是“信息化”，很多时候，笔者并不愿意把三者进行严格区分，它们都只不过是信息技术发展的阶段性产物，本书对它们进行区分，也仅是为了说明管理信息化技术的演变进程。

为何“数字化”“智能化”开始流行？因为“信息化”“不灵”了：“信息化”没有解决企业发展中遇到的某些问题，因此换成了“数字化”，让“数字化”来解决问题，如果“数字化”依然解决不了问题，再换上“智能化”，还不行的话，到时再换其他概念，直到解决问题为止。从这个视角看，中国企业其实并没有意识到问题的本质。

“信息化”本身没有问题，有问题的是组织。“信息化”的概念出现在 20 世纪后期，这个时期，西方企业全面进入转型阶段，因此“信息化”并不是服务于传统企业的。但传统企业却并不这么认为，在 21 世纪初纷纷构建在当时代表组织管理先进性的信息化系统，但效果如何呢？只能说，它在一定范围内提高了信息传递以及内部沟通效率，但也仅此而已。传统组织的管理问题从来没有得到过改善，原因在于，企业的精英价值形态基本特征根本没有改变，不仅如此，还让“信息化”背了黑锅。

如果认为“数字化”能够解决问题，就将陷入同样的误区，因为两者遇到的是同一个问题，“信息化”没有解决的问题，“数字化”同样解决不了。

一、数字化解决什么问题？

如果把“信息化”“数字化”“智能化”看成信息技术在传统企业中的不同阶段就能发现，三个阶段各有使命，也形成了信息技术的演变规律，如表 6-1 所示。

“信息化”是信息技术发展第一个阶段，它本来不是为传统企业准备的，然而却被传统企业“拿来”，在“分工”与“协作”的组织形态特征下，“信息化”最终被分割成几个孤立的功能模块，应用于单个部门（或产品流程）之中，很少有跨部门的整合与集成，如人力资源信息化的几个模块产品基本上都是各做各的事，几乎每个模块功能都是孤岛，仅仅对信息传递以及内部沟通效率有改善作用。“信息化”在应用中的最大问题是没有建立数据连接，不仅没有建立与客户的连接，甚至没有打通企业的各个功能，只能以内部数据为基础运转，最后变成了标准化管理的工具。

“数字化”是信息技术发展第二个阶段，它没有将以往的信息化推倒再重来，而是在信息化的基础上进行集成，用“数字化”的方式将整个业务流程打通，破除“部门墙、数据墙”，实现跨部门、跨功能的系统互通、数据互联，尽可能打通全流程，实现全流程数据融合，提升全功能领域、全流程的价值创造能力。“数字化”的目标是提高业务流程价值创造能力和经营管理效率，在所有孤岛之间建立连接，在业务流程层面实现最大程度的贯通。更重要的一点是，“数字化”要把企业与客户连接在一起：客户可以通过“数字化”技术与企业进行交互。这让客户价值第一次出现在企业的创造活动中，企业也开始能够对外部数据进行集成，虽然这种集成尚不充分。

“智能化”是信息技术发展第三个阶段，它将在“数据化”的基础上解决系统性的价值创造能力的问题，它将彻底实现内、外部数据集成，提高组织整体性的运行能力。这时，企业逐渐生态化、智能化，企业从封闭型转变为开放型，从被管理状态转变为自管理状态，无论组织系统构成多么复杂，企业都能高效运行。在这个过程中，信息技术的发展起到了关键作用。

表 6-1　信息技术不同发展阶段的特点

	信息化	数字化	智能化
出现时间	精英价值形态	转型阶段	客户价值形态
应用范围	单个功能或业务，局部优化	全功能领域或全流程，整体集成	整个组织，形成数字化网络系统
连接	局部领域连接，链接产品，解决信息传递与沟通效率的问题	打通全流程，连接客户，提升业务流程上的价值创造与经营管理效率	连接组织内外系统，解决组织价值创造效率的问题

续表

	信息化	数字化	智能化
数据处理	数据孤立分散，数据处理能力较弱	数据在业务流程上集成，数据处理能力中等	组织内外部数据全面集成，数据处理能力较强
数据基础	以内部数据为主	内、外部数据兼顾	内、外部数据一体化
结果导向	以产品价值为导向	兼顾产品价值与客户价值	以客户价值为导向
产品形式	功能软件	集成软件	操作系统
运行环境	三支柱模型	三引擎模型	新三支柱模型

信息技术发展的三个阶段与企业形态进化的规律吻合，与精英价值形态、转型组织形态、客户价值形态三个阶段相匹配。信息技术发展到数字化阶段，就如同人力资源管理进入转型阶段，特征表现如出一辙，这是因为信息管理也是一项专业功能，同样遵循组织系统的演变规律。

当企业转型进程受阻时，数字化转型也必然会遇到问题。

二、没有理解组织运行逻辑

埃森哲（Accenture）出具的一份研究报告显示，80% 的中国企业正在尝试通过数字技术让企业运转得更加高效、促进业务增长。然而，只有 4% 左右的企业真正释放了“数字化”的潜力。

问题到底出在哪里？在笔者看来，数字化转型的问题不在信息技术本身，而在于企业没有掌握组织的运行逻辑，也就是说，企业无法回答“一个组织是如何有效运行的”这个问题，对组织的解析由“点”到“线”，但还没有到“面”。而未来组织是一个立体式的空间系统与动态的系统，当组织越来越复杂，如果不掌握组织的运行逻辑，就无法掌控组织的运行。

如何理解组织的运行逻辑？如同机器运行原理一样，无论什么形态的企业，其实都有一套自身的运行逻辑，否则组织早已分崩离析。从组织形态管理的视角看，任何一个企业都必须理顺“市场”与“组织”、“组织”与“人”之间的价值关系，实现这三者的三位一体。不同工业时代给出了不同的解决方案，因此形成了四种组织形态，同样形成了四种基本运行逻辑。

由于企业没有掌握精英价值形态的运行逻辑，信息化技术在传统企业中被盲目实践，结果是几乎所有信息化产品都停留在解决沟通效率问题的层面上。例如，管理信息化产品在传统企业中其实只有“信息化”，与“管理”没什么关系——组织管理的问题并没有因为有了相关信息化产品而改变。这就是在没有理解传统企业运行逻辑时盲目实践的结果。

在相当长的时间内，笔者并不看好中国企业的数字化转型进程，原因就在于中国企业还没有掌握未来组织的运行逻辑，依然在用传统思维理解信息技术的发展与应用，在这种情况下，数字化转型很容易沦为信息化的改善、改良，至于迈向智能化企业则更加遥遥无期。

当一个组织的运行系统复杂到一定程度时，就必须从科学层面寻找答案，否则即便图纸摆在眼前，也依然无法把它变为现实。要想顺利推进数字化转型，需要借助管理学原理，而不是经验，更不能依靠“想当然”。

三、企业数字化操作系统

从信息化技术的演变规律中可以发现，企业在不同组织形态发展阶段有不同的产品表现形式，信息化、数据化、智能化也分别对应了不同的产品形式。

在“信息化”阶段，人力资源信息技术以产品形态呈现，如各类人力资源管理软件，每个功能软件都能成为一个独立的产品，这是标准化产品的特点。在“数字化”阶段，人力资源管理软件开始集成，形成了局部的功能系统。随着内部数据跨功能集成及外部数据在内部的局部集成，产品形式又将发生改变，信息化操作系统（平台）将会形成，它将把所有具有管理功能的软件产品通过一个操作系统彻底集成，如同当年手机发展到智能手机阶段一样，在数据充分共享之后，实现管理功能一体化，更多的功能终端将能够同时开展工作。信息技术的应用将全面迈向“智能化”阶段，这套系统叫什么并不重要，总之必然会出现类似的产品形式。

进入“智能化”阶段后，无论是信息化产品还是数字化产品都将无法独立存在，它们必须与这一操作系统集成，成为这一系统的一个功能组件，如同手机上的 App，随着组织系统不断发展，操作系统与功能组件也会随之升级，功能得到不断完善。不仅如此，有了这套操作系统，许多先进技术都可以应用在企业经营管理活动中，这套操作系统的出现彻底改变了信息技术的发展轨迹，同时也推动着企业走向智能化组织。

人力资源数字化转型是企业进入转型阶段的产物，它将解决“信息化”阶段没有解决的遗留问题。随着企业转型持续深入，人力资源管理功能开始集成，逐渐体现出战略管理功能——这种集成不仅体现在人力资源管理功能的集成上，也将体现在人力资源管理其他管理功能的集成上，这与“HR 三引擎模型”的发展过程完全一致。

无论未来信息技术多么先进，技术永远是工具，它本身并没有创造力，技术背后的“人”才是创造力的源泉。中国企业在认识上存在一个很大误区，相当一部分企业认为，信息技术的应用能够解决组织管理的问题。这是一种非常天真的想法：信息技术是生产工具，生产工具只能代表生产力水平、只能服务于管理；管理无法服务于工具，管理问题也无法通过信息技术解决，因为无论有没有信息技术，这些管理问题始终都存在。管理最终要解决的仍然是“组织”与“人”的问题，信息技术只不过提高了这个过程的效率。

接下来我们将介绍人力资源管理的三项基本功能：人才管理、绩效管理、薪酬管理，战略管理阶段的功能都是基于这三项基本功能进行集成的，这三项功能也经历了从混合到分工，再到集成，最后实现统一的历程，完成了一整个生命周期。

Chapter 7

人才管理体系变革

何谓人才？人才是具有价值创造能力的、能够为企业创造价值的“人”。人才是企业价值创造能力的载体，具备不同价值创造能力的“人”是不同类型的人才。

组织重视人才，重视的其实不是“人”，而是“才”，因为“才”是价值创造能力的体现。如果抽象地看组织，组织的价值创造能力是由众多的价值创造能力有机组成的，组织其实是“才”的集合体。近几个世纪以来，“人”的供应相对较多，但是缺乏能够为组织创造价值的“才”。

何谓人才管理？人才管理本质上是对价值创造能力的管理，要让人的价值创造能力转化为企业的价值创造能力，为社会创造物质财富与精神财富。然而价值创造能力是抽象的，企业只能通过对“人”的管理，实现对价值创造能力的管理。企业始终在不断进化，这就要求“人”的价值创造能力始终能够满足企业发展的需要，人才管理的目的是不断提高“人”的价值创造能力，实现企业的可持续发展。

在人才管理过程中，并不是所有人的价值创造能力都能够立刻得到体现，它们将分类型、分阶段、分层次逐步呈现出来，在不同企业形态中有不同的表现形式：股东价值形态让股东的价值创造能力得到体现，精英价值形态让精英团队的价值创造能力得到体现，客户价值形态让骨干群体的价值创造能力得到体现，利益相关者价值形态让所有人的价值创造能力得到无差别体现。因此，企业需要依据组织形态的特征构建最佳人才管理形式。

人才管理是人力资源管理的基本功能之一，当企业开始转型，人才管理机制也必须及时变革，否则就无法为企业提供所需要的“才”，而这将严重影响企业的转型进程。

第一节

人才管理的演变规律

既然不同类型的“人”有不同的“才”，那么，如何管理“才”就成了组织管理的核心内容之一。首先，人力资源管理要让人才形成一种最优组合，最大限度提高组织整体的价值创造能力，这是人才结构要解决的问题；其次，人力资源管理要能够对不同的人才提出不同的要求，并让人才满足这些要求，最大限度支撑公司的战略发展，这是建立人才标准要解决的问题；最后，人力资源管理必须能够依据不同的“人”采取不同的管理策略，将人才的发展与组织的发展紧密结合，使其符合市场生态的基本要求，这是人才管理要解决的问题。

在企业形态进化的过程中，不同的企业形态将有各自不同的人才结构、人才标准、人才管理，它们形成了一种规律性的变化，这就是人才结构演变规律、人才标准演变规律、人才管理演变规律，三个规律相辅相成，共同描绘出人才价值创造能力的变化轨迹。

理解这三个演变规律，能够有效地指导企业提高价值创造能力，顺利推动人才管理机制变革。

一、人才结构演变规律

人才结构是指具有不同价值创造能力的人才之间的组合关系，是组织形态的重要组成部分之一。随着企业形态的进化，人才结构也经历着相同的演变过程。笔者用四种形状描述不同的组织形态的最佳人才结构特征：花瓶型、钻石型、橄榄型、圆球型，这四种人才结构与四种组织结构相对应，如图 7-1 所示。

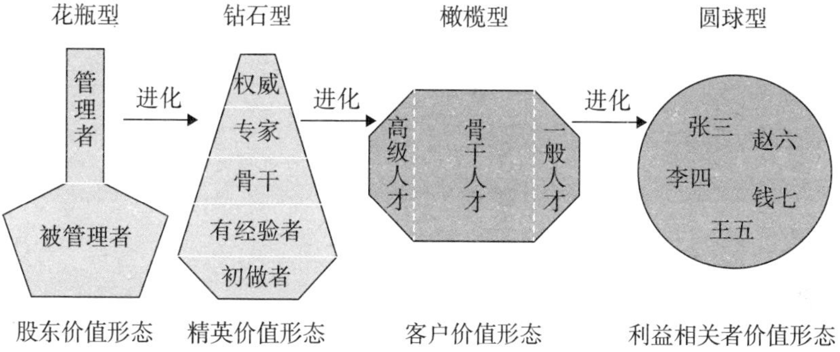

图 7-1 人才结构演变规律

在工业 1.0 时代，只有资本具有聚集社会资源的能力。而此时，由于物质相对匮乏、市场需求早已存在，因此股东价值形态的价值创造方式相对简单，企业为客户提供的产品相对成熟、单一，企业的人才结构相对简单，除了必要的股东授权人以外，大多数员工都在从事一般性劳动生产，人才被划分为管理者与被管理者，人才结构呈现出一种花瓶型，主要特点是两级分化。这种人才结构在中国企业中依然存在，但基本都处于产业价值链的低端，无法进行技术含量较高的价值创造活动，与人力资源的人事管理相匹配。

在工业 2.0 时代，资本价值创造能力的降低让精英获得了企业的经营权，企业的整体价值创造能力有了明显提升。职能的不断“分工”使人才类型变得多元，这种人才结构的最大特点是由于职级形成，人才层次逐渐清晰，专业化人才梯队逐渐形成，呈现出一种钻石型，如可以将人才分为初学者、有经验者、骨干、专家、权威，或者专员、主管、经理、总监、总经理等，不同职级的责、权、利不同，职级越高，人才价值体现得越明显。传统企业多数具有这种人才结构特点，与人力资源的专业管理相匹配，在新商业时代遇到了极大挑战。

在工业 3.0 时代，由于市场需求不确定性越来越明显，人才层次越来越模糊，骨干群体大量崛起。这时，企业人才结构形如橄榄，中间大、两端小：中间是骨干人才，一端是高级人才，另一端是一般人才。三类人才依据价值创造能力进行划分，最大的特点是足够灵活，他们可以依据客户需求在业务流程中扮演不同的角色，角色不同，则责、权、利不同，不同类型的人才相互之间的流动与转换比较频繁——这取决于人才能够胜任什么样的角色。这种人才结构特点符合新商业时代的发展要求，与人力资源的战略管理相匹配。

在工业 4.0 时代，人格成为价值创造能力的体现者。这时，职能部门、团队、职位等均已经消失，人才散落在企业中，因此，人才结构呈现为一种圆球型，其最大的特征是独特——人才能够自由转换角色。由于没有任何有形的隔离“墙”，所有价值创造者处于一种自由的状态，但是随时可以依据客户需求形成价值创造团队，客户也将成为价值创造团队中的必要组成部分，责、权、利即时配置给每个团队成员。这就是工业 4.0 时代人才结构的特点，与人力资源的价值管理相匹配，离今天尚有一段距离。

人才结构其实是“才”的结构，在四种最佳组织形态中也出现了四种最佳人才结构，随着企业形态不断进化，不同类型的人才分别登上历史舞台，发挥其价值创造能力、承担其历史使命。今天，中国企业的人才结构正在从钻石型向橄榄型转变，需要骨干人才的创造力才能实现这次进化。

二、人才标准演变规律

人才管理最直观地体现在对人才的要求上，不同的企业形态定义人才的标准不同，从这种标准的演变规律中我们能够发现人才管理的变化过程。

对这种标准的解析可以从麦克里兰的“能力素质冰山模型”中找到，前面有过介绍。冰山模型分为两部分：一部分是露在表面、能够看到的“冰山之上”的部分，这是人才的“硬件”；另一部分是深藏起来、看不到的“冰山之下”的部分，这是人才的“软件”。在人才结构演变的过程中，对人才的要求也是从“硬件”逐渐向“软件”转移的。

股东价值形态的人才结构特点是两极分化，多数人属于被管理者，其价值普遍无法得到体现，价值创造能力主要通过“冰山之上”的“硬件”部分体现，如相貌、性别、年龄、经验、健康程度、技能熟练程度等，我们把这类人才称为事务型人才。由于股东价值形态的价值创造活动相对简单，人才的价值创造能力具有明显趋同性，这时，“一专”就会成为优秀人才的标准。所谓“一专”，就是拥有一项较强的专业技能，在某个特定工作领域具有其他人无法企及的优势，这种有一技之长的人才最受老板的青睐，也比较容易转变为管理者，这也为工业 2.0 时代提前设置了人才管理的命题。

精英价值形态的人才结构特点是层次清晰，“分工”让人才类型逐渐多元，管理人才强调领导能力，专业人才强调专业能力，没有专业优势的人很难有长远的发展，我们把这类人才称为专业型人才，“专业立足、思维制胜”是专业型人才职业发展的基本路线。价值创造能力的体现以冰山之上的“硬件”为主，而以“冰山之下”的“软件”为辅，因此主要关注人才的学历、资质等各种证明，试图从“证书”中获得价值创造能力的信息。这是一个“证书时代”，并同时开始关注工作态度、价值观等信息，对人才实施有针对性的培训并进行人才储备。这时，“一专多能”是优秀人才的标准，“一专”是指具有明显的专业优势，而“多能”是指拥有多项专业技能，一个人可以有效集成多个职能领域，以胜任一些特定的战略任务，这也为工业 3.0 时代提前设置了人才管理的命题。

客户价值形态的人才结构特点是灵活调整，客户需要什么能力，企业就要具备什么样的能力，人才的创新能力成为企业发展的唯一途径。创新能力是一种综合能力的体现，更是一种集成式的价值创造能力，我们把这类人才称为战略型人才。冰山之下的“软件”成为主要影响因素，尤其是人的“特质”。这时，“多专多能”才是优秀人才标准，“多专”与“多能”与业务流程上的价值创造活动紧密相关，“多专”代表一个人能够胜任的业务流程更复杂，“多能”代表一个人能够集成的功能模块更多，“多专多能”体现了胜任角色的重要程度，以及能够掌控业务流程的难度及长度。当价值创造活动复杂到一定程度时，“多专多能”人才也将无法驾驭，此时，价值只能通过人格体现，这也为工业 4.0 时代提前设置了人才管理的命题。

利益相关者价值形态的人才结构特点是自由转换，在价值创造活动中依据人格特征开展工作，能够胜任什么角色，即获得什么角色，所有人的价值创造者能力将通过人格得到体现，我们把这类人才称为价值型人才。冰山之上的“硬件”对人格的塑造影响不大，因此企业的人才标准全面向冰山之下的“软件”转变，“动机”成为决定因素，人才标准指向与企业人格相匹配的个体人格特征。这时，“一独”成为优秀人才的标准，所谓“一独”是指价值创造者人格的独特性，人格独特性越明显，价值创造能力越强，因为工业4.0时代的客户需求都是独特的需求，只有独特的人格才能满足这种独特的需求，这时，人才管理才能聚焦于每个人的价值创造活动。

四种人才标准与四种人才结构相对应，反映了不同工业时代对人才的要求以及价值导向，同时也指明了人力资源管理发展与变革的基本方向。从中可以发现，上一个时代优秀的标准，在下一个时代却成了一般的标准，这就是时代的进步，人才的价值创造能力逐步提升，推动企业不断发展，最终，所有人的价值都能通过价值创造活动得到无差别的体现。

三、人才管理演变规律

随着企业形态的不断进化，人才结构、人才标准都发生了改变，人才管理自然也会随之发生改变，四个工业时代对应着四种最佳人才管理方式，构成了人才管理演变规律，如图 7-2 所示。

在股东价值形态中，人才管理的主要特点是人才挑选。“挑选”是指辨别、选择，即从众多同质化的人才中，选择出能够胜任工作的人，不需要建立详细、明确的标准，只要依据工作特点对号入座即可，适合工作难度不大、技术含量不高的工作内容。这种人才管理方式完全以结果为导向，行则用、不行则弃，通常比较随意，人才完全处于被动的、被挑选的状态，这是因为工作简单，而能够胜任的人较多。与之相匹配的人力资源管理是事务管理，人力资源管理功能与其他管理功能混合在一起。

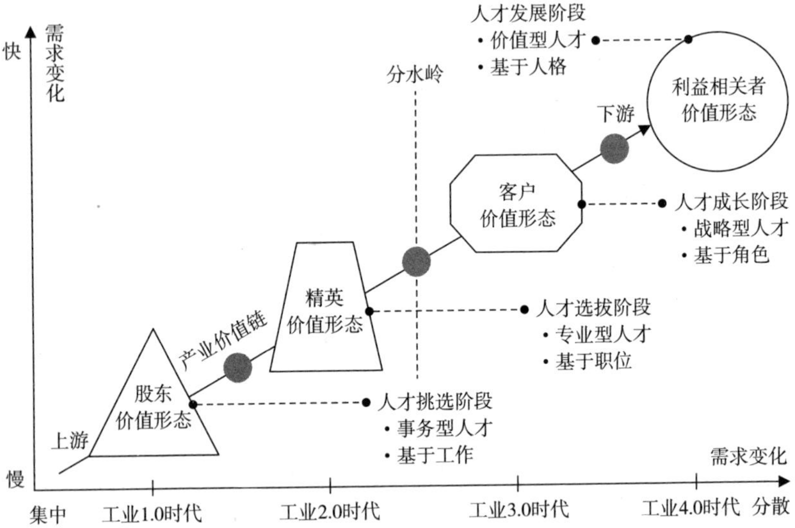

图 7-2　人才管理演变规律

在精英价值形态中，人才管理的主要特点是人才选拔。“选拔”是指建立完善的人才标准，按照标准进行层层筛选，选择出能够胜任工作的人，其中“选”是选择，辨别；“拔”是抽出、拉出、吸出，意为按条件进行挑选，最终找到适合的人。这种人才管理方式依然注重结果，但已经考虑到了人才进入和退出组织的过程，人才的被动性依然明显。由于工作的复杂程度、专业技术含量明显提升，无论进、退，都需要以标准为判断依据。与之相匹配的人力资源管理是专业管理，精英就是经过这种选拔脱颖而出、成功登顶的。

在客户价值形态中，人才管理的主要特点是人才成长。“成长”是指在企业中沿着一定的路线，逐步提高价值创造能力，并使自身价值得到体现。其中“成”是形成、变成，即成为企业以及个人所期望的状态；“长”是长成，意为沿着一定的路线不断长成、成熟的过程。这种人才管理方式注重过程，不仅有明确的方向，更有实施步骤，同时开始强调人才的主动性，这种主动性体现为企业内部出现了人才市场，让人才有了选择与流动的空间，便于个人天赋以及创造力的发挥，能够提高人才成长的效率，使人才更容易在工作中取得成绩，把“人”视为资源的时代结束。与之相匹配的人力资源管理是战略管理，骨干人才以这种方式不断涌现、遍地开花。

在利益相关者价值形态中，人才管理的主要特点是人才发展。“发展”是指个人在企业发展过程中逐步由小到大、由弱到强的变化过程。这种人才管理方式完全注重过程，始终强调追求个人价值，“人”在一个企业中的基本目标就是追求价值的实现，在这一过程中，一旦价值无法实现，就没有了留在组织中的意义，人才获得了完全的主动性。与之相匹配的人力资源管理是价值管理，关注人才价值创造活动的整个过程，让人才价值得以实现。

“挑选”“选拔”“成长”“发展”四个概念体现了四种最佳人才管理方式的基本特点，我们虽然经常使用这几个概念，但就其含义而言，它们更适合体现在不同的组织形态当中。

四、转型阶段人才管理的特点

人才结构演变规律、人才标准演变规律、人才管理演变规律充分体现了不同企业形态中人力资源管理的特点，通过对三个规律进行比较能够发现其中层进式、递进式的变化过程，这种规律性变化与工业时代的发展规律相吻合，体现了人力资源管理的不断发展与进步，如表 7-1 所示。

表 7-1　四种最佳人才管理方式

	人事管理	专业管理	战略管理	价值管理
组织形态	股东价值形态	精英价值形态	客户价值形态	利益相关者价值形态
工业时代	工业 1.0 时代	工业 2.0 时代	工业 3.0 时代	工业 4.0 时代
人才结构	花瓶型	钻石型	橄榄型	圆球型
	两极分化	层次分明	灵活调整	自由转换
	少数人体现价值		多数人体现价值	
人才特点	事务型人才	专业型人才	战略型人才	价值型人才
	硬件	硬件为主、软件为辅	硬件为辅、软件为主	软件
	冰山之上的部分		冰山之下的部分	
人才管理	人才挑选	人才选拔	人才成长	人才发展
	以结果为导向	重结果轻过程	重过程轻结果	以过程为导向
	被动性		主动性	

如今，中国企业正从工业 2.0 时代向工业 3.0 时代转变，在人才管理上应该选择人才培养的方式，人才培养具有人才选拔以及人才成长的双重特点，在企业转型阶段将发挥至关重要的作用。

人才培养是指通过多元化的成长通道，为众多骨干人才创造取得成功、体现价值的机会。“培”是指在根基部分加土，“养”是指抚育，意为以适宜的条件促使其生发、成长。这种人才管理方式体现出过程与结果并重、被动性与主动性结合的特点，同时强调两者之间的平衡，在人才管理过程中可以随时依据企业的实际情况进行调整，这恰恰与转型阶段企业的特征相吻合。

人才培养是转型阶段的人才管理特点，目的是提高骨干人才的创造力，由于人数较多，企业无法迅速从外部市场获取，因此必须尽快让骨干崛起，满足日益分散且多变的市场环境的要求。是不是企业需要的人才，需要用创造力来说话，无论“硬件”多么“硬”，如果解决不了企业的问题，就算不上真正的人才，“软件”开始发挥决定性作用。

传统企业难道不进行人才培养？也并非如此，只是传统人才管理只适合培养精英，大多数人很早就会遇到职业发展的天花板，无论再怎么培养都是徒劳：传统企业中既没有空间也没有机会。因此，传统企业中的人才培养并非本书特指的人才培养。当企业进入转型阶段，市场的不确定性越来越强，大多数人获得了发展机会，人才培养才变得有意义。

人才培养是一种半强制、半自觉的行为，需要企业和人才合作才能体现出效果。企业在转型阶段通过流程再造，将会在业务流程上形成各类角色，角色的设计来自客户需求，既不固定，也没有限制，所有人的机会平等，至于谁能胜任什么样的角色，完全取决于个人的努力。

随着企业变革不断深入，人才出于对成功的追求以及实现自我价值的动机，将会在企业中自觉成长，主动性将越来越明显，此时的人才管理形式将从人才培养转变为人才成长。

第二节

传统人才管理的逻辑与利弊

人才之所以能够被选拔出来，很大一部分原因是在某个具体领域比其他人具有优势，而这种优势符合了组织发展的需要。在工业时代，这种优势指的是专业，所以才称之为专业型人才。

人才选拔是传统人才管理的主要特点，这一特点其实并不难理解，且早已被韩愈写进了《马说》中，还为汉语贡献了一个成语——伯乐相马，这句成语生动地反映了传统人才管理的特征，直至今天依然不过时。

一、“伯乐相马”的历史寓意

“伯乐相马”这个典故高度概括了中国传统的人才管理思想，而韩愈的《马说》也可算是中国传统人才管理的“总纲”，从这篇文章中，我们可以发现传统人才管理的几个基本特征。

其一，“千里马”需要依托“伯乐”才能实现价值。“千里马”

常有，可惜因为没有遇到“伯乐”，多数被埋没。如果一直没有遇到“伯乐”的话，即便“千里马”有很强的价值创造能力，它的价值也无法得到体现。所有的“千里马”都是被“相”出来的，自己没有主动改变命运的能力。在这种观念的影响下，每匹“千里马”都在以买彩票的心态等待着生命中的“伯乐”，很容易成为机会主义者。如果直到“千里马”都开始怀疑自己的价值时还遇不见“伯乐”，那么它们可能真的会“祇辱于奴隶人之手，骈死于槽枥之间，不以千里称也”。“伯乐”虽然能发现“千里马”，但更多的“千里马”还在等待之中。

其二，没有价值评价技术就没有“千里马”。“伯乐”的价值在于有一套“科学”的人才评价方法，能够通过这套评价方法把“千里马”选出来。也就是说，如果没有人才评价技术，就不会有“伯乐”，自然也没有“千里马”。从这个角度看，组织需要的也不一定是“伯乐”，而是这项人才评价技术，只要有这项技术，就可以挑选出更多的“千里马”。可惜没有，这就让“伯乐”显得很重要。因此一直以来，古人的智慧都集中在鉴人之术上，而且各有一套，都是经验之谈，缺少原理支持，在实践中无法得到推广与普及。

其三，“千里马”最终成了“伯乐”的“千里马”。典故中的“伯乐”是在为组织挑选“千里马”，而现实中的“伯乐”通常都是上级，更多时候是在为自己挑选“千里马”，“千里马”最后会成为“伯乐”的“卧槽马”，只听从“伯乐”的指令。很多时候，“千里马”之所以能被称为“千里马”，是因为有“伯乐”上级，这就导致“千里马”与“伯乐”的利益集团化了，“千里马”必须与“伯乐”站在一队。当成为“伯乐”的“卧槽马”时，“千里马”将被成功驯服。

“伯乐相马”是一种以结果为导向、被动的人才选拔方式，与精英价值形态特征相匹配，适合存在于稳定的内外部环境中，因为这样有利于少数精英的价值创造能力发挥。

二、职级发挥决定性作用

人才选拔的背后其实还隐含了这样一层含义：组织虽然缺少人才，但缺口不大，不需要大规模培养人才，因此重点工作是在现有的人才中去寻找、发现，然后提拔到需要人才的职位上，整个人才管理机制都是围绕着这个逻辑设计的。

职位管理基础为这一逻辑提供了有力支持：职位不仅对人才提出了明确的专业要求，而且能够制定人才价值创造能力的标准，尤其是该职位所承担的业绩目标更体现了这一点。职级与人才的价值建立起了必然关系，并发挥了关键作用，职级越高，意味着人才的价值创造能力越强，对公司的影响也越大。在传统企业中，所有人都有职位，没有职位，企业就无法进行管理，而企业通过管理职位，也达到了管理人的目的。

要想成为精英，就要经得起层层筛选，职级为人才筛选提供了有力支撑，也成了一种规则。在成为精英的道路上，人才需要过五关、斩六将。由于职级越高，职位数量越少，因此越往上走竞争越激烈，晋升道路可谓充满艰辛，最后成功登上“金字塔”的顶层，除非有重大失误，一般也不会轻易跌下来，这是职位的稳定性所决定的。职级晋升的过程也是创造能力提高的过程，通常到了高管职级，价值创造能力也应该达到相应水平，尤其是在专业领域，精英应该具有绝对的优势，因为他们代表着企业在这一领域的专业水准。

这种规则有没有例外？也有，通常是因为任人唯亲、裙带关系造成的。在这种情况下，就会出现人岗不匹配、人浮于事的情况，一旦精英的价值创造能力与职位要求不匹配，就将对企业管理系统产生致命影响。为了解决这个问题，企业会给这些人安排一些闲职，即让其担任不具有重要功能的领导岗位，或专业能力要求不高的领导岗位，这样就不会对公司的经营管理造成太大的负面影响。在精英价值形态中，以这种方式成为精英的人一般非常少，如果比较多的话，那企业将很快退化到股东价值形态。

其实，科举制在一定程度上也起到了这种人才选拔的作用，它彻底打破了血缘世袭关系和世族的垄断，为底层群体搭建了成为顶层精英的桥梁，对传统组织的发展起到了重要作用——科举制出现后不久，中国就进入了农业社会的巅峰时期。

三、优势转变为劣势

所有的利弊都是相对的，都具有时间和空间的属性，一旦时间和空间情况发生改变，利弊就会发生改变。

人才选拔是工业 2.0 时代的最佳人才管理方式，它通过精英的价值创造能力推动企业进入高速发展期。在市场环境变化不大、客户需求相对稳定的状态下，人才选拔完全可以满足企业对人才的需要。这些专业型人才让传统企业为社会创造了大量的物质财富，也成就了很多工业 2.0 时代的霸主，如 GE、IBM、HP、P&G、JNJ、ABB、雀巢、宝马、壳牌等，这些老牌世界 500 强在 20 世纪创造了很多辉煌。但进入 21 世纪后，这些企业虽然还可以称得上“一条好汉”，但显然已大不如前，毕竟属于它们的时代已经远去，转型与变革同样伴随着这些企业。

市场发生了改变，分散与多变的客户需求让一些新兴的企业取代了上个时代的霸主，如谷歌、亚马逊、苹果、微软等。传统企业原来的一些优势转变成劣势，如建立在职位管理基础上的人才职业发展通道，虽然方向清晰、路径明确，为每个人都描绘出了清晰的路线图，但由于职级越高、职位数量越少、通道越窄，绝大多数员工都会很快触及“天花板”，一旦渡过企业发展扩张期，很多员工将早早进入职场“垃圾时间”，即到达一定年龄后原地踏步、坐等退休。此时，由于职位并不空缺，还有可能阻碍年轻人的晋升，无论是新人还是老人，这种“稳定”的状态都使员工的价值创造能力打了折扣——不管如何设计职业发展通道都是这个结果。企业转型迫切需要新生力量的崛起，但又被这种僵化的系统压制，从上到下，几乎所有人都处在这种煎熬之中。

新商业时代到来，市场发生巨变，专业上的优势满足不了客户需求，企业要想继续发展，就必须拥有更强大的价值创造能力，除此之外没有其他方法。也许有人认为，换一批精英团队也许就能解决问题。其实这一方案已在很多企业中尝试过，但都被证明无济于事，一番“折腾”后，最终只有一条路可走：让骨干群体崛起，并让他们承担起提升价值创造能力的重任。在传统企业中，他们创造了价值，但是价值并不大，而这时候就需要通过人才管理机制让这些骨干创造价值并体现出价值，如同在从工业 1.0 时代向工业 2.0 时代转变的过程中，股东解决不了客户需求问题，必须让位给精英一样，骨干人才之所以能崛起，是因为他们身上隐藏着强大的创造力。创造能力建立在专业能力之上，对“人”的要求更高。只要社会在发展，专业能力就会被超越，社会发展越快，专业能力越容易被超越，而创造力则不会，因为并非人人都能发挥出创造力。也许有人会问，精英难道没有创造力吗？有，但是相对于新的客户需求而言，还远远不够。

因此，企业在从工业 2.0 时代向工业 3.0 时代迈进时，人才选拔也将由人才成长所代替、人才管理从被动向主动转变、从关注结果向关注过程转变、人才结构从钻石型向橄榄型转变、专业型人才向战略型人才转变。

第三节

让人才尽快取得成功

当人力资源管理进入战略管理阶段，人才管理也必然会体现出相应的特征，如全局性、长期性以及不确定性，这些都与人才成长相匹配，这时的人才也成为战略型人才。

在精英价值形态阶段，由于没有在战略设想与实现之间搭建起合理路径，人才选拔体现的只能是重结果、轻过程。而在客户价值形态阶段，由于战略与实现之间存在必然路径，人才成长体现的就是重过程、轻结果，这是两种不同的人才管理方式。人才成长改变了以往被动管理的属性，人才能够主动寻找成功的方向，因此在人才成长阶段，无论组织系统多么复杂，人才成长体系都能为组织提供源源不断的人才。

一、“冰山之下”的部分发挥决定性作用

人才成长的主动性体现为人们对成功的渴望与追求，它促使每一位组织成员尽早取得成功，这也是新组织人才管理的基本

逻辑。

人在组织中的成功只有一个标准，就是创造价值。但是这一标准在不同的组织形态中的表现不同：在股东价值形态，成功的标准是盈利的多少，因此只能体现资本的价值，几乎看不到其他个体创造的价值，只有成为股东或者股东授权人才是成功；在精英价值形态，成功的标准是职级的高低，因为职级的高低与价值的高低之间存在必然联系——职级越高的人创造的价值越高；在客户价值形态，成功的标准是角色的重要性，而角色的内涵是能力素质——能力素质越强、能够扮演的角色越重要，创造的价值越高；在利益相关者价值形态，成功的标志是创造了多少价值，届时，管理机制完全可以把每个人的价值活动都清晰地呈现出来。

在迈向客户价值形态的过程中，人才管理需要进一步理解"人"，尤其是冰山之下的部分。"人"的特质是工业 3.0 时代能够探知的领域，解析了"人"的特质，就能把"人"的天赋发挥到极致，选择适合人才发展的方向，让人才向这些领域自发流动。这时就会发现，天赋决定了人的创造力，人在自己具有天赋的领域，更容易做出成绩、更容易取得成功，企业人才管理机制就是要推动这一进程。现实中，很多人选择了自己天赋并不突出的领域，当然，这并不意味着无法取得成功，只是成功的概率降低，而且要付出更多的辛苦，因为通过勤奋、努力能够获得的更多的恐怕是同情而不是创造力。从这个意义上说，这并不是一个正确的选择。

人才成长的主动性很大，这种主动性一部分来自路径的多元，如果路径单一，自然没有可选择的余地。客户价值形态解决了这一问题，业务不仅多元化，而且相互交错、不断产生新的业务，宛如一个生态系统，市场变化越频繁，组织内部的新陈代谢速度越快，每个人也会有更多的路径可以选择——人才有足够的空间发挥自己的天赋。

二、如何让人才尽快取得成功

如何让人才尽快取得成功？答案是以角色管理为基础的人才成长机制。

人才成长的目标是不断提升人才的能力素质，让人才在价值创造活动中不断扮演更重要的角色，这是未来企业人才管理机制的核心内容，主要包括三个内容：角色设计、角色分析、角色评估。

角色设计是通过流程再造、依据工作内容以及人员现状、设计出能够满足客户需求的不同角色，必要时赋予这些角色新头衔，便于体现角色在责、权、利上的差异。角色分析是清晰地描述为了完成这些工作，角色需要具备哪些能力素质标准，这些角色会有什么样的行为表现以及成果产出。角色评估是对每个人的能力素质进行评价，通过评估判断一个人达到了什么样的标准、能够扮演项目团队中什么角色。

在业务流程上，由于没有了职位层级的限制，员工不需要像爬楼梯一样，一个台阶、一个台阶往上迈，只要能力素质达到角色要求，就有机会扮演某种角色，并获得这个角色的责、权、利。同样，当某个人才无法胜任某一角色的要求时，人才管理机制也会对其能力素质重新进行评估，将其配置到更合适的角色上，不会出现人浮于事的现象，让每个角色都发挥出应有的价值。人才管理机制将为员工树立阶段性成长目标，推动员工主动追求更重要的角色，这一过程既没有职级限制，也没有时间限制，员工完全可以凭借自身能力素质，尽早取得成功。如果一个员工在相当长的时间之内并没有角色上的改变，就意味着他的成长失败，员工能够很清楚地知晓在本组织中成功无望，尽早离开组织或者选择其他领域，这样对他的个人成长更有利。

这种人才管理的灵活性是传统组织无法比拟的，橄榄型人才结构的人才边界并不清晰，不同类型的人才之间可以相互转换，而只有在这种人才管理机制下，才能形成这样的人才结构。

很多先进企业进入转型阶段后，在人才管理制度上都有了这样的特征，即不论年龄、学历、资历，根据员工能力的提高，给予其相应的待遇，打破了公司一成不变的格局，让有才华的年轻人能够脱颖而出，即便是以年功制著称的日本企业，也迫于市场环境的变化，对人才管理机制进行了大幅度改良，为人才成长创造出更多的机会。

三、百花齐放，而不是一枝独秀

传统企业无论如何设计员工职业生涯发展道路，都要面对一个事实：职级越高、数量越少。因此，在职位管理基础上，传统企业只能做到让少数精英获得成功。这些精英都处于“金字塔”的顶层，在各自的专业职能领域可谓一枝独秀，否则管理问题将会更多，这是精英价值形态的特征。

角色管理彻底摆脱了职位的禁锢，让更多的人有了获得成功的可能——只要有能力胜任某个角色、能够满足客户需求，就能取得该角色的责、权、利。这让企业呈现出百花齐放的局面，如果不是这样，管理问题会更多，这是客户价值形态的特征。

从组织形态特征上看，开放的、动态的组织能让更多的人获得发展空间，显然比精英价值形态的组织更高级。许多优秀企业之所以能在各自的领域始终保持强大的创造力，是因为它们有角色管理基础的支撑。

比较典型的是一些国外证券公司采取的MD头衔制度，如MD、ED、D、SVP、VP、AVP、A等。这种头衔制基于角色管理而不是职位管理；头衔背后是能力的区别，而不是职位的差异——拥有不同能力素质的人获得不同的头衔、完成不同的工作内容；责、权、利体现在这些头衔上，头衔越高，责、权、利越大。在角色管理基础上，一个公司可以有多个权力相同的主体，且不但不会发生权力冲突，还能形成功能互补或相互制衡——这有赖于集成业务管理的特点：依据客户需求把员工的责、权、利“封装”在不同“项目”中，无论企业有多少战略任务，都不会造成责、权、利的冲突，这在传统企业中是无法想象的。

在传统企业中，人才沿着垂直的职能线条发展，大多数是专业型人才，而在客户价值形态中，人才沿着横向的业务流程发展，大多数是战略型人才，战略型人才也是集成型人才，能够对不同专业领域进行集成。

第四节

重塑企业的人才价值观

笔者从近几年接触的企业中发现，对人才管理影响较大的其实是企业的人才价值观。传统企业的人才价值观来自中国的传统文化，而传统文化对组织与人之间的价值关系有特定的认知：在漫长的农耕时代，受生产力水平所限，“组织”与“人”之间并不是一种对等的价值关系，主要体现为“人”对“组织”具有一定的依赖性。“人”的价值创造活动必须依赖或依靠“组织”的力量进行，而任何个体在残酷的生存环境中都显得微不足道。因此，通常组织价值在前、个体价值在后，维护组织价值是传统组织管理的基本指导思想，至于客户价值更无从谈起。

新商业时代到来，社会生产力得到了极大提升，个体的价值创造力越来越强，组织与个体之间的价值关系发生了根本性转变，两者之间的关系越来越平等：这一点在年轻人身上体现得更明显，他们将成为未来职场的主力军，而这将使企业内部的“伙伴”关系越来越清晰。

要想推动企业顺利实现转型，人才管理变革的重心不仅在机制建设上，更在重塑人才价值观上：重新定位“人”的价值，理顺“组织”与“人”之间的价值关系，构建一种“组织”与“人”共同发展的人才管理机制。

重塑企业的人才价值观是一个相当宏大的命题，我们只能从几个不同角度来理解。

一、“好马”要吃“回头草”

有句话叫作“好马不吃回头草”，比喻有作为的人、有志向的人不走回头路，在“好马”与“不吃回头草”之间建立了一种联系。这句话是要体现出一种励志精神，但是流传至今，励志精神没有得到多少体现，反而成了评价“好马”的方式，俨然暗含着“是‘好马’就不要吃‘回头草’”，“吃‘回头草’的不是‘好马’”之类的含义。

这种误读给企业人才管理设置了门坎：从公司离开的人才，如果再回到公司就不见得是匹“好马”。这一观点带有明显的歧视色彩，在这种大变革时代，我们更要旗帜鲜明地反对。今天中国经济的改革不仅仅是经济的转型，更是企业的转型与人才的转型，对于企业和人才而言，“好马”吃“回头草”其实可能是一种双赢。为什么这样说？因为人才管理理念发生了改变。

第一，“好马”的标准是什么？答案应该是人才的价值创造能力，而与吃不吃“回头草”没有任何关系。当企业需要某种创造能力时，就会选择具有这种价值创造能力的“人”；对大多数的个人而言，也必然要在某个组织中发挥个人价值创造能力，只是选择一个“最佳”的组织而已。“好马不吃回头草”带有强烈的主观色彩，却成了评价人才的标准，这是一种偏见。

第二，“是不是好马”该由谁评价？答案应该是由公司或市场来评价。无论是公司还是市场，都有一套人才评价标准，但标准中从来没有“要不要吃回头草”一说，可见这是一种“潜规则”。如果在员工离开企业时，双方都没有违反职业操守，那么本应对事不对人，但我们通常的做法是对人不对事，双方都很不成熟。

如果“组织”与“人”之间的价值关系对等，我们就会发现，人才的进进出出是再正常不过的事情，从某种意义上说，“好马吃回头草”更能体现出一个企业的人才管理效果。通常，从公司离开的人才对业务流程、内部运营情况都比较清楚，甚至还有很多熟人，这些人才能够更快速地进入工作状态。多数离职人员在行业中得到了历练、提高了自己，甚至可能掌握了一些更先进的技术，个人的价值创造能力有了明显提升，而这些恰恰可能为企业未来的发展带来更高的价值。

当人才危机爆发时，我们会发现一对有趣的现象：一是企业转型，对人才需求发生改变，人才供应远远不足；二是人才同样在寻找合适的企业实现个人目标——企业与人才之间都在相互找寻之中。此时，“好马吃回头草”更能体现出公司与人才的双赢。

二、人才不应该储备

人的价值创造能力有阶段性周期，并非始终处于一个状态，所以每个人才都会有黄金价值创造期，这也是人一生中最容易取得成就的年龄阶段。当然，每个人的黄金价值创造期不同。企业要做的就是让人才尽快取得成功，让人才在年富力强时获得应有的价值。这是新组织人才管理的目标，也是我们提倡企业不要“留人”的原因，企业要创造条件让人才去追求自身价值。如果人才在一个组织中长期奋斗，却始终“碌碌无为”，“留人”反而是一种残忍，因为人才的黄金价值创造期很容易消逝，让人才离开反而是企业一种负责任的表现。

进入新商业时代，不仅产品的生命周期大幅缩减，人才的黄金价值创造期也在缩减，很多人才在一个企业中的使命可能就是完成某一项工作任务，一旦任务完成，使命也会结束，在这种情况下，储备人才，就有可能让人才把黄金价值创造期白白浪费掉。

工业 2.0 时代，人才储备还有一定道理，它可以表达企业对人才的重视。市场变化不大、企业正处于高速发展期，人才可以选拔出来留后使用，而且储备时间不会很长，传统管理模式也为这种人才管理提供了有效支撑。然而进入工业 3.0 时代，人才储备就成了对人才的忽视。市场变化加快、人才的价值创造能力无法长期满足客户需求，此时储备人才就是浪费人才、消耗人才，因为市场变化越快，人才的贬值速度就越快。是人才就要有用武之地，而只有在实践中、变化中才能有效提高人才的价值，当然，这一点也只有在新管理模式下才能实现。

进入转型阶段，在角色管理系统的作用下，企业应该能够发现，人才培养本身就是一种人才储备，因为所有人才都是为客户需求准备的，每个人才都有机会取得成功，不需要让人才等待机会，只不过最终是由客户决定谁能获得机会，而不再是企业。

三、重塑企业的人才价值观

中国企业在转型前，需要先转变传统管理理念。一些观点看似有理，但经不起推敲、论证，在转型时期还容易发挥负面作用。未来企业组织形态将变得越来越开放，只有与新商业时代相匹配的人才理念，才能推进企业转型、人才转型的顺利实现。

例如，一些企业喜欢把“忠诚”放在人才管理的第一位。其实“忠诚”这需要一个前提，即企业自身足够优秀，如果企业足够优秀，那么人才的“忠诚”就变得很重要了，“优秀 + 忠诚”的组合就能解决很多问题，所以通常敢说这种话的也恰恰是那些自认为足够优秀的企业。如果企业自身很一般，“忠诚”的意义就不大，“一般 + 忠诚”的组合也解决不了什么问题。大多数情况下，应首先强调人才价值创造能力的重要性，从而提高企业的整体价值创造力，只有“一般 + 人才”的组合才能让企业从平庸到优秀。

又如，有些企业喜欢强调“奉献”精神。这其实改变了“组织”与“人”之间的价值对等关系，人才为企业进行价值创造，企业对人才进行客观评价，并给予合理报酬，这是基本的市场价值交换规则，十分公平。如果企业要求人才“奉献”，就说明两者之间存在不对等的价值关系，人才会在某种特定环境下索取额外回报，而一旦企业无法兑现或给予，“组织”与“人”之间就会形成矛盾，甚至势同水火，这种事情在传统企业中屡见不鲜。

再如，很多企业喜欢强调“天道酬勤”，希望员工勤劳肯干。但是，企业的本质是价值创造组织，勤劳与价值创造之间没有必然联系，有太多勤劳的人，拼搏了一辈子也没有创造多少价值，这不是“命苦”，而是搞错了方向。很多优秀的人是优秀在天赋上，而不是勤劳，没有天赋的勤劳，往往事倍功半。因此，人才管理的重要内容是开发“人”的天赋，让人才把天赋发挥到极致，“天赋 + 勤劳”，才能尽快取得成功。

进入新商业时代，企业应塑造新的人才管理观，在这一点上，中外企业都有可圈可点的案例。

万科的员工手册上有句话："人才是一条理性的河流，哪里有谷地，就向哪里汇聚"。企业在不断发展壮大的过程中，人才也不断地流失，但万科有这样一个理念：人才再回到万科，万科依然欢迎。这种开放式的人才观，在中国企业中难能可贵，也让万科吸引了很多优秀的人才。人才离职属于正常现象，他即便不能成为企业的员工，至少也不能成为敌人。但在现实中，许多离职员工都把公司视为仇敌，或被公司视为仇敌，这对公司与个人的发展又有何益处？

思科公司在硅谷拥有一个"创值圈"，聚集了很多为思科量身定做的创业公司。这些公司的创始人或技术骨干很多是从思科离开的，他们的共同特点是更了解思科需要什么样的技术和产品，因此更易融入思科的"创值圈"。同样，思科并没有拒人于千里之外，反而乐于收购这样的公司，因为从思科的角度看，它很高兴"整个硅谷都是思科的实验室"。一旦人才与企业建立起一种良好的互动关系，员工是否属于公司其实已不重要，因为双方在合作过程中都能获得最大价值。

人才观的转变是企业文化再造的一部分，体现在细微之处。传统企业在转型时，除了要转变管理模式，文化再造也是重要的一环，然而，没有制度的支撑，再好的人才观念都是空中楼阁，关于文化再造的内容，笔者将在其他著作中进行呈现。

第五节

内部人才市场的建设

新商业时代到来，几乎所有人力资源管理功能都成了孤岛，无论 HR 们多么勤奋努力，传统企业的问题都得不到有效解决。僵化的组织系统让很多人的价值创造能力发挥不出来，更严重的问题是，即便知道某些工作没有多少价值，也必须去完成，这无疑是雪上加霜，极大地降低了人们的工作热情，直到人们完全没有任何想法，完全听从指令行事。

这时候如果不进行系统性变革，企业就将彻底丧失变革的能力。于是，构建新的管理系统成为当务之急，尤其是构建“三引擎模型”，因为它能够重新激活组织管理效能。在“三引擎模型”的作用下，内部人才市场将逐步建立，并逐步成熟。

构建人才市场的目的是解决人才合理流动与科学配置的问题。很多企业习惯把“留住人才”挂在嘴边，然而却没有理解“留住人才”的目的是什么。“留住人才”是为了让人才为企业创造更多的价值，但是留下的人才真能做到这一点吗？显然不一定。如果人才的价值创造能力发挥不出来，那么留住多少人才也没有意义，反而会造成人才的浪费。这其中的关键还是在于通过变革，构建让人才发挥价值创造能力的组织管理系统。

一、建立人才市场，实现人才最优配置

"留住"不如"流动"。正所谓"流水不腐、户枢不蠹"，人才若不流动，也会腐、会蠹。当企业运行系统逐渐僵化时，只有让人才流动起来，才能使组织重新焕发活力。"流动"在此有三层含义：流入、流转、流出，即通过"流动"让人才流向最佳位置，便于人才充分发挥价值创造能力。无论如何"流动"，企业最终需要留住的是价值创造能力，而不是"人"。"流动"是为了实现人才的最佳配置，做到人尽其才，这也是人力资源进入自管理阶段时的一种表现。

人才市场是一种最公平、最有效，也是成本最低的一种人才配置方式，"流动"成了人才市场的基本功能之一。人才从外部流入，从内部流出，这在传统企业中就可以实现，这其中的关键在于内部流转。在传统企业中虽然也能实现内部流转，如轮岗，但通常都是局部的，而且多数是被动的，人员最后还将回到原来的工作岗位上。轮岗是为了让人才做好本职工作或培养后备干部，然而对于专业性要求很高的岗位，企业轻易不敢轮岗，因为轮岗很容易使这个岗位的职责被弱化。传统人力资源管理强调人岗匹配，如果实施普遍轮岗，就会打乱这种管理基础，因此人才在企业内部基本处于一种稳定状态。然而一旦外部环境的变化加快，运行系统僵化就是迟早的事。

进入客户价值形态，团队成为最基本的价值单元，功能相同或

相似的团队不止一个，这为人才市场的建立及人才的内部流转提供了便利，被团队抢着要的，自然是真人才，被所有团队放弃的，也会被企业淘汰，人才的价值在人才市场中一目了然。在传统企业中难以处理的问题通过人才市场可以轻松解决。为了在人才市场中得到普遍认同，每个人才都会时刻注意自己的职业表现，而且要想提高身价，就必须提高自己的价值创造能力，成为团队的骨干力量。一旦形成良性循环，这就会成为一种最佳人才配置方式，人才结构也将向橄榄型转变。客户需求变化越快，企业人才市场就越活跃，企业规模越大，人才市场的作用就越明显，也更有利于企业实施人力资源轻资产战略。

要想建立内部人才市场，企业就必须进行流程再造，形成依产品类型或客户类型划分的业务单元，每个业务单元都能独立核算、自主经营。随着这些业务单元兼并、重组、新建，人才将在这些业务单元中进行流转，将自己的价值创造能力与业务单元承载的战略任务相结合，形成业务流程上的不同角色。

二、盘点人才现状，推动战略实施进程

一旦人才市场形成，企业就要对人才进行不定期的盘点，这也是人力资源管理的一项集成功能。人才盘点是企业对现有人力资源状况的一种摸底调查，用于评估人力资源与战略实现之间的匹配程度，并据此提出有建设性的解决方案。从这个角度看，人才盘点应该属于战略管理，而这也再次证明，不同专业领域的知识系统必然要从分工走向融合。人才盘点有助于人才市场的健康发展，也是人才市场必不可少的基本功能之一。

传统企业进行人才盘点的意义不大，因为精英价值形态是一种静态的组织系统，人才结构呈钻石型，职级非常清晰、人员状态稳定，人才的基本情况都写在了职位上，几乎一览无余。于是人才盘点就变成了信息汇总，很多时候甚至为了盘点而盘点，对战略实施起不到任何作用——传统的战略实施路径本身就存在断层，即便通过人才盘点发现了问题，也无法解决。

人才盘点的目标是推动企业战略的实现，只有深入了解业务的发展与运行情况，才能对人力资源的现状进行有效分析，这是进行人才盘点的前提。人才盘点由 BP 在各业务单元中推动实施，SSC 以及业务单元进行协助，将收集到的信息汇总到 COE 处，由人力资源项目团队进行分析研究，形成有针对性的意见，提交给公司，并依据每个业务单元的特点提出个性化的解决方案，再由 BP 在业务单元中进行贯彻落实。这是一个相对完整的人力资源业务流程，三个角色定位清晰、职责明确、相互支撑，既能发挥人力资源管理功能，又能对每个业务单元提供有效支持，把公司的战略意图顺利地贯彻下去。

人才盘点更适合动态的组织系统，这种组织的外部环境变化明显、业务单元的活跃度高、人才的动态变化快，人才的价值创造能力与战略的实现的匹配度越来越不确定，因此需要不定期地进行人才盘点，让企业能够掌握人力资源的基本状态，避免两者脱节，尤其是在转型阶段，企业的每一项战略举措都会对企业未来的发展产生重要影响，任何失误都有可能结束企业的转型进程。

人才盘点并非简单的人力资源信息加工，它之所以出现在企业的转型阶段，也是因为要提升企业的人力资源管理功能，推动人力资源管理从专业管理向战略管理转变。人才盘点不是一项新的功能，而是在传统人力资源管理功能基础上的升级：它的基础工作都已在“分工”中完成，此时需要的是一种“集成”，这种“集成”将体现出更系统、更全面、更高层次的人力资源管理功能。

三、优化人才结构，推动骨干人才成长

在传统企业中，无论怎么优化，人才结构都依然是钻石型——这是由精英价值形态特征决定的：职级、职务非常明确，责、权、利的边界也比较清晰，企业内部没有多少空间，顶层职位数量少，而且相对稳定，这让很多中坚力量早早就触及了“天花板”，企业若不扩张，这些人将会长期处于原地不动的状态，晋升很难，降下来也不容易。然而当市场发生变化，到了用人之际时，企业中就会凭空多出很多高级职位，冲击原有的职位系统，企业时常需要针对个别岗位制定一套单独的管理办法或条例。

有了人才市场，情况就不一样了，橄榄型人才结构的最大特点就是边界模糊、层级弱化，随着人才的动态流转加快，高级人才、骨干人才、一般人才依据价值创造能力的变化，可以相互转换。这让很多人都有了发挥的空间，尤其是对骨干人才，他们将通过承担业务流程上的重要角色更快地改变自己的成长轨迹。而“唯才是用”“有能者居之”“能上能下”“能进能出”等经常出现在传统企业文案中、想做却始终做不到的事情，在橄榄型人才结构中终于可以实现了。人才市场的建立，为人才结构的优化提供了有力保障。

橄榄型人才结构中间大两头小，中间部分可以容纳多元化的人才，不仅为人才成长为公司骨干创造了更多的机会，也让角色管理的灵活性得到了充分体现。与静态的职位管理不同，角色管理是一

种动态管理系统，责、权、利的配置在其所承担的角色上，一个人具有什么样的能力素质，就可以承担什么样的角色、获取什么样的回报，任何人都可以通过承担有挑战性的角色，实现个人价值的提升。从某种意义上说，当企业进入转型阶段后，由于客户需求的不断变化带来了各种不同类型角色的诞生，给员工创造了无数发展机会，人才的价值创造能力与客户需求之间可以形成良性循环，推动个人与企业共同发展，实现真正意义上的“双赢”。

第六节

人才转型是最后一战

随着经济改革持续深入，传统企业的转型已全面展开。转型企业首先会遇到资金、新的业务领域以及商业机会等经济结构转型带来的问题，最典型的莫过于前几年的“风口”之说，号称“站在风口上，猪也能飞起来”。直到今天还依然有很多企业认为，转型仅仅是业务转型。他们显然把这次变革想得有些简单，因为这将是一次企业形态的进化，企业从精英价值形态演变为客户价值形态，是全方位的、系统化的变革活动，从以往的进化轨迹看，能够顺利实现进化的反而是少数——这就如同自然界中的物种进化：在今天的地球上，远古生物少之又少，有许多物种都在进化过程中逐渐消失了，仅存的古老物种也都是以低级生物的形态存在的。

为何演变的过程如此艰难？因为人类世界的所有价值创造活动都是由人完成的，人若是无法转型，再好的商业机会、再多的资金都无济于事。企业的转型最终是人才的转型，而且这次的企业转型与以往不同，它的成败无法由少数人物决定，而取决于大量的骨干人才；人才特点也发生了根本转变——专业型人才已然落伍，企业需要的是战略型人才——这些变化都加大了企业转型的难度。

一、人才危机已经爆发

当企业处于稳定发展状态时，人才的供求关系可以基本保持平衡，而当企业处于不断变化的市场中时，人才供求的平衡关系就会立刻被打破，人才危机出现。

我们不得不承认，在中国经济全面转型的过程中，人才危机其实已经爆发。人才危机的特点如同经济危机——它不是人才缺乏，而是人才相对过剩，体现为人才的供应与需求严重脱节。一方面，企业求才若渴，另一方面，人才又不断流失；一方面，企业无才可用，另一方面，人才又大量闲置。“此才非彼才”，企业需要的人才并非人才市场中的人才，这就是人才危机的具体表现形式，而它将严重影响企业转型的进程。

在资金到位、发展方向明朗、商业模式确定之后，企业往往会忽然发现“万事俱备，只欠人才”，虽然市场机遇就在身边，却无能为力，因为任何一项具体“工作”最终都必须由“人”完成，没有适合的人才，前期的所有努力都有可能付诸东流。虽然越来越多的转型企业意识了到这一点，却对此无能为力。

有人认为，只要企业“给得起”报酬，就能获得人才，这种认知已经成为“过去时”。首先，传统企业转型已成为普遍现象，企业的竞争对手也在掠夺目标人才，水涨船高，“给得起”最后将变得没有标准；其次，企业转型需要巨量的骨干人才，不能再寄希望于少数英雄人物，如何“给得起”？最后，转型企业最缺的是具有创造力的战略型人才，此类人才的培养绝非朝夕之功，只有先“找得到”才能谈“给得起”。因此，无论企业的薪酬给付能力是强还是弱，都无法解决人才危机带来的影响。

随着转型进程不断加快，人才危机的影响将越来越明显。企业竞争开始向人才竞争转移，最终企业会发现，任何战略举措的实施都离不开“人”，而这时，企业需要的已不再是专业型人才。新商业时代发展的基础是“人”与先进技术结合产生的强大创造力，没有大量骨干人才的涌现，企业就很可能会“死”在正确的道路上。

二、转型最缺战略型人才

传统企业中最多的是专业型人才，这是“分工”与“协作”带来的必然结果。相比事务型人才而言，专业型人才极大地提高了企业价值创造活动的技术含量，这是工业 2.0 时代最佳人才的特征。客户价值形态中最多的是战略型人才，对人才的要求提高了一个层次，不仅专业能力要过硬，还要体现出较强的创造力。专业型人才完成了专业管理阶段的使命，而战略型人才则要承担战略管理阶段的使命，当新商业时代的序幕逐渐展开时，也将成为这个时代的最佳人才——无论什么样的人才，都将向这个方向发展。

在传统企业中，一个“小白”可以通过个人的勤奋与努力成为专业型人才，但是战略型人才是由“冰山之下”的“软件”决定的，不是只靠学习和勤奋就能达到的，它需要人才具备一定的“天赋”。每个人都有不同的“天赋”，这些“天赋”能够使人才在某些领域表现出强大的创造力，后天的努力仅仅是“加速器”而已，把“天赋”发挥到极致，就出现了天才。如何挖掘人的“天赋”？在企业中构建角色管理系统就可以。心理学为此提供了有效依据，素质教育的本意也是要充分发挥人的“天赋”，使每个人能够从事他擅长领域的工作，取得令人满意的成就。

进入新商业时代，社会构成日益“碎片化”，这让个体间的差异性凸显出来，“天赋”对人才的发展变得越来越重要。而越是“碎片化”的环境，就越需要具备“集成”能力的人才，专业型人才此时会面临严峻挑战。同样，在“碎片化”的市场环境中，谁能把有不同“天赋”的人才“集成”在一起，谁就能拥有强大的创造力，正因如此，“创新”才成了新商业时代竞争活动的主旋律。但是，“集成”人才之前，企业要能够获得这些人才，而这恰恰是企业转型面临的最大挑战。因此，人才培养在企业转型中显得异常重要，而转型阶段的人才管理，就是人才培养。

三、成败在人才培养

进入转型期，企业拥有的战略型人才少之又少，必须自己培养。虽然人才培养越来越受到企业的重视，但是这次人才培养与以往截然不同，主要体现在三个方面。

首先，人才缺口较大，企业需要建立全面的人才培养机制。传统企业的主要任务是将专业型人才培养成精英，满足专业功能的需要，相对简单，而这次则要培养骨干人才，并让他们发挥出创造力，主要满足战略任务的需要，相对复杂。这时，人才培养更具有普遍意义，但没有人才管理机制的保障，就很难获得如此多的人才供应，以往的人才选拔方式根本无法承受如此巨大压力。战略管理强调从战略意图到执行的全过程管理，当“廖化不得不为先锋”时，再精致的战略也得被迫调整，岂有不败之理？因此，人才培养也将成为战略管理的重要组成部分。

其次，人才特征变化明显，企业需要颠覆传统人才培养的思维。一直以来，传统企业只为自己培养人才，因此培养目标有很强的针对性。但是在新商业时代，战略型人才除了自主培养以外，还需要从外部引进，企业只有为社会培养人才，才能获得自己所需要的人才。人才培养开始变得无边界与无差别，开放的组织形态让外部社会机制开始与企业内部机制融合，如果依然狭隘地认为企业培养的人才应该为已所用，那么谁都将无法获得人才。

人才危机并不是针对个别企业的，转型企业需要转变传统人才培养的观念，不要纠结人才的最终归属，只有这样，企业的大门才能始终为人才敞开。企业为社会培养大量的战略型人才，自己再从中受益，这是开放型组织形态的基本要求。

最后，人才的价值具有不确定性，培养人才也是经营人才，人才的资产属性得到体现。人才成为一种“资产”，只有用心经营才能实现它的价值增长预期，否则就会贬值，因此，企业不仅要想尽办法推动人才价值创造能力的提升，又要尽可能地为人才提供更多的成长空间。至此，企业已无法核算人才培养的投入与产出比，只能通过资产收益率反映人才的价值。今天，转型企业虽然已经意识到了人才的重要性，但尚未将其放在首位，因为长期以来他们已经习惯了英雄人物发挥作用。但英雄时代迟早会结束，英雄必然要退场，企业将迎来一个崭新的人才时代，届时，人才将获得新的定位。

当人们把转型的第一责任人指向企业时，应该清醒地看到，人才若不转型，企业就无法实现转型，这是一个基本逻辑。人才转型是每个人的责任，每个人都是第一责任人，这个阶段的所有管理活动其实都是在推动人才转型，只有人才转型成功，企业转型才能顺利实现。当所有人都意识到了这一点，企业转型就将水到渠成。

四、实施人力资源轻资产战略

如果企业发展不堪重负，就必然要轻装上阵。那么既然“人”是资产，就要采取轻资产战略，这是迈向新商业时代的必然要求，今天，很多企业已经走到了这一步。

所谓轻资产战略，是指抓住自己的核心业务，将非核心业务剥离或外包。轻资产运营是以价值为驱动的经营策略，即用有限的资产，获取最大的效益，这是所有企业追求的最高境界。组织的运行系统越复杂，轻资产的优势就越明显。

实施人才轻资产战略有两项重要内容，一是聚焦战略发展、提升人均价值创造效率；二是构建人才市场、加速人才的内部流转。

人力资源轻资产战略主要是指尽快剥离非核心人才，提高单位人才的价值创造效率。被剥离的人才通常是事务型人才，还有一小部分替代性较强的专业型人才，通过外包或临时聘用等方式就可以解决这部分人才的供应与补充。这样，既利用社会资源降低了公司的人工成本，又能对优质资源进行集中配置，很多企业已经开始使用这种方式，未来它的普及度将更高。

实施轻资产战略前，要让人才先成为流动资产。市场机制最大特点是通过竞争实现资源的最佳配置，这种配置是主动的，这是它与计划机制最明显的差异之一。企业的内部人才市场也符合这个规律：让人才在企业内部流动起来，通过人才的流入、流转、流出，实现企业人才的有效配置与资产的有效管理。这不仅能够充分发挥人才的主观能动性，更能有效提高人才的价值创造效率。一旦人才无法流动，就会沉淀下来，成为企业的“重资产”，而“重资产”的管理成本相对较高，价值体现能力则较弱。

企业之间的竞争永远是价值创造能力的竞争，实施人力资源轻资产战略，就是为了推动人才的价值创造能力不断提升，从而提高企业的整体竞争力。

Chapter 8

绩效管理体系变革

绩效与业绩在现实当中经常被混淆，把绩效管理引入误区。“绩效”是指为实现发展目标，企业、各组成单位与个人所表现出的行为与结果，而“业绩”则是指完成任务或作业的成绩。两者之间存在明显区别，主要体现为“业绩”这一概念更强调结果。

那么，何为绩效管理？绩效管理是通过管理活动确保企业、各组成单位及个人的工作行为及成果保持一致的过程，而绩效管理体系则是将公司的战略、资源、业务、行动有机地结合起来后构成的一个完整系统。

绩效管理这一概念是工业 2.0 时代的产物，因此带有明显的精英价值形态特征，比较典型的是绩效管理通常表现为业绩管理。在工业 2.0 时代，资本之所以出让企业经营权，就是因为精英的领导力更符合市场生态要求，资本要想获得理想收益就只能放弃这一权力，而精英团队则需要通过业绩来证明这一改变的正确性。人类进入工业时代只赋予了资本在市场中的合法地位，而精英在企业中的权威地位则必须由资本授予才算合法，因此，向资本交付成绩单就成了精英的价值根基。这是市场经济系统运行原理所决定的，“业绩”这一概念恰如其分地体现了这一点。

最能体现工业 2.0 时代绩效管理特征的是绩效循环，它的理论依据主要是彼得·德鲁克（Peter. F.Drucker）的目标管理以及爱德华兹·戴明（W.Edwards.Deming）的戴明环（PDCA）等研究成果，同时又借鉴了其他管理流派的一些理念。这些理念经过管理咨询公司的完善后，形成了一套系统的方法论，这套方法论也让人们对绩效管理有了基本的了解。进入新商业时代，人力资源管理的形式发生了演变，绩效管理自然也会随之发生改变。

绩效管理是人力资源管理的基本功能之一，当企业开始转型，绩效管理机制也必须及时变革，否则，战略与战略实施的过程就将开始脱节，严重影响企业的价值创造活动，使企业的各种战略设想成为空中楼阁。

第一节

绩效管理的演变规律

绩效管理在本质上是对价值创造活动的管理，让组织成员的价值创造活动有效转化为企业的价值创造活动，在满足客户需求的同时，实现企业发展的目的。绩效管理清楚地阐述出了人的价值创造活动是如何通过一个组织呈现出来的，实现了“利出一孔”的效果，从这一点看，它对任何形式的组织都有非常重要的意义。

只不过在这个过程中，人的价值是分阶段、分层次、分类型逐步得到呈现的。因此，绩效管理也并不是一成不变的，在不同的企业形态中有不同的表现形式，并形成了一种规律性变化，这就是绩效管理的演变规律。

理解绩效管理演变规律，能够有效指导企业内部各项价值创造活动的开展，顺利实现公司战略的贯彻与执行。

一、绩效管理解决什么问题

“组织”和“人”是独立的价值主体，但是人必须借助一个组织呈现其经济行为，这是工业时代的基本市场法则。人之所以会选中一个组织，是因为这个组织能够让他实现价值最大化，而企业之所以选中一个人才，也是因为这个人能够支持它实现价值最大化，两者互为有利条件，因此能够结合在一起。

两者结合在一起后，如何让人才的价值创造活动转化为企业的价值创造活动并实现两者价值最大化，是绩效管理要解决的问题。对于人才而言，不仅要在企业中创造价值，还要体现出价值；对于企业而言，则要管理所有人的价值创造活动，实现“利出一孔”的效果。“利出一孔”时，企业的价值创造效率最高、最具竞争力。可见，无论是对于企业还是个人，绩效管理都是一项重要的管理机制，这是任何一个企业都必须建立的基本管理制度，也是组织管理活动无法回避的课题。

如何实现“利出一孔”？不同的企业形态对此有不同的解答。传统企业通过设置业绩目标，让目标层层分解至每一个“职位”，“人”通过完成“职位”上的业绩指标完成企业期待的目标，企业通过这种方式把个人的价值创造活动转化为企业的价值创造活动，传统管理模式强调“做好本职工作”也是在遵循这一逻辑，而职位管理系统为此提供了有力的支撑。于是如何把业绩目标从公司层传递到每个职位，如何有效衡量每个职位创造的价值，就成了传统绩效管理的重要工作内容之一。这种方式是否是最有效的方式？只能说，在工业 2.0 时代，它的确是一种不错的方式。

绩效管理人为地在人力资源管理领域进行了划分，主要目的是衡量“人”的价值创造成果，以便给付相应的劳动报酬或开展其他相关管理措施。现实中，一些企业会把这一重要功能放到其他部门，但无论放在哪里，它的功能都不会改变。

二、绩效管理中的逻辑命题

从绩效管理的概念中不难发现，绩效管理在“组织”与“人”之间、在战略与执行之间建立了一种联系，因此在绩效管理中还隐含着一种基本逻辑关系——“结果”与“过程”。

“过程”与“结果”之间的关系，既有相互促进，也有相互制约。没有“过程”的“结果”会变得“虚无”：在企业经营管理中，风险与收益的关系可以说明这点，企业在追求收益的同时也承担了风险，在一段时间内企业虽然能够获得较好的收益，但是在这个过程中也积累了相同程度的风险，收益越高风险越高，因为风险是价值的另一种表现形式，无论是内部消化，还是外部转移，风险不会自动消失。如果不能理性地认识“结果”，“过程”的价值就会被弱化，企业在片面追求“结果”时，往往会忽视“过程”的合理性，为了追求“飞跃”式的“结果”，必然会出现“大跃进”式的“过程”，殊不知，欲速则不达，而之所以“不达”，就是因为受到了“过程”的制约，如同在“弯道超车”时也经常出现“弯道翻车”一样。

反之，没有“结果”的“过程”也会失去意义：“结果”是指引“过程”的方向，如果企业过于担心风险、裹足不前，就会丧失发展的机会，将面临被环境淘汰的后果。

这对关系随着工业时代的不断发展、企业形态的不断进化形成了四种最佳绩效管理形式：一是以利润为导向，即用“结果”说明“过程”的正确，这是股东价值形态的绩效管理的表现形式，主要体现为奖惩管理，绩效管理这一概念尚未出现，奖惩仅仅体现出了绩效管理的部分特征，成为人事管理阶段的重要工作内容之一；二是以业绩为导向，即以“结果”为主、“过程”为辅，主要体现为业绩管理，成为专业管理阶段的一项重要功能，为实现业绩目标提供了制度保障；三是以客户为导向，即以“过程”为主、“结果”为辅，主要体现为战略管理，角色绩效成功地把战略与执行贯穿在一起，成为战略管理阶段的重要工作内容之一；四是以价值为导向，即用“过程”说明“结果”的必然，主要体现为人格管理，它充分把每个人的价值创造过程呈现出来，并成为价值创造活动的一个组成部分。虽然四种绩效管理的表现形式不同，但都能够体现绩效管理思想，如表8-1所示，其中业绩管理即指传统绩效管理形式。

表 8-1 四种最佳绩效管理形式

	奖惩管理	业绩管理	战略管理	人格管理
工业时代	工业 1.0 时代	工业 2.0 时代	工业 3.0 时代	工业 4.0 时代
最佳组织形态	股东价值形态	精英价值形态	客户价值形态	利益相关者价值形态
人力资源的管理形式	人事管理阶段	专业管理阶段	战略管理阶段	价值管理阶段
绩效管理的目标	把股东的价值创造力转化为公司的价值创造力	把精英团队的价值创造力转化为公司的价值创造力	把骨干群体的价值创造力转化为公司的价值创造力	把所有利益相关者的价值创造力转化为公司的价值创造力
绩效管理的特征	以利润为导向	以业绩为导向	以客户为导向	以价值为导向
	注重结果	重结果、轻过程	重过程、轻结果	注重过程
主动程度	被动性		主动性	

人们常能听到“用结果说话”“没有任何借口”之类的经营理念，听起来似乎铿锵有力，但它们通常出自低级的组织形态，越是低级的组织形态越会强调价值创造结果，越是高级的组织形态越会强调价值创造过程。一些先进企业已经不再设定公司层面的年度发展目标，但它们依然有良好的绩效表现——结果并非不重要，而是取得结果的逻辑不同，这并不是对错、好坏问题，这种逻辑最终要由组织形态特征决定。

三、绩效管理的演变规律

四种最佳绩效管理形式呈现出一种递进式的规律变化，形成绩效管理的演变规律，如图 8-1 所示。理解绩效管理演变规律有助于企业在转型过程中实施有效的人力资源管理变革。

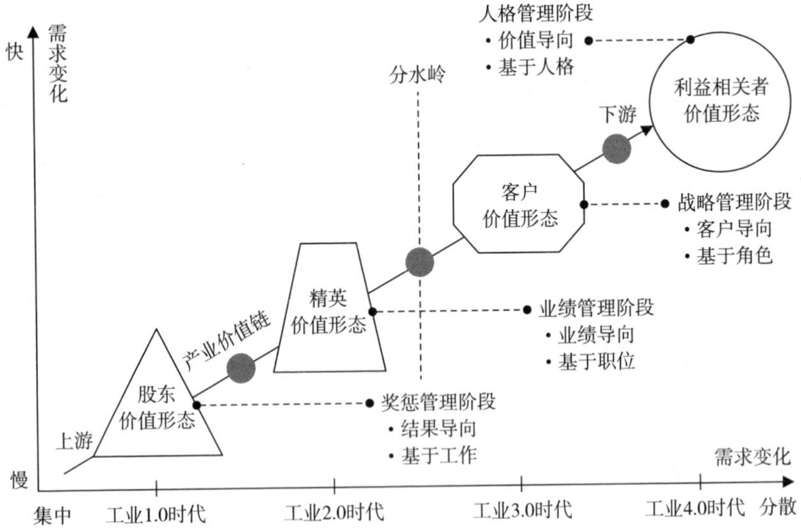

图 8-1　绩效管理的演变规律

股东价值形态中的以利润为导向的绩效管理由于缺乏对过程的思考，事事就事论事，是一种粗放的管理方式，通常以奖惩作为管理手段。这种管理方式虽然对短期绩效会产生明显的效果，却不利于长期绩效的形成，也不利于在企业与员工之间构建良性价值关系，虽然在一些封闭的市场空间或特定的商业竞争环境中能够发挥一定作用，但从市场发展的趋势看，这种只注重短期效果的绩效管理将会逐渐消失，迈向以业绩为导向的绩效管理。

精英价值形态中以业绩为导向的绩效管理的先进之处在于开始注重长期与短期绩效相结合。由于对过程投入了一定的精力，也使得企业管理向精细化迈进了一大步，而 KPI 指标恰恰体现了这一特点，因此，KPI 不仅得以被广泛应用，也成为传统企业的一种最佳配置。传统绩效管理与产品管理的逻辑不谋而合，最终目标是实现产品价值最大化，产能过剩的出现与这种绩效管理有着必然联系。

客户价值形态中以客户为导向的绩效管理的最终目标是实现客户价值最大化，所有的管理活动皆围绕客户需求展开。它要求企业实施集成化、系统化的流程管理，因为只有流程管理才能把客户需求贯彻到业务流程的每一个环节中，由不同的角色完成，因此这也将是一种角色绩效管理。流程管理没有确定的结束时间，完全取决于客户的满意程度，它是战略管理的必要组成部分，与工业 3.0 时代的市场特征相匹配，不仅能满足分散且多变的客户需求，还能让企业战略从“洞见”转化为现实中的每一个步骤。

利益相关者价值形态中以价值为导向的绩效管理关注每个人的价值创造活动，包括他们的价值创造、价值评估以及价值实现，最终目标是体现每个利益相关者的价值最大化。工业 4.0 时代的客户需求是一种独特的需求，这使得价值创造者与客户必须充分融合才能完成价值创造活动，因此，价值创造过程本身就是一种绩效管理。

绩效管理的演变规律生动地演绎了“结果”与“过程”之间的逻辑关系，实现了从“结果”到“过程”的转变，组织管理活动从粗放式的转变为精细化的，组织战略管理从方向转变为每个人的具体行为。

掌握绩效管理的演变规律，有助于理解传统绩效管理的逻辑与特征，在新商业时代到来之际，绩效管理体系的变革将对企业转型起到至关重要的作用。

第二节

传统绩效管理的逻辑与利弊

绩效管理本是一项战略实现工具，但很多时候却变成了考核员工业绩的工具，变成业绩管理——这是精英价值形态特征决定的。精英要想拿出漂亮的成绩单，就必须借助组织的力量，因此会把所有业绩目标分解到每一个岗位上，确保业绩的有效完成。

传统绩效管理系统有其自身的逻辑，绩效循环就是这套逻辑的表现形式，但存在明显的缺陷。以业绩为导向的绩效管理的目的并不是创造价值，很容易让绩效管理偏离基本方向，事实上也确实如此：所有绩效管理都服务于业绩目标，至于创造了多少价值反而变得不重要，漂亮的业绩数字背后没有反映出价值含量，有时甚至出现两者背离的情况——一些企业明明业绩不错，却“突然死亡”的现象就能说明这一点。

人力资源部在业绩管理中扮演了重要的角色：它负责自上而下的绩效目标分解，以及自下而上的考核结果收集，目的是保障精英的业绩顺利完成，当业绩压力越大时，考核自然越严格，反之亦然，而对职业经理人进行绩效考核并不属于人力资源部。

但必须承认，相对于人事管理阶段的奖惩而言，传统绩效管理已向前迈进了一大步：从目标、方向到可以执行的实施策略，管理变得有规可循，而人事管理阶段战略目标的实现靠的往往是“能人”的主观意识和经验习惯。

一、战略实现的传统路径

在精英价值形态下，企业规模越大，层级越多，每一级承载上一级的业绩目标分解，最终，业绩被分解到所有职位上，然后层层汇总，实现年初设定的公司业绩目标，这条战略实现路径非常清晰，从上至下，形成了传统绩效管理的基本逻辑，如图 8-2 所示。

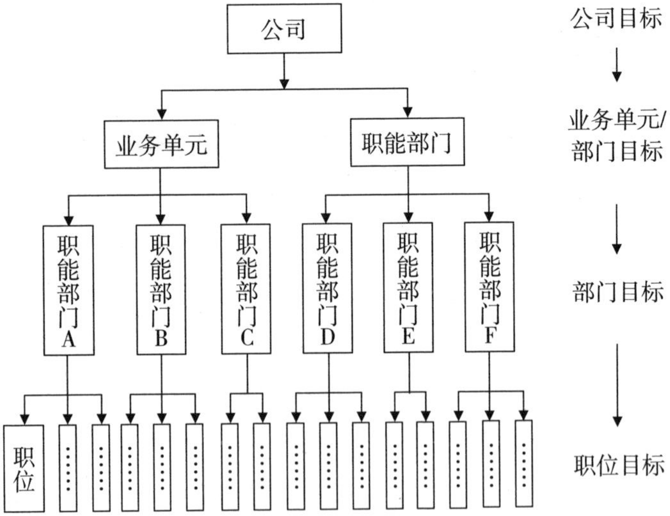

图 8-2　传统战略实现路径

精英价值形态的管理模式是“三支柱模型”。在这样的组织系统中，假设战略规划既定，那么要想完成业绩目标就需要具备两个基本条件，一是职位设置科学——职位能够承载所有的战略意图，所有工作能够无缝对接，便于业绩目标层层分解；二是人岗匹配——每个人都能胜任岗位要求，便于业绩目标的达成。如果这两个条件都能满足，组织就会像机器一样高速运行。但很可惜，这只是一种理想状态，战略在执行过程中存在天然的断层，即便不考虑人的因素，职位设置也无法准确承载被分解的业绩目标。通常，企业的业绩目标分解到部门层面比较容易，但是越向下，分解难度越大，这说明越往执行层面走，业绩管理与战略的脱节越明显，因此企业时常会预留一些临时性的待定指标，用来弥补这一传统战略设计上的缺陷。按照这个逻辑，传统企业的绩效管理重心其实是在部门或二级机构，这些部门被用来承载各精英的价值实现。

如果将战略的不确定性考虑进去，问题就会变得更复杂，最终只能靠人来解决，即让各级管理人员填补这一逻辑上的漏洞，使业绩管理顺利推行下去。这就使得传统绩效管理重结果而轻过程，只能用业绩结果说明过程的合理性。市场利好时，这一缺陷还能被掩盖住，一旦市场形势开始扭转，问题就会接二连三地暴露出来。

这一问题本身无解，但还必须让人们做些什么，于是就出现了定岗定编。这是人力资源管理的基础性工作，甚至在定岗定编的基础上又弄出了“四定”“五定”之类，也都是希望能够理顺这一逻辑，让企业顺畅地运行起来，可惜无论用什么方法都无法做到。这种情况在转型企业中非常普遍：想“定”的东西越多，越是什么也“定”不下来，根源就在于客户需求发生了根本性变化，传统企业中的任何设计也必须进行相应的改变。

二、绩效管理变成了绩效考核

在传统企业中，把绩效管理做成绩效考核其实是一种正常现象，原因有二，一是绩效管理缺乏依据，二是绩效管理与战略的关联较弱。

如果把企业、部门和职位三者的关系看成“葡萄串”，一个组织就是一整串葡萄，每个人则是一颗颗葡萄，要想拿起整串葡萄，就要抓住葡萄串的“根”，否则所有葡萄都有可能被扯落。绩效管理系统就如同这串葡萄，公司绩效如同这串葡萄的“根”，部门绩效如同“分枝”，职位绩效如同“葡萄”。因此，绩效管理一旦缺少了公司的绩效成绩这个“根”，部门绩效与职位绩效就都将散落。为了避免这个结局，公司就要有一个绩效成绩，这也是精英团队价值体现的依据，即使这个成绩有“水分”，也需要这样一个成绩。在现实中，通常“水分”较大，但是部门绩效都比较实在。

“绩效管理”是一个过程，而“考核”仅仅是其中一个环节，但如果没有公司绩效成绩，也就没有了实施绩效管理的依据，管理活动就都将集中在“考核”这个环节上，变成了为考核而考核，我们把传统企业中的绩效管理称为业绩管理，很大一部分原因也在于此，考核是业绩管理最突出的特点。

以上属于可以避免的问题，但还有避免不了的问题。传统企业的战略设计与实施之间存在断层，因此“分枝”与“根”的关联并不强：大多数职位绩效对战略实现的作用非常有限。当然，这难不倒传统企业，通过强制分布与绩效加权把两者强扭在一起，它们不仅让“葡萄”变成了“葡萄串”，还让绩效考核堂而皇之地取代了绩效管理。

强制分布解决的是“葡萄”“分枝”与“根”的连接有效性问题：所有部门与职位的绩效成绩布局将通过强制分布获得，从而避免绩效成绩的随意与无序，“强制”让这种不可比变得可比。绩效加权解决的是“葡萄”与“根”的连接合理性问题：所有的“葡萄”将通过绩效加权实现与“根”的连接。“权”有合理性的含义，“加权”即想办法把所有“葡萄”“分枝”合理地嫁接在“根”上。有了强制分布与绩效加权，就可以通过调节公司考核结果，影响所有部门、所有职位的考核结果，虽然没有达到“利出一孔”的效果，却做到了“牵一发而动全身”，让绩效考核自成一个系统。

由于传统战略设计逻辑存在缺陷，管理问题最终只能通过业绩来解释：业绩好则问题少，业绩差则问题多，这也把传统企业一步一步推向泥潭。

即便绩效管理被做成了绩效考核，对传统企业而言，它依然有一定的价值，这种价值主要体现为维护精英团队的权威、便于精英团队领导力的发挥。其实，由精英分管的各部门的绩效才是业绩管理中最重要的部分，也就是说，专业管理阶段的绩效管理目标，其实是把精英的价值创造能力转化为企业的价值创造能力。

三、KPI 其实是最佳考核方式

提到考核就会想到 KPI（关键业绩指标），它被广泛用于传统企业：公司发展目标由关键业绩指标承载，完成这些关键指标就能完成业绩目标，这是 KPI 考核的背后逻辑。但问题也出在“关键”二字上：战略本身具有不确定性，一旦找到了影响战略的“关键”所在，战略就失去了不确定性。因此，KPI 考核只适用于市场稳定、客户需求变化不大的环境，因为这个时候，企业战略规划还能够被清晰地呈现。

对于传统企业而言，KPI 是最佳考核方式：由于战略与执行之间存在断层，实施过程中存在一些模糊区域，但只需要完成关键业绩指标，就能完成大部分的业绩目标。设计这个过程并不需要考虑太多的逻辑问题：最初设计 KPI 时，还需要借助鱼骨图、价值树等工具建立逻辑关系，后来连这些都省了，直接靠经验进行判断，可见这是一种比较简单、直接的考核方式，而且操作起来相对容易，管理人员经过一些培训就能设计出来。唯一的难点是 KPI 的评价标准：这些评价标准来自公司的管理制度，如果制度缺失则无法形成标准，即便 KPI 表面看起来“漂亮”，也根本无法进行考核——一些企业就是在进行考核时，查出了很多制度上存在的漏洞，这也算是意外收获。

KPI 是工业 2.0 时代的最佳考核方式，传统企业只要进行考核，就一定会以 KPI 的形式落实下去——时下流行的 OKR，一旦被用于绩效考核，也必然演变为 KPI，这是传统战略的实施路径决定的。

进入新商业时代，KPI 出现了问题，市场的不确定性使“关键”影响因素越来越多，而这让“关键”失去了意义。考核结果不理想时，部门和员工之间就会相互指责，最终，矛头指向了 KPI 的合理性。

与 KPI 相匹配的评估方式只能是从上至下的直线经理考核，尽管有些企业引入了 360 度评估法，但显然有些不合时宜，徒增了考核成本，原因就在于，在传统企业垂直管理模式以及“分工”与“协作”的模式下，无论怎么操作，效果都很有限。360 度评估法不是给传统绩效考核准备的，这一评估方式最早出现在西方企业从传统企业迈向新组织的过程中，彼时，那些企业的形态已经发生了很大的变化。

第三节

绩效循环对中国企业的误导

对于传统企业而言，谈到绩效管理体系就会想到绩效循环：绩效计划、绩效辅导、绩效考核、绩效反馈，每一个循环结束，就表示一次绩效管理活动完成，同时开始下一个循环，如图 8-3 所示。依据这一循环构建起来的管理系统就是绩效管理体系，它把绩效管理理念转化为一套系统的方法论，这套方法论也成了绩效管理的标志。

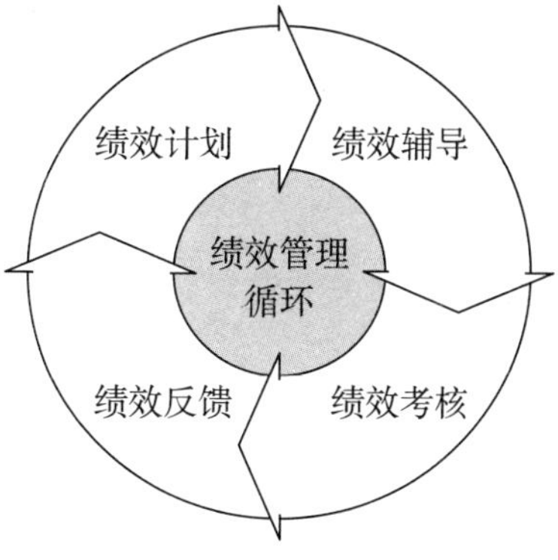

图 8-3 绩效管理循环

绩效循环有效体现了管理活动的过程、提升了组织的整体管理水平、结束了用结果说话的粗放式管理、让奖惩有了合理依据与完善的流程，这是职能分工带来的专业化水平提高的结果，对传统企业的发展起到了重要作用，但是进入新商业时代，绩效循环的问题便开始显露，需要我们跳出这一思维框架，重新思考。

一、没有揭示绩效管理的本质

绩效管理是对价值创造活动的管理，让人的价值创造活动能够有效转化为企业的价值创造活动，在满足客户需求的同时，实现企业发展的目的。

这里有一个概念看似平常，却非常重要，即“何谓价值？”通俗地讲，价值是价值主体对客体表现出的有用性。从概念中不难发现，价值以有用性衡量，有用性决定了价值的高低，价值从来都是由客体决定的，因此从价值主体角度进行的评价，一般不能真实反映这一主体创造的价值。四种不同绩效管理形式分别体现出四种价值诉求，如表 8-2 所示，这也直接影响到它们对应的绩效指标特点及评价方式。

表 8-2　不同绩效管理形式体现的价值诉求

	奖惩管理	业绩管理	战略管理	人格管理
人力资源管理形式	人事管理	专业管理	战略管理	价值管理
企业发展阶段	初建期	发展期	成熟期	衰退期

续表

	奖惩管理	业绩管理	战略管理	人格管理
价值诉求	更好地生存	发展壮大	让客户满意	实现价值
绩效导向	以利润为导向	以业绩为导向	以客户为导向	以价值为导向
指标特点	财务指标	业绩指标	满意度指标	价值指标
价值主体	股东	精英、股东	客户、员工、精英、股东	所有利益相关者
评价方式	以自我评价为主		以外部评价为主	

用业绩目标代表企业所创造价值的方式只适合精英价值形态的企业，通常体现在所有指标中，其中财务指标占据了重要地位，其他的都只能算是一种点缀。而恰恰是这些“点缀”，让业绩管理体现了其他价值主体的诉求，让它和股东价值形态当中的奖惩管理有所不同。财务指标所占的权重大，就说明企业是在为自身的生存与发展进行价值创造，此时的绩效必然是一种自我价值评估，体现企业对价值的认定标准。如果企业是为客户创造价值，绩效就必然是一种外部评价，体现外部主体对价值的认定标准。组织形态越高级，越以外部评价为主、财务指标所占的比重越小。显然，很多管理者还没有意识到这些指标代表的价值诉求，认为财务指标占较大权重是理所应当的事。

后来，罗伯特·卡普兰（Robert. S. Kaplan）推出了平衡记分卡（Balanced Scorecard，简称 BSC），希望人们看到可以影响企业战略发展的因素并不唯一，这些因素来自财务、客户、内部运营、学习与成长四个方面，分别代表着股东、客户、精英、员工等价值主体的诉求。它之所以受到非盈利性组织的青睐，也是因为它突出了多元价值主体的地位，符合这些非盈利性组织的特点：这些非盈利性组织所处的外部环境相对稳定，更容易让平衡记分卡体现效果，而它对企业之类的经济性组织的效果其实一般，因为它依然没有解决传统战略实现路径的缺陷。进入新商业时代，虽然“战略地图”中的“地图”还能画出来，但和“战略”关系已经不大了。

人们从绩效循环中看不到其他价值主体的诉求，因为从绩效计划开始，整个绩效管理系统就已经开始为业绩目标服务了，企业从上到下的眼睛都盯着业绩目标，所有的工作围绕目标展开，因为只有完成业绩才能证明自己的价值，至于到底创造了多少价值，已经不重要了。

随着企业形态不断进化，外部主体的评价将越来越重要，指标权重的占比也将越来越大。这更能体现“价值”的基本内涵，客户满意度评价将是客户价值形态中的绩效指标形式就说明了这一点：既然是为客户创造价值，就要由客户评估价值。

二、以业绩论英雄

传统绩效管理以业绩为导向，业绩目标中包含着精英团队的价值诉求，较股东价值形态而言有了明显进步：“用结果说话”变成了“用业绩说话”。一定程度上开始关注实现过程了，这也使组织的管理水平有了明显提升，人力资源管理也从人事管理阶段迈入专业管理阶段。

一旦业绩成为企业中衡量价值的核心内容，以业绩论英雄的格局就会形成，而英雄人物通常更容易得到传统组织的关爱，也更容易获得公司的优势资源，马太效应开始显露，这种格局一旦形成，很难改变。

当业绩成为公司的价值趋向时，问题也接踵而来。例如，很多人为了完成业绩、尽快成为英雄，掩盖了一些潜在风险。这如同埋下了一颗颗“雷”，何时炸、如何炸都不是他们眼下要考虑的问题，先当回英雄过把瘾；业绩目标本身代表一种预期，有一定的不确定性，然而很多公司每次都会超额完成目标，因为它们从不制定完不成的业绩目标，年度总结皆大欢喜；为了应付不断攀升的业绩目标，甚至有人选择隐藏一部分真实业绩，以便明年获得一个更好的成绩……在现实中，这些“对策”不胜枚举，而以业绩论英雄就是这样一种结果，企业在获得业绩的同时，也得到了这些，但业绩与价值之间却产生了明显的偏差。

精英价值形态的业绩评估是一种自我评价，体现了股东、精英的价值标准，与市场、客户对企业的价值标准并不完全一样，有时甚至存在严重偏离。这种自我评价会掩盖很多问题，让企业不断走向固步自封、自以为是，当市场发生剧变时，才发现掌握价值评价权的原来是客户，客户不认可，业绩再“漂亮”都无济于事。中国企业产能过剩的问题几乎涵盖了所有行业，市场中充斥着大量的同质化产品，它们代表着企业的业绩，却并不符合客户的评价标准。也就是说，过去几年，传统企业所做的战略设计几乎全军覆没。

三、索尼“兵败”绩效主义

传统绩效管理在逻辑上存在一些缺陷，而这些缺陷在现实中的表现形式千差万别。一直以来，对绩效考核的争论不绝于耳，最有名的莫过于“绩效主义‘毁了’索尼”之说，让很多人对绩效管理心有余悸。

绩效管理真有这么大的杀伤力？把一个曾经的世界500强“干掉”了？果真如此，为何企业还要前仆后继地建立绩效管理体系？这岂非自寻死路？显然，我们需要辩证地看这个现象。在索尼当年的辉煌中，绩效管理必然立下过汗马功劳，否则就不会被奉为一种“主义”，然而一旦成为“主义”，组织管理活动就会以业绩为导向，认为业绩管理能够解决一切问题，但结果却事与愿违，显赫一时的索尼帝国最终“兵败绩效主义”。其实，这不是索尼一个企业的问题，只要按照绩效循环操作，传统企业都将走上这条路。

作为一种管理理念，绩效管理思想本身不会改变，而如果这种思想本身并没有问题的话，问题就出现在索尼和业绩管理形式上。在索尼不断发展壮大的过程中，业绩管理的作用从开始的推动，逐渐演变为阻碍。是什么引起了这种变化？影响因素主要来自两方面：一是企业规模不断增大，二是市场需求发生剧变，这是所有传统企业进入工业3.0时代后必然要面对的事情，而这种客观事实，使绩效循环出现了问题：索尼就是在市场已经发生巨变时，忽视市场需求的变化，依然沿着绩效循环设定的轨迹前行，于是业绩与价值渐行渐远，企业走向衰退。

现在可以总结一下索尼“兵败绩效主义”的“四部曲”了：第一部曲，业绩管理推动索尼发展；第二部曲，索尼把业绩管理推向神坛；第三部曲，市场发生剧变；第四部曲，索尼坚守业绩管理阵地。这其实是传统企业在工业2.0时代实施业绩管理的一般规律。很可惜，索尼的案例并没有给中国企业带来多少警示，如今，相当一部分企业已进入第四部曲，无论如何强调业绩考核的重要性，结果都并没有多少改变。

也许有人认为，通过业绩奖励让员工“心往一处想，劲往一处使”就能改变现在的处境，但显然已没有这种可能。未来的商业世界是创造力的世界，市场环境的不确定性以及新事物的复杂程度将大幅提升，这要求绩效管理必须围绕客户需求特征及人的创造力展开，而不是业绩目标，所有的业绩都将回归“价值”。

第四节

新战略路径下的绩效管理

在传统战略实现路径下，战略与执行之间存在断层与割裂，造成了绩效管理的“硬伤”，这是内部“分工”与“协作”的结果。一旦市场变化加快，“硬伤”的问题就会集中爆发，弱化绩效管理效果。针对这种问题，传统企业并无有效解决方案，只有改变企业形态才能克服“硬伤”。传统企业的“转型”本质上也是“转形”：在“转形”过程中逐渐改变“分工”与“协作”，形成一种系统化、集成化的价值创造方式。这种变化将促使第二条战略实现路径形成，绩效管理体系也将基于这条新的战略实现路径设计，它的表现形式与业绩管理也存在明显不同。

当人力资源进入战略管理阶段，绩效管理就必然会体现出长期性、全局性、动态性等战略属性，从原来的重结果、轻过程转变为重过程、轻结果，绩效管理将覆盖从战略设想到实现的整个过程。这是一种全流程式的绩效管理，与集成化、系统化的流程管理方式相匹配，由外部客户进行绩效评价。

一、第二条战略实现路径

20 世纪 80 年代后，西方企业从精英价值形态全面向客户价值形态转变。外部市场的不确定性让公司的战略规划很难被“设计”出来，战略被迫转变成一种“设想”，而“洞见”成了“设想”的核心，意为“清楚地看到企业未来”，至于如何实现，则是组织的任务。这让组织建设成为企业在新商业时代中最重要的一项工作，组织越强大，越容易实现战略设想——强大不是指规模大，而是指组织具有强大的创造力，并且灵活开放。规模可大可小的、能够“变形”的组织，才符合工业 3.0 时代的市场要求。

客户价值形态管理模式是建立在流程型结构、角色管理基础与流程管理方式之上的，与精英价值形态相比，它的战略实现路径发生了改变：战略目标可以沿着业务流程进行传导，然后再传导到每个角色，这是战略实现的又一条路径，如图 8-4 所示。绩效目标也将沿着这条战略路径分解为公司、流程（团队）、角色三个层面，规模大的企业由于业务流程层次更多，可以将目标分解得更细。与传统战略实现路径相比，这是一条横向的路径。进入客户价值形态后，部门消失，团队成为最基本的价值单元，业务流程由不同的团队承载，流程层次越多，团队的类型越多。战略实施由原来的“分工”与“协作”的方式，转变为集成化与系统化的方式，这一转变让战略设想与外部市场建立起必然联系，客户需求能够沿着业务流程传导到整个组织，战略的实施策略也能够随着客户需求的变化进行及时的调整，绩效管理体系将以这条战略实现路径进行设计。

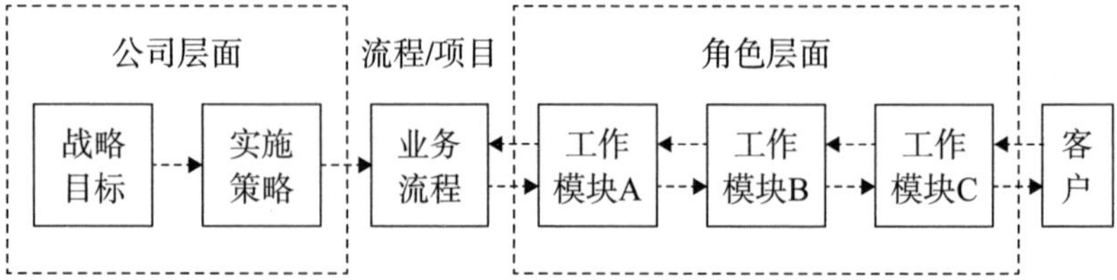

图 8-4 战略实现的第二条路径

这种变化让绩效管理开始关注过程，管理活动的重心开始转移到战略的实施与执行层面。面对客户需求频繁变化的市场、面对充满不确定性风险的市场，要想实现战略目标，除了依靠员工的创造力以外，没有其他路径。因此，战略管理阶段的绩效管理目标是通过调动员工的主观能动性充分发挥员工的创造力，并将它们转化为企业的创造力，把所有的战略设想变为现实。

二、绩效管理从分解到集成

一旦绩效管理活动开始重过程、轻结果，管理重心开始下移，公司层面绩效目标的重要性就开始弱化：业绩管理强调绩效目标自上而下的纵向分解，而战略管理则强调绩效目标的横向集成，因此严格意义上说不再是“分解”，这一过程与人力资源管理功能的演变逻辑完全一致，如表 8-3 所示。

表 8-3 不同绩效管理的重心对比

	奖惩管理	绩效管理	角色管理	人格管理
人力资源管理方式	人事管理	专业管理	战略管理	价值管理

续表

	奖惩管理	绩效管理	角色管理	人格管理
绩效管理重心 价值单元	公司	部门	团队	个人
目标承载方式	纵向分解		横向集成	
绩效评价形式	自下而上的（直线经理）考核		内外部主体（360 度）评估	
目标分解方式	演绎法		归纳法	
组织形态特点	低级组织形态		高级组织形态	

绩效管理是指通过管理使企业、内部组成单位、个人的价值创造活动保持一致。在这个概念中，并没有明确要以什么方式实现“一致”，于是低级组织形态通过“演绎法”实现了这个过程，因为战略可以进行设计，绩效目标可以从上至下进行分解，直接上级可以进行考核，“考核”一词也充分体现出了垂直管理关系的特点。股东价值形态的绩效目标由老板直接确定，绩效管理活动的重心在整个公司，个人绩效并不重要；而精英价值形态的绩效目标则由股东与精英团队协商确定，绩效管理活动的重心在部门（或二级机构），部门绩效完成则公司绩效无忧。此时，演绎法的优势较为明显，而这与集权型、封闭式、静态化的组织形态特征相匹配。

高级组织形态则选择采取“归纳法”实现这个过程，因为战略很难设计或者无须设计，绩效目标将在业务流程上进行集成，一般由相关主体（客户）进行评估，“评估”一词也充分体现出了横向管理关系的特点。客户价值形态的绩效目标由股东、精英与团队共同协商确定，绩效管理活动的重心在团队，团队绩效完成则公司绩效无忧；而利益相关者价值形态的绩效目标则由利益相关者共同确定，绩效管理活动的重心在每个人，公司绩效已经不再重要。此时，归纳法的优势较为明显，而这与分权型、开放式、动态化的组织形态特征相匹配。

两种方法都可以实现组织、内部组成单位、个人绩效的“一致”，关键在于哪种方法更适合市场要求。对今天的中国企业而言，绩效管理即将从演绎法向归纳法转变，公司绩效目标对绩效管理系统的影响将持续减弱，而团队的绩效目标对绩效管理系统的影响将越来越明显，管理的重心将向团队转变。

三、基于满意度的角色绩效

传统的绩效目标分解一般遵循三层面原则，即公司绩效、部门绩效、职位绩效，这是因为它的管理系统建立在“职位”的基础上，“职位”支撑着传统绩效管理的实施。在第二条战略实现路径下，业务流程把公司、团队、角色联系在一起，也可以分为三个层次，即公司绩效、团队绩效、角色绩效，这时，管理系统建立在“角色”的基础上，由于个人在团队中扮演着不同的角色，团队在业务流程上也扮演着不同的角色，因此这种绩效管理也可以称为角色绩效。

角色绩效采取的是一种客户满意度指标体系，既包括内部客户需求，又包括外部客户需求，是广义客户需求的概念。将各团队承载的客户满意度指标集成之后，公司绩效形成，各团队承载的客户满意度指标分解之后，又形成了团队内各角色的绩效，如图 8-5 所示。这里的“团队”是前面提到过的运行相对独立、能够自负盈亏的价值单元，规模可大可小，与传统企业中的“团队”有着本质区别。

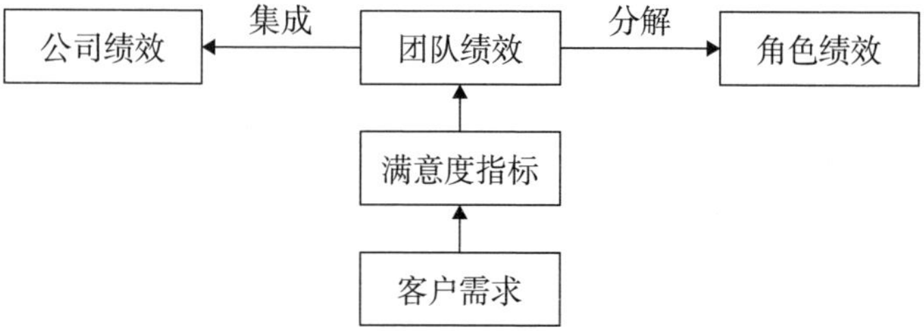

图 8-5 角色绩效管理示意图

当战略规划无法“设计”出来时，公司绩效目标就会变得越来越“虚”，而团队与客户需求直接对接，团队绩效目标会变得越来越“实”。因此，团队绩效将成为绩效管理的重心，完成团队的绩效目标就能够接近公司的战略设想。这是一种横向集成，但并未完全集成，团队内部的角色绩效目标依然需要进行分解。而到了利益相关者价值形态时，团队绩效目标也将变得不重要，它将被个人的绩效目标所取代，那将是一种完全的集成，而且是即时集成。

满意度指标的内容是从客户需求的角度进行设计的，体现客户对企业的基本要求。这些要求将呈现在团队的绩效目标当中，通常是一个底线值，以底线值为标准，再分解到团队中的每一个角色，比如可以要求每个成员设定具有挑战性的角色绩效目标，这也是谷歌实施的 OKR 的背后逻辑。因此，如果仅从绩效评估的视角看，OKR 其实是一种客户满意度评估的形式。

从角色绩效管理的特点可以看出，但凡发生价值交换关系的角色都将参与对某个角色的绩效评估，因此角色绩效将采取 360 度评价法——只有这样，才能把每一个角色的价值体现出来。

第五节

项目管理也是绩效管理

前面介绍过，精英价值形态采取的是产品管理方式，客户价值形态采取的是流程管理方式，而项目管理则兼有产品管理和流程管理两种方式的特征。项目管理将成为转型企业的基本管理方式，企业的所有管理机制都将与项目管理系统进行融合。

项目管理是一种集成业务管理方式，除了要集成业务流程上的功能环节，还要集成其他各项管理功能，包括人力资源管理功能和绩效管理功能。

项目管理是流程革命不彻底的产物，集成业务管理尚未覆盖全流程，但它依然能够把部分价值创造环节集成在一起。它与传统价值创造方式相比已经有了明显区别，使企业形态发生改变，企业的管理模式也从纵向向横向转变。

项目管理是转型企业的最佳绩效管理形式，做项目管理，其实也是在做绩效管理。

在新组织的绩效管理系统中，笔者将用“评价 / 估”取代“考核”，以体现平等、对等的价值关系。

一、项目管理也是绩效管理

所谓项目管理，就是运用系统的观点、方法和理论，对项目涉及的全部工作进行有效管理。从概念中可以知道，项目管理不是产品管理，它集成了诸多功能的管理活动，只不过没有覆盖全流程而已。由于没有覆盖全流程，项目管理只能兼顾产品价值与客户价值，而无法完全做到“以客户价值为导向”，始终需要平衡产品价值与客户价值对公司的影响。

无论项目管理集成了多少功能，其中都存在着一个完整的价值创造链条，即价值创造、价值评估、价值分配。

从项目启动开始，绩效管理与项目管理即已融合，项目计划中包含了绩效目标与绩效指标，项目实施与控制的过程也是绩效管理的过程，项目收尾并不是项目管理的结束，而只是价值创造阶段的结束。在价值评估阶段还需要进行项目（团队）评价、客户评价、角色评价——其中项目评价、客户评价从两个维度对项目进行评估，一个是公司视角，另一个是客户视角，体现了企业价值与客户价值的平衡关系，从而得到项目绩效成绩，而角色评价则是项目团队内部对各角色进行的评价，通过角色评价得到角色绩效成绩，于是价值评估完成了绩效评估工作。到了价值分配阶段，依据价值评估阶段取得的绩效成绩，分别对项目团队以及项目团队内部的角色进行奖励，这实际上是对绩效结果的运用，如图 8-6 所示。

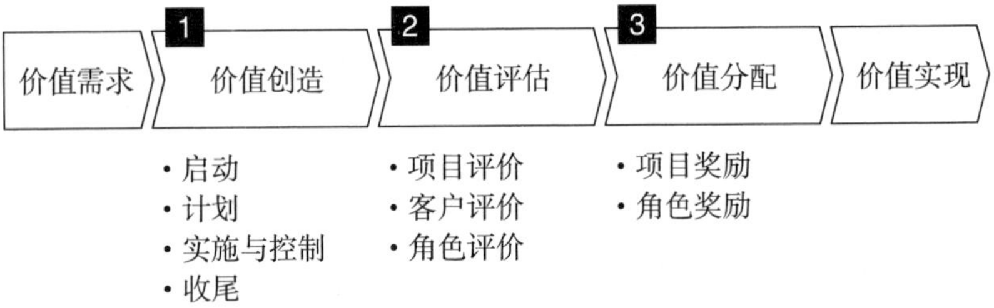

图 8-6 项目管理活动示意图

项目管理活动的三个环节与绩效管理流程合二为一，因此，项目管理也是绩效管理。

在一个完整的业务流程中，能够使用集成化、系统化管理的部分将采用第二条战略实现路径，而不能使用的部分则将采用第一条战略实现路径。在企业转型阶段，两条战略实现路径同时存在，并有“职位”与“角色”两种管理基础作支撑。随着项目管理的覆盖率不断提高，第二条战略实现路径会逐渐取代第一条战略实现路径，角色管理基础将取代职位管理基础，项目管理也变成了流程管理。这时，流程管理就是一种绩效管理，因为流程管理的集成更加彻底，绩效管理思想完全贯穿于流程管理活动中。

此时，项目管理不仅是绩效管理，还履行了招聘管理、薪酬管理、培训管理等人力资源管理的功能，至于具体集成哪些功能，取决于客户的需求，企业将依据这些需求进行项目设计。

二、项目（团队）如何进行评估？

由于项目管理兼顾了产品价值与客户价值，就需要在两者之间进行平衡，因此项目团队的绩效指标一般体现在两方面：一是企业的价值诉求，其中项目损益、项目质量、项目进度、风险控制以及团队管理等是主要评价内容；二是客户的价值诉求，主要体现在客户满意度指标的设计上。

项目评价体现出了业务流程端到端的两个方面：一是企业端对业务活动的评估，由项目管理委员会实施；二是客户端对业务活动的评估，由客户管理委员会实施。这两个评价结果的加权平均值就是最终的项目评价结果。如果任何一方的价值诉求体现得过于明显，可以通过调整权重进行调节，以体现两者之间的平衡关系。在转型初期，企业的价值诉求通常会更明显一些，因此这一端的评价权重较大，而在转型后期，客户的价值诉求通常会更明显一些，因此这一端的评价权重较大，这种平衡关系会一直贯穿在企业转型过程中，直到转型结束。

传统企业在实施业绩管理时，公司绩效由董事会专业委员会进行考核，部门（各功能单元）绩效由绩效管理委员会（精英团队）进行考核，职位绩效由部门负责人进行考核，人力资源部负责组织实施。企业进入转型阶段后，出现了一些新的变化，公司的绩效考核权依然在董事会，但是由于出现了两种战略目标实现路径，对于项目的评价此时由项目管理委员会与客户管理委员会共同进行，而对团队成员（角色）的评估则由项目负责人以及团队中的其他角色共同进行。

项目管理委员会与客户管理委员会是企业在转型阶段设立的管理机构，属于由精英团队组建的常规机构，也是业务管理的两个重要机构。它们的主要工作内容是对各项业务活动进行有效管理，使转型过程中的业务管理更符合市场变化的需要、承载战略实施的重要工作。

对于企业而言，客户管理委员会的出现具有重大历史意义：这是第一次将外部主体的价值诉求落实在企业的管理活动中，客户第一次真正走进了企业，象征着企业开始从封闭型组织转变为开放型组织。转型初期，项目管理委员会的作用体现得比较明显，到了转型后期，客户管理委员会的作用体现得比较明显。

三、如何评价团队角色？

传统企业通过职位绩效体现“人”的绩效，因此，严格来说，它并没有考核到“人”，“人”的绩效表现被完全禁锢在职位要求上——超出职位要求的绩效，无论对企业的发展是否有利，企业都无法给出合理评价。“做好本职工作”是职位绩效的最典型特征。所以创新活动除了精英团队，与其他人并没有什么关系。这个问题对传统企业的发展产生了重要影响。

转型阶段的绩效管理在一定程度上解决了这一问题，因为它在业务单元中建立了角色管理基础。由于角色是“人”与“工作”的统一体，当客户需求变化时，工作内容也将随之发生变化，因此无法再依据具体职责进行评估，而要依据角色的行为表现进行评估。这就是角色绩效与职位绩效的最大区别：角色绩效评估到了“人”。

每个项目背后都是某个具体的客户需求，项目团队必须依据客户需求的特点进行组建，再由项目负责人结合业务发展的要求和客户需求设计出不同角色。这些不同的角色共同构成一个项目团队，因此每个角色的设定都与客户需求有关，每个角色都有其存在的必要价值。同一个人在不同项目中可以扮演不同的角色，当然，绩效要求也会有所差异，这种差异源于客户需求的不同。“以客户为导向”在项目管理中将得到明确体现，同时也将极大地提高组织管理的灵活性。

客户需求不断变化，意味着项目团队需要经常创新，这也将在项目管理中得到反映。角色管理鼓励团队中的所有角色进行创新，没有了“职位”的束缚，工作的空间更加广阔，而角色的行为表现才是团队管理的重点，至于角色具体要做哪些工作，决定权已经交给了项目团队与客户。从这个意义上说，角色绩效解放了“人”的创造力，自管理的特征由此产生，自管理组织系统的构建也由此开始。

项目管理采取项目负责人制，对团队角色的绩效评估也由项目负责人组织实施。角色绩效评估通常由两部分构成：一部分是项目负责人的评估结果，另一部分是团队其他角色的评估结果，两个评估结果的加权平均值即为角色的绩效成绩，最终与角色的绩效奖励挂钩。此时的团队建设强调角色之间的互补，便于集成，每个角色都将与其他角色的工作产生交集，因此必然要采取 360 度评估法，如图 8-7 所示。

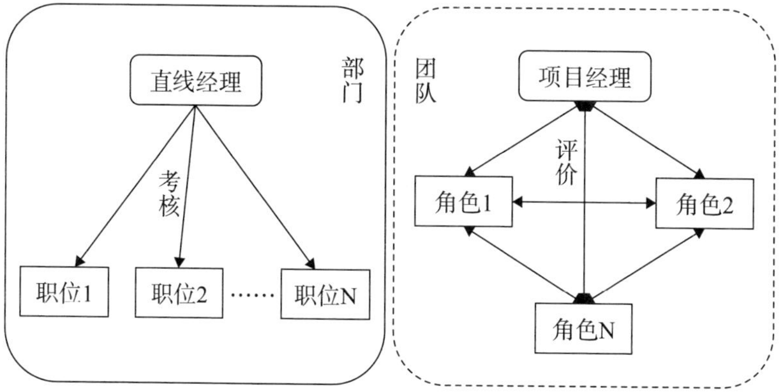

图 8-7　角色绩效与职位绩效的绩效评估特点

基于项目的绩效管理需要平衡产品价值和客户价值，这是转型阶段所有管理活动的特色，但是随着企业转型的不断深入，客户的价值诉求将在价值创造活动中体现得越来越明显，绩效管理也将向前更进一步，于是一种新的战略实现方法出现了——OKR。

第六节

OKR 第一次把“创新”写进制度

OKR 的出现并非偶然，而是企业进化的必然结果。1999 年，英特尔发明了这种方法，后来被推广到谷歌、脸书、甲骨文、领英等企业，帮助这些企业迅速发展壮大。尤其是谷歌的成功，使 OKR 声名鹊起，也让中国企业认识到了 OKR。

如果说项目管理时刻都在平衡产品价值和客户价值之间的关系，OKR 的出现则使这种平衡不再必要，因为客户价值在 OKR 中完全超越了产品价值，让绩效管理又向前迈进了一步。从绩效管理的角度看，OKR 更加关注员工的创造力提升与客户的满意度，第一次把“创新”贯彻在管理机制中。因此，OKR 不仅是一种战略实现方法，还是一种员工工作方式，旨在推动员工紧密协作，把精力聚焦在能促进组织成长的、可衡量的创新上，仔细体会谷歌对 OKR 的描述就能发现这一细节。

如今，中国企业也开始纷纷效仿谷歌，然而效果却非常不理想。为何别人用起来不错，在中国企业中却不见效果？答案很简单：

因为中西企业在企业形态与管理模式上存在较大差异，大多数中国企业的发展程度还没有达到转型的状态，因此从一开始就走进了误区，结果不言而喻。但是，我们还是有必要了解一下 OKR 的基本逻辑，因为这能让我们更清晰地看到未来组织是如何运行的。

一、OKR 的本质与运行逻辑

OKR（Objectives & Key Results），即目标与关键成果，其中“O”是目标，指期望达成的目标，而“K”和“R”是关键成果，指达成目标所要经历的步骤，而这些关键步骤又成为下一层的目标，如图 8-8 所示。

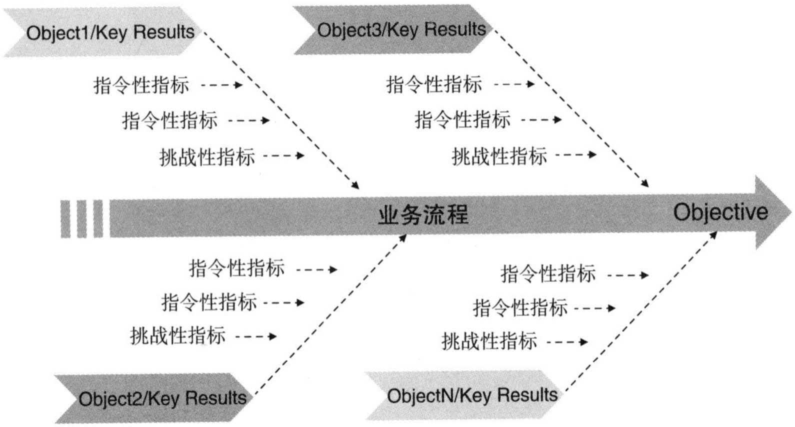

图 8-8　OKR 的运行逻辑

从概念解析中可以看到，OKR 体现了“结果”与“过程”之间的相互转换关系，因此，能够支撑 OKR 实现的必然是一种集成化、系统化的价值创造方式，这也说明其运行逻辑是基于第二条战略实现路径的。

在第二条战略实现路径下，战略管理的重心集中在业务流程上，于是对项目团队的管理成为 OKR 的核心内容。与公司层面的战略目标相比，业务流程上的绩效目标将更加清晰，因为业务流程直接面对客户需求，于是项目团队在执行过程中产生的关键成果就更加清晰、具体，如表 8-4 所示，表中内容摘自谷歌 OKR 指导手册。

表 8-4 OKR 的目标设定与关键成果要求

	O（目标）	KR（关键成果）
针对问题	要回答的是“What”的问题	要回答的是“How”的问题
基本含义	表达清楚的目的和意图； 有挑战性且现实可行； 必须真实、客观，绝不含糊； 旁观者应该能够明确无误地判断出一个 O 是否已经达成； O 的达成应对公司产生明确的价值和意义	清晰可衡量，一旦 KR 达成了，就能有力地推动 O 的完成； 必须是产出导向，而非动作导向的； 必须能自证其是否已完成

相对于项目管理而言，OKR 更加充分地体现了集成业务管理思想，业务流程上的 OKR 在每个功能环节中都能得到体现，上一级的 KR 成为下一级的 O，确保这些功能环节之间没有断层，形成一个完整的 OKR 系统。从这一点可以看出，此时流程再造更加深入，几乎已经能够完全覆盖整个业务流程，产品管理的属性越来越弱，而流程管理的属性越来越强。

OKR 系统设置了两种类型的 OKR——指令性 OKR 和挑战性 OKR，体现出对客户价值的充分认同。指令性 OKR 是指必须承诺达成的 OKR，项目团队必须调配充足的资源在指定时间内确保达成；而挑战性 OKR 则是指即便在没有必要资源支持的情况下，也依然需要积极探索的工作领域。挑战性 OKR 承载了一个公司改变世界的梦想——这是企业第一次把“创新”通过一套管理机制贯彻到组织运行系统中，以前的西方管理理念从未真正做到过这一点，而这也是 OKR 设计过程中最具技术含量的环节。

OKR 延续了项目管理的基本逻辑，但更强调客户需求的变化以及市场的不确定性。与传统企业中的“做好本职工作”相比可以发现，OKR 在本质上是要“让每个角色发挥得更好”——不仅是个人在团队中扮演的角色，更是团队在组织中扮演的角色。这一点从挑战性 OKR 中体现得清清楚楚，因此，它比项目管理向前迈进了一步，而这也是市场变化加快的必然选择。

二、OKR 更能体现战略管理的特点

如果说项目管理还在平衡产品价值与客户价值的关系，OKR 则旗帜鲜明地表明了态度：客户价值是第一位的，因此它比项目管理更能体现出角色管理的效果，主要体现在以下三个方面。

一是更强调员工的主动性。项目管理通常采取项目负责人制，项目经理依据客户需求以及业务要求设计团队角色，挑选合适的人才扮演这些角色，这一过程依然带有一定的被动性。为何这样设计？这样设计的价值是什么？因为这还并不完全基于客户价值，还有一部分企业的价值诉求在其中。OKR 则不同，在 OKR 系统中，每个人都可以依据团队目标设定自己在团队中的角色以及应该承担的角色绩效，每个人的能力素质以及角色要求都需要与其他人交流，制定出来的 OKR 要接受团队所有角色的评论，征得大家的一

致同意后，这一角色才算正式确定。这种方式显然能让“人”更有主动性、更愿意参与其中、更容易形成共识，便于团队创造力的提高与发挥，能让团队的价值得到充分体现。

二是更强调动态的创新。所有的 OKR 都是针对客户需求的变化设计的，因此无论是指令性 OKR 还是挑战性 OKR 都是动态的，必须不断推陈出新。如果制定的 OKR 都是一些团队无须做任何改变即可轻而易举完成的工作，而不是团队或者客户真正想要实现的目标，这些 OKR 就只能算是在例行公事，不具备明显的商业价值和意义。如果一个团队只使用部分资源就能够达成全部 OKR，就说明这个团队事实上是在浪费资源，没有进行应有的创新活动，因为要想满足客户需求，就至少需要消耗全部资源，有时需要的资源甚至会超过现有资源。可以说，客户价值始终体现在 OKR 系统中，OKR 设计的目标就是为了达成或者超越客户预期。

三是更强调战略过程管理。在团队 OKR 设计之初，每个人就已经开始理解战略期望达到的效果以及每个角色能够对战略实现产生何种影响了，因此，每个人都是战略的执行者。在战略执行过程中，业务流程上的 OKR 贯穿于每一个功能环节，直到完成为止。对于指令性 OKR，如不能按时达成满分，就必须进行事件回溯，寻找更有效的解决方案；对于挑战性 OKR，则要定期评估资源满足度，确保需求能够获得有效供应，让战略在执行过程中顺利推进。OKR 把战略从设想到结果的实现过程呈现出来，让人们看到公司战略是如何一步步向前推进的，面对分散且多变的市场需求，企业如何有效地进行战略管理，OKR 给出了解决方案。

企业进化到客户价值形态时，团队创新力为企业创造主要价值，人力资源进入战略管理阶段，主要目标是发挥骨干人才的价值及其创造能力，绩效管理的形式也转变为一种角色绩效，目的是把骨干人才的价值创造能力转化为企业的价值创造能力。目前，世界上越来越多的企业开始采用 OKR，也说明越来越多的企业进入了这个阶段，而 OKR 在中国企业中的实践情况如何呢？

三、OKR 在中国企业中的实践

从 OKR 的运行逻辑以及特征中不难发现，绝大部分中国企业都无法构建 OKR 系统，因为它们的基本特征与 OKR 要求的环境不匹配：项目管理才是处于精英价值形态的中国传统企业在转型阶段需要构建的管理机制。英特尔、谷歌、脸书、甲骨文、领英这些公司早就不是传统企业，也不是中国企业转型所要学习的标杆，当然，相当一部分传统企业并不这样认为，它们觉得自己“还可以”。

在传统企业中构建 OKR 系统的结果无非两种，而这两种结果都是由传统企业的形态特征决定的。

一是 OKR 很难设计出来。无论是指令性 OKR 还是挑战性 OKR 都是基于客户需求设计的，是以客户价值为导向的一种动态管理系统，强调在不断变化的市场中追求高绩效。而传统企业是以产品价值为导向的一种静态管理系统，强调在相对稳定的市场中完成既定业绩目标。两者的设计原理完全不同，OKR 放在传统企业中，依然会成为被动性的、分解下来的业绩目标，无论如何激励，都依然不能体现出客户需要的创造力。

二是“O”与“KR”分了家。即便设计出了 OKR，也会发现“K”和“R”不足以支撑“O”的达成，因为 OKR 是建立在第二条战略实现路径下的，只有企业内部形成集成化、系统化的价值创造方式，才能保障 OKR 贯穿整个业务流程。而传统企业形态的管理是在第一条战略实现路径下进行的，“分工”与“协作”的价值创造方式必然会把 OKR 割裂开。

在传统企业中，无论如何设计 OKR，最终都会变成 KPI，因为 KPI 是传统企业的最佳绩效管理形式，除名字变了之外，根本看不到 OKR 的任何效果，最后变成为了 OKR 而 OKR。

其实，这种现象完全可以理解，企业进入转型阶段后，传统人力资源管理功能的“硬伤”集中发作，人力资源部饱受争议，必须做些什么，于是“HR 三支柱模型”和 OKR 就在这种情况下被发现并“拿来”了，实属无奈之举。但由于企业忽视了这些方法背后的基本逻辑，一上手就出问题，“HR 三支柱模型”的效果就不甚理想，更何况 OKR。OKR 的理念更超前，对企业管理系统的要求更高，尤其是对自管理组织特征的要求更加明显，实施难度要远超“HR 三支柱模型”。

中国企业正处于非常关键的时期，放在以前，这种试错虽然会造成一些对资源的浪费，但企业还能承受得起，然而今天传统企业所处的环境空前恶劣，变革的紧迫性前所未有，任何无谓的试错都有可能变成企业的最后一次机会。

Chapter 9

薪酬管理体系变革

薪酬中的“薪”指薪水，又称薪金、薪资，即工资，包括奖金，偏重经济性因素；“酬”指报酬，报是回报，酬是酬劳。一般来说，薪酬是员工在组织中进行价值创造活动而获得的价值回报。

薪酬是人才价值的一种体现形式，薪酬的多少、高低反映了人才在企业价值系统中的贡献与地位。虽然一个人的价值体现并不完全由薪酬决定，但它是其中重要的组成部分。

在企业的价值创造活动中，人才发挥了自己的价值创造能力，提供了价值创造成果，就必须参与企业的价值分配，以便建立一种长期、持久的价值关系，这种价值关系回答了“人为何要在这个组织中创造价值”这一命题。薪酬管理要解决“人才如何在企业中分享价值、体现价值”的问题，它的本质是让人才的价值创造能力与价值体现形式相匹配，一旦两者相匹配，企业与人才之间将形成一种最佳价值关系，而企业将处于一种价值的平衡状态。

相匹配意味着公平，所以公平性始终是薪酬管理的核心和基础，因为不能体现公平性的价值分配毫无意义。然而公平性的表现形式随着企业形态的进化表现出了不同的形式，不同的工业时代对公平性的定义也不同，今天企业使用的薪酬管理理念是工业 2.0 时代的产物，主要体现内部公平性，这种公平性通过职位的差异和层级体现，对传统企业的发展起到了重要作用，然而在迈向工业 3.0 时代时，问题开始显现。

薪酬管理是人力资源管理的基本功能之一，当企业开始转型时，薪酬管理机制必须及时变革，否则企业的价值创造活动就会受到严重的影响，使企业的各种战略设想成为空中楼阁。

第一节

薪酬管理的演变规律

在工业时代，人创造的价值需要通过一个组织来体现，进行的价值交换更多的是以组织而非个人为依托的，企业仅仅是一种基本组织形式而已，这也是市场经济系统的基本规则，于是“人”与“组织”的关系就成了工业时代管理的主题。

工业时代无法做到员工创造了多少价值就获得多少价值，只要有组织存在，所有薪酬就都是由组织进行的间接分配，而不是由客户进行的直接分配。薪酬管理只能体现在组织对个人价值的认定、让个体感到分配公平并愿意与组织维持这种价值关系上，从这个角度看，激励仅仅是薪酬管理的一个功能，而薪酬管理的范围应该更加广泛。

人力资源管理在不同的企业形态中有不同的表现形式，因此薪酬管理也将产生规律性变化，这种规律在薪酬组合与公平性基础中都得到了充分体现，从这些方面，我们可以清晰地看到薪酬管理是如何进行演变的。

一、薪酬组合的演变规律

薪酬组合是由各种薪酬元素组成的员工的薪酬包（Salary Package），作为公司对员工进行价值创造活动的认定，不同的薪酬元素具有不同的功能。薪酬组合这一概念出现在专业管理阶段、薪酬管理成为人力资源管理的重要功能之后，人事管理阶段并没有薪酬组合这一说，薪酬就是货币收入。

从薪酬组合中能够看到企业形态演变的历程：不同的企业形态中的薪酬组合传递着人力资源管理不同阶段的策略，这一点在整体薪酬（Total Compensation）中得到了充分印证。

1990 年，美国密歇根大学的约翰 · 特鲁普曼（John. E.Tropman）博士提出了整体薪酬的理念。他将薪酬分为五大类、十种构成，并以薪酬等式的形式表现出来，即整体薪酬 =（基本薪酬 + 附加薪酬 + 福利薪酬）+（工作用品补贴 + 额外津贴）+（晋升机会 + 发展机会）+（心理收入 + 生活质量）+ 私人因素，如图表 9-1 所示。

表 9-1　薪酬组合的构成要素

发展阶段	构成元素	内容	目的	薪酬特点
人事管理（经济人假说）	基本工资	让员工能够获得安全感和权利享受观念的薪酬，相对稳定	保障基本权益	经济性薪酬
专业管理（社会人假说）	附加工资	员工的定期收入，但加班费、奖金、股票期权、盈利分享等并不确定	提高积极性	
	福利工资	各项福利，包括强制性福利和非强制性福利方案，如健康保险与退休金方案		

续表

<table>
<tr><th>发展阶段</th><th>构成元素</th><th>内容</th><th>目的</th><th>薪酬特点</th></tr>
<tr><td rowspan="4">专业管理（社会人假说）</td><td>工作用品补贴</td><td>为员工工作所提供的各种设施设备，如工作服、办公用品等</td><td rowspan="4">提高积极性</td><td rowspan="2">经济性薪酬</td></tr>
<tr><td>额外津贴</td><td>享有购买公司产品的优惠权或享有俱乐部成员的优惠待遇</td></tr>
<tr><td>晋升机会</td><td>向高层晋升的机会</td><td rowspan="5">非经济性薪酬</td></tr>
<tr><td>发展机会</td><td>提供所有与工作相关的学习和深造机会</td></tr>
<tr><td rowspan="2">战略管理（复杂人假说）</td><td>心理收入</td><td>从工作本身和公司中得到的精神上的满足</td><td rowspan="2">提升创造力</td></tr>
<tr><td>生活质量</td><td>协调工作与家庭生活之间的矛盾，如上下班便利措施、弹性工作时间、孩子看护等</td></tr>
<tr><td>价值管理（价值人假说）</td><td>私人因素</td><td>员工的独特需求，包括诸多对个人有重大影响的因素</td><td>体现独特人格</td></tr>
</table>

特鲁普曼的整体薪酬把十个构成元素有机组合在一起，反映出了不同工业时代“人”的需求动机，涵盖了从高层次的缺失需求到低层次的生长需求的各种需求，如基本工资主要满足安全需求，私人因素主要满足认知需求、审美需求，这也反映出了薪酬组合的变化过程。

20世纪80年代后，越来越多的西方企业开始摆脱传统企业形态，员工工作的目的不再只是谋求生存，他们拥有了独立的价值观、较强的自主意识，看重职业荣誉和个人发展，并开始追求成功和自主权；他们的生长需求动机越来越明显，个体的独特性越来越清晰，薪酬组合也开始由简入繁，逐渐多样化，体现出了灵活性，并向个性化的方向发展。

薪酬组合的发展过程也体现了人性的变化规律，当“人”是经济人时，货币收入是薪酬的主要组成部分，目的是给予员工劳动回报、保障员工的基本权益；当“人”是社会人时，附加工资、福利工资、各种津补贴、晋升与自我发展机会等是薪酬的主要组成部分，目的是提高员工的劳动积极性，让员工投入更多的时间、精力工作；当“人”是复杂人时，心理收入、生活质量等是薪酬的主要组成部分，目的是提高员工的创造力，创造出更多的新事物；当“人”是价值人时，私人因素是薪酬的主要组成部分，目的是维护每个人的独特人格，体现“人”的独特价值。

在低级组织形态中，薪酬组合中更多的是经济性薪酬，在高级组织形态中则是非经济性薪酬。20 世纪 90 年代，西方传统企业刚刚进入转型阶段，精英价值形态的特征依然比较明显，因此可以发现，特鲁普曼的研究样本中最多的是专业管理阶段薪酬组合中的元素。但是私人因素的出现让人看到了薪酬组织的变化趋势：这一元素充分体现了员工的独特人格，最终将随着企业的不断进化在薪酬组合中发挥主导作用，因此，企业必然采取自助餐式的薪酬组合，从信息技术发展前景来看，也完全可以实现这种自助餐式的薪酬方案。

值得一提的是，在从专业管理迈向战略管理的边界上，出现了晋升机会与自我发展机会，这是转型阶段薪酬管理的重要课题，也是角色管理基础取代职位管理基础要解决的问题，与此同时，人才培养开始取代人才选拔、角色绩效开始取代职位绩效，这些变化同时发生。

二、薪酬公平性的演变规律

解决公平性问题是薪酬管理的核心内容。以组织与人的价值关系划分，存在四种公平性——组织公平性、内部公平性、外部公平性、自我公平性。组织公平性是指组织与成员之间的价值平衡关系；内部公平性是指组织内部不同成员之间的价值平衡关系；外部公平性是指组织成员与外部同等机会之间的价值平衡关系；自我公平性是指组织成员的现实与预期之间的价值平衡关系。

薪酬管理理念即建立在这四种公平性的基础上（薪酬管理的 4E 模型），如图 9-1 所示。四种公平性把市场、企业、个人三者有机联系在一起，形成市场、企业、人三者之间的价值平衡关系。由于这三者始终处于动态变化之中，因此薪酬管理也要依据变化及时进行调整。这个关系可以用公式表示为：薪酬 =f（组织公平性，内部公平性，外部公平性，自我公平性），公平性是影响薪酬的变量，在不同的组织形态中，某一种会起到决定性作用。

股东价值形态主要解决组织公平性的问题，让组织在进行价值创造活动的同时，与其他企业相比，获得应有的价值，主要体现为资本的价值创造能力与体现形式相匹配；精英价值形态主要解决内部公平性的问题，让每个人依据在组织中所任职的岗位与其他岗位相比，获得应有的价值，主要体现为精英的价值创造能力与体现形式相匹配；客户价值形态主要解决外部公平性的问题，让每个人依据在价值创造活动中扮演的角色与外部相同或相似的角色相比，获得应有的价值，主要体现为骨干的价值创造能力与体现形式相匹配；利益相关者价值形态主要解决自我公平性的问题，让每个人都能够通过价值创造活动获得预期的价值，使所有个体的价值创造能力与体现形式相匹配。

图 9-1 薪酬管理的 4E 模型

四种公平性不仅体现了企业形态的管理基础，也反映出了企业形态 DNA 的特征，成为构建薪酬管理机制的基础。所有薪酬管理策略都是基于公平性特征进行设计的，目的就是塑造不同价值主体之间的价值平衡关系，从而推动企业稳步发展。

四种公平性同时存在于一个组织中，但在不同的工业时代，对企业的影响不同。随着企业形态不断进化，组织公平性、内部公平性、外部公平性、自我公平性依次对企业发挥主导作用，形成了一种公平性的演变规律。传统企业的薪酬管理以内部公平性为主，而未来新组织的薪酬管理则以外部公平性为主，企业在转型阶段则需要对内部公平性、外部公平性进行平衡——相信很多企业在进行薪酬设计时已经明显感受到了这一点。

三、薪酬管理演变规律

由于公平性基础发生变化，薪酬管理理念与管理机制的设计逻辑也发生了改变，形成了四种最佳薪酬管理形式，分别为雇主薪酬、职位薪酬、角色薪酬、价值薪酬，并体现出一种规律性变化，被称为薪酬管理演变规律，如表 9-2 所示。

表 9-2　四种最佳薪酬管理形式

	雇主薪酬	职位薪酬	角色薪酬	价值薪酬
工业时代	工业 1.0 时代	工业 2.0 时代	工业 3.0 时代	工业 4.0 时代
最佳组织形态	股东价值形态	精英价值形态	客户价值形态	利益相关者价值形态
人力资源管理形式	人事管理	专业管理	战略管理	价值管理
人性特征	经济人	社会人	复杂人	价值人
公平性特点	以组织公平性为主	以内部公平性为主	以外部公平性为主	以自我公平性为主
管理基础	以工作为基础	以职位为基础	以角色为基础	以人格为基础
薪酬目标	资本的价值创造能力与体现形式相匹配	精英群体的价值创造能力与体现形式相匹配	骨干群体的价值创造能力与体现形式相匹配	所有个体的价值创造能力与体现形式相匹配
	保障员工的基本权益	提高员工的积极性	提高员工的创造力	体现员工的独特人格
影响因素	贡献差异	职位差异	角色差异	人格差异
管理属性	一种功能	一种产品	一种方案	一种体验
薪酬组合	以经济性薪酬为主		以非经济性薪酬为主	
薪酬水平	内部因素决定		外部因素决定	

在股东价值形态阶段，薪酬管理的目标是实现资本的价值创造能力与价值体现形式相匹配，以组织公平性为主，使相同的资本在市场中获得至少相同的价值回报。因此，价值分配机制向组织而非个人倾斜，个体通常没有薪酬的话语权。薪酬水平主要由雇主根据自己的判断决定，以能够满足生产活动的需要为标准，因此这时的薪酬管理形式也被称为雇主薪酬，薪酬的变动主要由奖惩情况决定。由于缺乏对个体价值进行判断的依据，个体与资本之间的薪酬矛盾在工业 1.0 时代表现得极为突出，因此薪酬组合中只有货币收入元素，用以满足员工的基本权益。

在精英价值形态阶段，薪酬管理的目标是实现精英的价值创造能力与价值体现形式相匹配，以内部公平性为主，职位系统是内部公平性的基础。谁处于“金字塔”的顶层，谁就要带领其他个体推动企业发展，精英成为企业的关键人才、英雄人物，而要想成为精英，就必须沿着职位层级稳步晋升，只有职位晋升才能改变责、权、利。因此，员工的薪酬水平由职位价值体现，这时的薪酬管理形式也被称为职位薪酬。职位薪酬是工业 2.0 时代的最佳薪酬管理形式，薪酬组合中的元素开始变得多元，企业通过各种方式提高员工的工作积极性。

在客户价值形态阶段，薪酬管理的目标是实现骨干的价值创造能力与价值体现形式相匹配，员工薪酬的水平以外部市场的给付水平为标准，意味着影响薪酬的决定性因素由内部转向外部，以外部公平性为主。通常以角色薪酬的形式体现，个体在企业价值创造活动中承担什么角色，就获取什么样的薪酬，薪酬的灵活性大大提升，因此这时的薪酬管理形式也被称为战略薪酬。这将是工业 3.0 时代的最佳薪酬管理形式，它帮助人才在企业中实现最佳配置，推动企业与人才共同取得成功。薪酬组合中的非经济性元素变得越来越重要。

在利益相关者价值形态阶段，薪酬管理的目标是体现所有个体的价值创造能力与价值体现形式相匹配，以自我公平性为主，体现所有个体的无差别价值。无差别并不是平均化，员工的薪酬水平由客户依据市场价值交换原则决定，因此这时的薪酬管理形式也被称为价值薪酬，薪酬主要由个人的价值创造能力特点决定。薪酬组合中的私人因素发挥着重要作用。这将是工业 4.0 时代的最佳薪酬管理形式，距离今天尚有一段距离。整个薪酬管理的演变过程如图 9-2 所示。

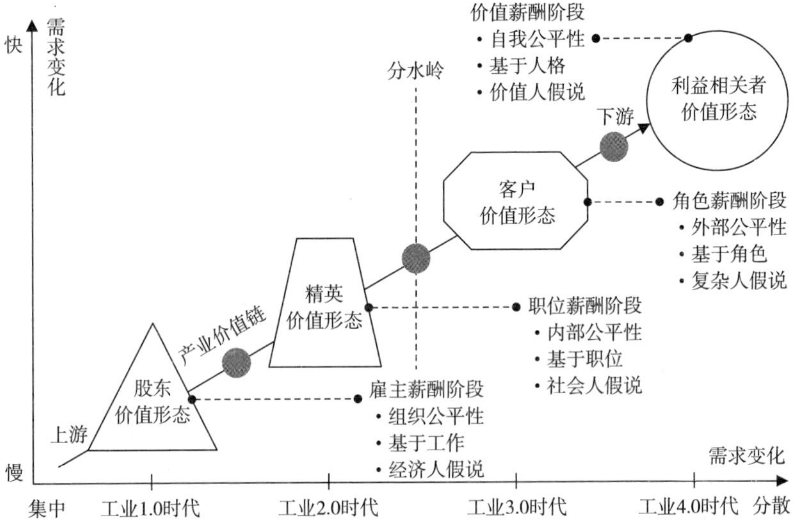

图 9-2　薪酬管理的演变规律

中国企业正处于从工业 2.0 时代向工业 3.0 时代转变的阶段，薪酬管理也将从职位薪酬转变为角色薪酬，从一种薪酬产品转变为一套薪酬解决方案，从提高员工的积极性转变为提升员工的创造力。创造力的提升比积极性的提高难得多，这也是转型企业薪酬设计的难点，有些企业认为，只要加大激励力度，就能解决员工创造力的问题，但事实上，无论激励是否到位，都无济于事。

第二节

传统薪酬管理的逻辑与利弊

在工业 1.0 时代，价值创造活动相对简单、粗放，资本为企业创造主要价值，因此企业采取的是雇主薪酬，员工工资主要取决于老板的给付能力以及个人劳动成果，通常是干了多少活拿多少薪酬——计件工资就是工业 1.0 时代的产物。此时，所有个体的价值创造活动对公司发展的影响极其有限，不仅工作内容同质化程度较高，而且人员的可替代性也很强，因此薪酬水平较低且差距不大。对于雇主而言，只要能够满足生产需要、保障员工的基本权益即可，薪酬的决定权在雇主手中，员工只能被动接受，因此容易引起劳资纠纷。但是这种薪酬管理形式相当灵活、效率较高，符合工业 1.0 时代的市场特征。但随着社会发展，价值创造活动日趋复杂、技术要求越来越高，人员的可替代性开始降低，在薪酬给付过程中必须考虑个人需求因素，因此，薪酬管理的概念在工业 2.0 时代开始形成，并成为人力资源管理的重要功能之一——这也是社会分工进程加快、专业水平提升的结果。

当薪酬管理成为一个相对独立的功能领域时，薪酬组合的多样性也开始出现，如基本工资、附加工资、福利工资、各种津补贴等纷纷出现，每个构成元素都有其特定的功能，这让薪酬管理的功能越来越强大。这时，个体的价值创造能力开始明显影响企业的发展，尤其是精英群体，因此企业开始对薪酬这一功能进行深入研究，如何有效发挥精英的领导力并提升员工的积极性，成为工业 2.0 时代薪酬管理的主要内容

进入工业 2.0 时代，“职位”成为企业付薪的主要依据，这让企业告别了雇主薪酬的随意与粗放，并成为一个功能系统，对传统企业的发展起到了重要作用。

一、职位薪酬的三个阶段

传统企业的薪酬管理机制建立在职位管理的基础上，主要体现内部公平性，又依据职位对薪酬影响的不同程度，分为三个阶段。

第一个阶段是等级薪酬，这是一种完全意义上的由职位层级决定薪酬水平的机制。职级不同，则薪酬不同，同一职级的薪酬基本相同。职级体现了内部公平性，同时也决定了薪酬水平的差异。在精英价值形态初期，职位层级逐渐形成，这种薪酬机制管理简单且容易操作，适用于规模不大的企业，与当时价值创造活动相对单一的现实相吻合。

第二个阶段是薪点制薪酬，这是一种借助职位评估工具形成薪点差异，由薪点决定薪酬水平的机制。职位评估的引入，使职位的价值有了科学评估工具，不必再通过“拍脑袋”决定。职位、等级的差异体现在可以量化的“薪点”上，“薪点”成为薪酬的最小计

算单位，有多少“薪点”，就有多少薪酬。这种薪酬机制同样比较简单，且容易操作，而且相对于等级薪酬而言，又有了科学依据，薪酬的内部公平性有了极大提升。

第三个阶段是传统薪酬，这是一种由以职位差异为主的综合因素决定薪酬的机制。职位差异对薪酬依然起着主要作用，但是企业开始考虑其他影响因素，如外部市场、个人综合素质等，这些因素共同决定最终的薪酬水平。这种薪酬的设计相对复杂，操作起来有些难度，也与企业的发展阶段有密切关系。在传统薪酬设计方法中，最具代表性的是美世（Mercer）的“3P 薪酬模型”，3P 即指职位（Position）、能力（Person）和绩效（Performance），其中又以职位为主。它之所以被称为传统薪酬，主要是因为此时等级薪酬、薪点制薪酬已基本绝迹，它的应用最广泛，影响人们薪酬管理思维的程度最深。

从薪点制薪酬开始，职位评估在薪酬设计中开始发挥重要作用，让人为的主观评价转化为一种相对科学的评价，为内部公平性提供了强有力的依据——很多著名外资人力资源咨询服务机构就是因为有自己的一套职位评估工具，才会被人们所熟悉。

这三种职位薪酬管理形式形成了一种演变关系，从简单到复杂，它们都以职位管理体系为依托，但是“职位”对薪酬的影响由强变弱。这也说明精英价值形态后期，职位管理的作用越来越不明显，内部公平性不断受到质疑，传统管理系统走到了崩溃的边缘。

二、职位薪酬的典型特征

传统企业是一种封闭型组织，内部公平性是职位薪酬必须解决的问题，而职位管理基础为内部公平性提供了支撑，公司主要为“职位”的价值付薪，职位管理的特点也反映在了薪酬管理活动中，主要体现在以下三个方面。

第一，薪酬水平向精英倾斜。专业管理的目标是提高精英的价值创造能力，在薪酬定位策略上也充分体现出了这一点：通常，精英的薪酬水平在人才市场中比照 75 分位、中层管理人员比照 50 分位，一般员工比照 25 分位。这种薪酬定位目的是确保精英的薪酬水平具有足够的市场竞争力，即便那些不富裕的企业也不会在精英的薪酬上计较过多，原因是精英创造了主要价值。在薪酬矩阵中，薪酬极差最大的部分就体现在精英团队所处的职级上，员工的薪酬高于精英，在现实中通常也会被认为不合理。通过拉开明显的薪酬差距，让精英体现出权威地位，便于其领导力的发挥。

第二，强调薪酬总额可控。如何衡量精英团队的价值成为传统企业管理系统的核心，主要体现在两个方面：一是创造了多少价值，二是消耗了多少资源，这是经营管理活动的基本内容。薪酬总额可控体现了成本的控制能力，在相同人工成本投入情况下，如果能够创造更高价值，就更能体现精英团队的领导力水平。同样，人工成本也绝不能低于某一特定水平，否则员工的工作积极性就会降低，甚至造成员工大量流失，影响公司正常经营活动的开展。员工的积极性是精英领导力发挥的必要组成部分，因此，薪酬总额必须控制在一个合理范围内，即便调薪也要严格按照规则进行调整。好在，薪酬管理体系建立在职位管理的基础之上，职级已经对员工薪酬的边界进行了有效限制，只要调整薪酬矩阵的幅宽、极差、档差、重叠度等变量，薪酬总额就能得到有效控制，并不复杂。

第三，存在“两个不高于”原则。即薪酬总额的增长幅度不高于本企业效益的增长幅度、员工实际平均薪酬增长幅度不高于全员劳动生产率的增长幅度。这两个原则在一定程度上反映出了传统企业的薪酬动态调整特点，即并不希望员工的薪酬大幅变动，尤其是不能超过公司的价值增长幅度。从这个角度看，职位薪酬不仅让员工的薪酬保持了适度增长，而且明确了价值主体地位：精英价值排在前面，其他价值主体则排在后面。这种设置维持了员工的稳定性，也让人工成本得到有效控制。

总体看，职位薪酬体现出了稳定、可控等特点，这与专业化人力资源管理功能相匹配，相对于雇主薪酬而言有了明显进步，薪酬管理的专业化水平得到提高，且形成了一个完整的系统，所有员工的薪酬都有章可循。

三、薪酬管理越来越僵化

从稳定与可控的特点来看，职位薪酬符合工业 2.0 时代的市场要求，然而当客户需求变得分散且多变时，职位薪酬就会变得越来越僵化。有两个因素对职位薪酬体系产生了致命冲击。

一是市场变化加快时，人岗匹配度会越来越低。职位薪酬主要是在为职位价值付薪，前提是“人”与职位要求相匹配。薪酬水平的高低取决于职位工作内容，谁能够胜任高级职位，谁就能拿到更高的薪酬。一旦人岗不匹配，很多人就会认为自己的工作内容增多了、难度加大了，职位价值应该变得更高了，并超过其他职位价值，理应获得更高的薪酬。问题是，市场的变化使所有职位的工作内容都发生了一些改变，这种感觉具有普遍性。但是，专业分工使职位相互之间并不熟悉，这种感觉很容易从委屈、不理解发展为相互倾轧。原本秩序井然的职级体系开始变得紊乱，内部公平性的基础逐渐丧失，而职位薪酬却把所有员工的薪酬牢牢地限制在一个框架中，无法进行有效调节，而这几乎让所有员工普遍感觉到“不公平”。

二是个体的创造力对企业的发展越来越重要，需要在薪酬管理中得到体现。然而在职位薪酬体系下，一旦涉及个体的动态调薪，就必须直接或间接地与职位变化建立联系，否则调薪依据就会显得比较单薄。如果只是个别员工的薪酬调整倒也无妨，问题在于一下子很多人需要调薪，这意味着所有这些人的职位与职级都需要进行变动，这种调薪才是“合理”的。对于素以稳定著称的职位管理系统而言，显然是强“人”所难，根本做不到。职位薪酬只能支撑薪酬普调，对个体薪酬的调整向来缺乏灵活性，而这必然又会让员工感到极大的“不公平”。很多转型企业为了应对这种情况，会不断设置一些新的高级职位给不断涌现的骨干人才，但是这种方法治标不治本。骨干之所以开始变得重要，是因为外部市场的变化加快，给了他们崛起的机会，而这种崛起是动态的、此起彼伏式的，完全取决于客户需求的改变，职位薪酬无法有效应付这种不确定性，于是坚守职位管理基础就会让薪酬管理变得越来越僵化。

一旦职位管理基础不再能满足时代发展的要求，传统企业的组织管理系统就会全面崩溃，修修补补式的变革措施根本解决不了问题，企业需要的是一次管理革命，即对原来的管理系统进行再造，构建一种新的管理系统——流程革命就是在这一过程中爆发的。

第三节

角色薪酬是一套解决方案

工业 3.0 时代的最佳薪酬管理形式是角色薪酬，这是人力资源管理进入战略管理阶段时的重要内容之一。顾名思义，角色薪酬，就是指企业将为员工在价值创造活动中扮演的角色付薪，员工能够胜任什么角色，就能获取什么样的薪酬，角色发生变化，则薪酬随之改变。由于在企业中，人扮演的角色会经常发生变动，人的薪酬也就会经常发生变动——既没有一成不变的角色，也没有一成不变的薪酬。

角色是“人”与“工作”的统一体，一个人的能力素质决定着他能够胜任什么样的角色，他现阶段的能力素质主要是通过行为表现来衡量的，至于工作职责、具体工作内容已经并不重要，因此在角色薪酬中经常会用到 BEI 访谈进行分析，即“行为事件访谈法”（Behavioral Events Interview）——通过描述典型事件，观察人在当时表现出来的行为，分析一个人的能力素质。

角色薪酬管理弥补了传统薪酬的一些缺陷，如果说职位薪酬的特征是稳定、可控的话，角色薪酬的特征就是灵活、多变。稳定、可控是专业分工的结果，是企业进化到精英价值形态的管理系统的基本特征，它使薪酬具有了产品属性；而灵活、多变则是为了便于专业集成，使薪酬成为一种解决方案，这也是企业进化到客户价值形态的管理系统的基本特征。在角色薪酬的薪酬组合中，不仅构成元素更加多样，为了提高骨干的创造力，非经济性薪酬也开始发挥重要作用。

一、薪酬管理更加市场化

精英价值形态的组织是一种封闭型组织，实现内部公平是薪酬管理的核心，而客户价值形态的组织则是一种开放型组织，实现外部公平是薪酬管理的核心。

解决外部公平性问题需要使用外部人才市场的薪酬数据。在职位薪酬发展到第三个阶段，即职位价值对薪酬影响开始弱化时出现的专门的薪酬调研机构为薪酬管理提供了支撑，但这些外部数据的价值并没有被充分体现出来，原因在于外部环境对企业发展的作用还不明显，薪酬数据仅仅是一种辅助影响因素，发挥决定性作用的依然是“职位”。这一局面在角色薪酬中发生了改变，外部薪酬数据将起到重要作用。当一个人的价值创造能力满足公司对某个特定角色的设定后，这个人的薪酬期望只要在薪酬市场的定位区间内，公司就可以接受——这就是外部公平性的体现。人才的薪酬水平在外部市场已经有了明确的参照值，只需要在公司支付能力范围之内即可，企业所要做的是判断是否需要这样的人才。

至于给付的薪酬水平的高低，内部人才市场会进行调节。角色薪酬的核心是为角色付薪，“人”如果无法胜任特定角色，或者拿不出应有的劳动成果，自然就会降薪；而一旦能够胜任更重要的角色，自然就会涨薪；如果企业发现，他根本不是企业所需要的人才，也会立刻放弃他。进入工业 3.0 时代，人才市场逐渐成熟，人才价值的合理评价早已存在于人才市场中，人才的自我认知是什么并不重要，因为这改变不了什么。

在传统企业中，员工的薪酬通常只能高不能低，薪酬降低代表公司对员工价值的不认同。而在角色薪酬中，薪酬的高低变化是一种常态，角色依据客户需求变化不断进行角色重新设定，角色薪酬自然就会有高有低。让今天的员工接受这一点并不容易，因为在认知上还存在很大差距。

角色薪酬既然是一种市场化的薪酬，那么每个企业都将会量力而行，依据企业的市场定位和支付能力进行给付，因此不需要进行人工成本的控制，这与传统企业的职位薪酬形成了鲜明对比。

二、提升骨干人才的创造力

传统薪酬为了充分体现精英团队的价值，向少数精英群体倾斜，通常采取年薪制，这些人受业绩影响，薪酬变动较大，而其他人员的薪酬相对稳定，变动较小。而角色薪酬体现多数人的价值，向多数骨干倾斜，这并不意味着骨干人员的薪酬有多么大提升，而意味着骨干人员将获得更多改变薪酬水平的机会，这种机会来自客户需求的变化。企业需要获得能够满足客户需求的价值创造能力，谁承载了这种价值创造能力，谁就能在价值创造活动中扮演重要角色。这种重要性会在薪酬上得到体现，但至于能否获得更高的薪酬水平，则取决于自身的创造力以及为客户创造了多少价值，这部分内容将由绩效管理机制来回答。与传统企业相比，角色薪酬为员工打开了薪酬增长的空间，即便成为不了公司的精英，也依然可以获得令人满意的薪酬。

客户需求的频繁变化使这种机会具有了普遍性，这也是客户价值形态呈现百花齐放的局面的原因——每个骨干都有可能取得成功。而职位薪酬则很难做到这一点，因为客户需求变动不大，即便有变动，也仅仅针对个别人，而且长期是这几个人，优质资源已经被这几个人所掌控，要想打破这种格局只有等待客户需求发生改变，换成另一批人掌控优质资源。

由于每个骨干都能获得这种机会，就意味着一旦客户需求发生改变，而骨干的价值创造能力没有及时提升，机会就会被其他人获取，这些人就又成为了骨干。客户价值形态组织的人才结构呈橄榄型，人才边界模糊，不同类型的人才能够相互转化，就是因为客户需求给了多数人同样的机会。这些变化在薪酬变革中得到了体现，如薪酬组合中出现了心理收入、生活质量等元素，这些非经济性薪酬的目的已经不再是提高人的积极性，而是提升人的创造力。

流程管理是一种集成化、系统化的价值创造方式，能够把骨干的价值创造活动进行有效“封装”，骨干及其团队创造了多少价值、消耗了多少资源，都能够独立呈现出来，让人一目了然，这让薪酬管理变得更加透明、更加公平。

三、一套动态的薪酬解决方案

本书在第七章曾提到，“留人”不如“流人”——人才只有流动起来才能够实现最佳配置、找到能够发挥自己价值创造能力的角色。如果长期被限制在某一固定职位上，他的价值创造能力也将受到限制，因此，客户价值形态的组织是一种动态开放的组织。而要想推动人才有序流动、形成内部人才市场，角色薪酬就必须提供相应支持。

为角色付薪本身就是一种动态的付薪方式，承担什么角色获取什么样的薪酬，除了基本工资相对稳定、体现一定的保障作用以外，其他的组成部分都是变动的。在职位薪酬阶段，薪酬组合中已经出现了很多变动元素，但至少在范围、获取方式上还有一些规律，如加班费、奖金、薪酬福利、各种津补贴、晋升发展机会等。到了角色薪酬阶段，薪酬组合中的变动元素将变得没有规律，如心理收入、生活质量等，内容更加多样，似乎包罗万象，如果按照这种口径计算薪酬，薪酬总额几乎不可预测。这恰恰符合战略管理的特征——但凡能够被预测的，都会在激励力度上大打折扣。

在角色薪酬中，长期激励，尤其是股权激励，将会成为经济性薪酬的重要组成部分。长期激励与骨干的价值创造活动周期相匹配，目的是在公司与员工之间构建一个长期、稳定的价值关系，便于骨干人才充分发挥价值创造能力，从而满足某类特定客户的需求。长期激励最能反映战略管理的特征，也最具不确定性，因此需要对这种不确定性的过程进行有效管理，这也体现了角色薪酬重过程、轻结果的特点。

职位薪酬是人力资源部为企业提供的一种薪酬产品，按照公司既定的流程生产出来，具有标准化、同质化的特点；而角色薪酬则是人力资源部为企业提供的一套薪酬解决方案，它以客户需求为导向进行设计，不仅集成了以往的薪酬产品，而且能够依据客户特征进行动态调整，其功能更强大、能够解决更复杂的问题，与新商业时代的市场特征相匹配。

然而，从精英价值形态向客户价值形态的演变无法一蹴而就，需要经历一个转型阶段，因此传统薪酬也无法一下转变为角色薪酬，企业在转型阶段也会形成一种特有的薪酬管理形式——宽带薪酬。

第四节

宽带薪酬推动骨干崛起

宽带薪酬始于20世纪80年代末，从时间上看正是西方企业开始全面转型的时期，这种薪酬管理理念很快成了转型企业的薪酬管理形式。当一些中国传统企业开始出现问题，宽带薪酬便立刻被“拿来”，这些企业认为，是否掌握了运行逻辑并不重要，重要的是，这是一副“新药”，而“新药”就应该有“新疗效”，但事实显然并非如此。

宽带薪酬兼有职位薪酬与角色薪酬的特点，同时兼顾内部公平性与外部公平性，需要在两者之间达成平衡。随着企业转型进程的加快，角色薪酬的特征将越来越明显，笔者之所以能够描绘出角色薪酬的特征，也是因为宽带薪酬中已经具有角色薪酬的一些特征。相对于职位薪酬而言，它的灵活性已比较明显，同时也开始让骨干的价值得到体现，推动骨干在企业转型的过程中崛起。

一、何谓宽带薪酬？

何谓“宽带”？欲知“宽带”，须知“窄带”。在薪酬管理的专业术语中有一个名词叫“带宽”，“带”指薪酬变动层级，在传统薪酬中与职位等级相对应；“宽”指薪酬变动范围，是同一职位层级中最高与最低薪酬水平之间的差距。在职位薪酬发展到第三阶段时，“带宽”开始出现，指特定职位等级的薪酬范围。在“带”与“宽”的框架下，薪酬以一种矩阵的形式呈现出来，因此通常被称为薪酬矩阵，所有员工都能在这个薪酬矩阵中找到自己的薪酬标准。

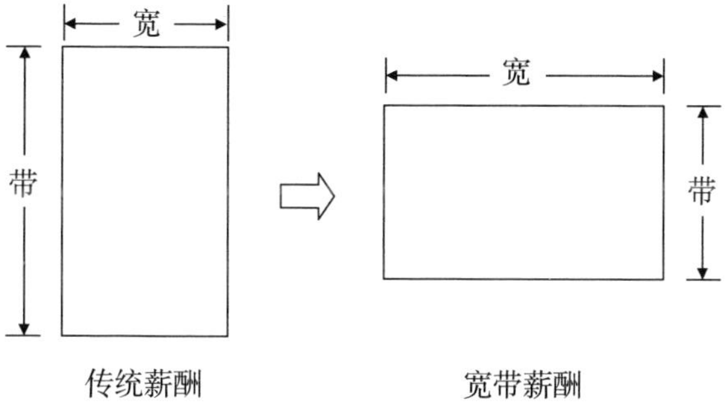

图 9-3 从传统薪酬到宽带薪酬

宽带薪酬如同对传统薪酬矩阵进行了改造：它把矩阵型中的“带”压缩，同时扩展了“宽”，即压缩了职位层级、拓展了薪酬变动范围，这个过程恰恰与扁平化、灵活性的企业转型要求相匹配，如图 9-3 所示。GE 零售商学院财务服务企业用 5 级宽带替代了原来的 24 级；IBM 在向服务型企业转型前的薪酬等级为 24 级，转型后则变成了 5 级。

从宽带薪酬的特点中可以看出，职位价值对薪酬的影响力已经大幅度降低，而其他影响因素的影响力逐渐上升，尤其是外部人才市场，体现为薪酬的变动范围不断加大。这意味着，员工的薪酬水平可以通过多元化路径得到提升，而不必再依赖职位的晋升，这为个体的薪酬变动提供了有力的依据，让更多的人可以通过创造力的提升改变自己的薪酬水平。从上图可以看出，职位层级被压缩的部分恰恰对企业骨干群体的影响最大，原本需要通过职级晋升才能获得的薪酬空间，在宽带薪酬中被彻底释放出来。宽带薪酬不仅为员工打开了增长通道，也提高了薪酬管理的灵活性、激励性，受益最大的是骨干群体。总之，宽带薪酬为员工的薪酬变动提供了足够的空间，而这恰恰是企业在转型阶段对薪酬管理的期望。

宽带薪酬是企业内部未能完全角色化的结果，“职位”被保留了下来，依然发挥着作用。在这个特殊阶段，一个员工很多时候既任职于某个职位，同时又在项目团队中扮演某个角色，甚至一个员工拥有两个头衔。当项目管理的覆盖率越来越高时，职位的数量就会越来越少，而随着角色越来越多，外部公平性对薪酬的影响也会超越内部公平性。

二、宽带薪酬的基本特征

进入新商业时代，职位薪酬越来越僵化，对员工的激励效果越来越弱，宽带薪酬的出现一定程度上解决了这一问题，成为企业在转型阶段的最佳薪酬管理形式，它具有以下特点。

第一，宽带薪酬提高了薪酬管理的灵活性。薪酬的僵化来自人岗不匹配，在职位无法轻易变动的情况下，角色的出现让员工获得了另外一种身份，可以不必等待职位晋升，而通过价值创造能力的提升获得承担更大责任的机会，实现薪酬变动。

第二，宽带薪酬提高了薪酬管理的激励性。带宽的增加拉大了薪酬差距——每次薪酬调整的变化幅度都比较大，对员工的激励效果比较明显，而传统薪酬由于带宽较窄，无法做到这一点。在宽带薪酬下，要获取较高的薪酬，员工就要承担更重要的角色，而这需要员工有足够的价值创造能力，因此员工会更关注自身能力素质的培养，人才管理就会从被动变主动，无论对企业还是个人都是一次重大转变，一旦形成良性循环，就将有力推动企业的转型。

第三，宽带薪酬推动了骨干的脱颖而出。从传统薪酬制到宽带薪酬制，受影响最大的群体是骨干群体，骨干群体在企业的客户价值形态阶段是价值创造的主力军。项目管理不仅集成了绩效管理功能，同时也集成了宽带薪酬功能，并在价值分配环节得到充分体现。在项目管理机制作用下，原来处于夹缝中的骨干的价值创造能力开始在项目上被释放，越来越多的骨干人才将在项目管理活动中体现其价值。

第四，宽带薪酬使薪酬管理的重点从积极性提升转变为创造力提升。职位薪酬在薪酬元素与职位之间建立起了必然联系，这有助于提高员工的积极性；而宽带薪酬则开始将薪酬管理的重点转变为提高员工的创造力，薪酬组合中的元素不再与职位挂钩，而开始关注人的能力素质，如晋升与自我发展机会。从关注结果转变为关注实现过程，这让薪酬的激励效果发生了根本性的转变，员工的创造力将取代积极性，成为激励机制的核心内容。

宽带薪酬是转型企业人力资源管理的主要功能之一，很多中国企业已经开始建立宽带薪酬体系，但效果如何？

三、宽带薪酬在中国企业中的实践

宽带薪酬在刚被“拿来”时曾风光无限，但在传统管理模式下，不仅完全“继承”了传统薪酬管理“僵化”的特点，还导致人工总成本迅速攀升，更谈不上灵活性——不但没有解决问题，还添了一些新“毛病”。无论是职能型结构、职位管理基础还是产品管理方式，都与宽带薪酬格格不入，于是被“冷落”了一段时间。

直到最近几年，宽带薪酬又“卷土重来”，原因是中国经济发生巨变，传统企业开始思考如何尽快转型。随着扁平化、敏捷性、灵活性、创新性等这些新概念出现，宽带薪酬又开始被重视起来。的确，这些关键词都符合宽带薪酬的特征，但由于没有掌握宽带薪酬的一般逻辑，传统企业只能在传统管理模式中盲目嫁接，结果可想而知。

宽带薪酬是企业在转型阶段的薪酬管理形式，至少需要在矩阵型结构、二元管理基础以及项目管理方式的运行环境中才能发挥作用，这一点已经在实践中得到了印证。在没有集成化、系统化的管理方式，也没有角色管理系统的环境中，很难想象宽带薪酬系统如何被设计出来——无非是把薪酬矩阵中的“带宽”加大，让它看起来像“宽带”。也许有人认为这是笑话，但很多企业就是这样操作的，这样的宽带薪酬制和传统薪酬制没有任何区别，必然会沦为“鸡肋”。

在构建宽带薪酬的同时，员工的薪酬包也在发生明显变化——非经济型薪酬如心理收入、生活质量等元素开始出现；具有经济性薪酬特征的非经济性薪酬元素，如晋升机会、自我发展机会等变得越来越重要，这些都是与宽带薪酬制相配套的元素。构建宽带薪酬制并非单纯地把薪酬的“带宽”加大：薪酬管理应开始从一种产品转变为一套方案，它的复杂程度与技术含量应大幅增加，薪酬方案的参与者应变得更加广泛，而这些变化在薪酬变革中却常被忽略，导致薪酬管理效果普遍不佳。

第五节

薪酬管理的变革趋势

职位薪酬制的特点是稳定、可控，而角色薪酬制的特点是灵活、多变。从职位薪酬制到角色薪酬制的转变，的确是人力资源管理功能的一次重大转变，但太多的企业把薪酬机制的变革视为企业转型的灵丹妙药，认为这是解决企业发展问题的关键之所在，有些企业甚至把薪酬管理看成了如何“分钱”，认为钱分对了，很多问题就好办了。

这些看法显然把问题简化、把薪酬的概念狭隘化了。进入新商业时代，组织系统越来越复杂，通过“分钱”能解决问题的时代已经远去了，即便把“分钱”分对了，有些问题依然得不到解决，原因在于，薪酬管理的目标是解决骨干的价值创造能力与价值体现形式相匹配的问题，而此时，骨干的需求动机更加多元化，提升骨干的创造力仅靠“分钱”是不够的，薪酬管理需要打一套“组合拳”，除了实施宽带薪酬以外，还要从薪酬组合、薪酬构成、薪酬目标、支付周期等方面进行系统再造，以发挥薪酬产品的集成效果，解决问题。

一、薪酬设计变得越来越灵活

传统企业中的薪酬构成通常是基本薪酬、绩效奖金、长期激励、福利等内容，与特鲁普曼提出的整体薪酬相比，还有很多元素没有被纳入进去——这并不是企业不需要，而是大部分企业还没有进化到那个阶段，员工身上经济人、社会人的属性还比较明显，因此经济性薪酬仍占薪酬组合的主要部分。

随着薪酬组合日益多样，薪酬结构也发生了相应改变，如表 9-3 所示。雇主薪酬以货币收入为主，是一种以短期薪酬为主（日薪、月薪）、以结果为导向、薪酬结构非常稳定，且激励效果简单、直接的薪酬构成；在职位薪酬中则出现了变化，短、中、长期相结合，以中期薪酬为主（季薪、年薪），薪酬组合中的变动元素不断增多，且开始占薪酬总额的较大比例，这些浮动薪酬通常与业绩相关，薪酬设计必须支撑业绩的达成，但总体来看，薪酬构成依然比较稳定；角色薪酬的构成同样是短、中、长期相结合，但以长期薪酬为主（年薪或更长周期的奖励），浮动薪酬开始占薪酬总额的绝对份额，由于非经济性薪酬不断增多，薪酬结构也越来越复杂；价值薪酬以长期薪酬为主，由于非经济薪酬内容丰富，且均具有长期性，因此，这时对员工影响最大的将不再是货币收入，但这并不意味着薪酬总额的减少。

表 9-3　薪酬构成的演变过程

	雇主薪酬	职位薪酬	角色薪酬	价值薪酬
薪酬构成	短期（主）+中期	短期+中期（主）+长期	短期+中期+长期（主）	短期+长期（主）

续表

	雇主薪酬	职位薪酬	角色薪酬	价值薪酬
薪酬组合	相对简单		相对复杂	
薪酬效果	以结果为导向	重结果、轻过程	重过程、轻结果	以过程为导向
需求动机	相对简单		相对复杂	
薪酬表现	强调稳定性		强调灵活性	

由于骨干群体人数众多，需求动机更加多元，而标准化的职位薪酬无法提高骨干的创造力，因此，薪酬管理变革的重点需要从提升稳定性转变为灵活性，薪酬各项元素都将把灵活性贯彻其中，如绩效奖金、长期激励、非强制性福利、各项津补贴等，都可以依据员工承担的角色进行针对性设计，并“封装”在不同的项目中，最终让薪酬实现差异化管理——只有差异化、多样化的薪酬构成才能满足各类骨干人才的需求。对企业而言，这能有效吸引和保留住人才，强化了组织与人才之间的价值关系，对人才而言，则能满足不同的需求动机，提升骨干人才的薪酬满意度与创造热情。

薪酬管理变革会对企业转型产生重要影响，要让习惯于标准化操作的企业将薪酬管理变得灵活、多样是一项重大挑战，而员工对这一变革的期待又非常高，这无疑为薪酬管理变革又增加了一层难度。

二、从“积极性”向“创造性”的转变

1924 年，美国西方电气公司在芝加哥附近的霍桑工厂进行了一系列试验，研究心理和社会因素对工人劳动过程的影响，最终得出“员工不仅仅是‘经济人’，更具有‘社会人’属性”的结论。它对

古典管理理论进行了大胆突破，并把西方管理学带入了行为科学理论阶段，对组织管理产生了深远影响。

从对人性的认知角度看，在“经济人”阶段，组织管理主要解决员工工作的效率问题；在“社会人”阶段，组织管理主要解决员工工作的积极性问题——“社会人”并没有否定“经济人”，而是“经济人”的一个更高层次，同样，“积极性”也没有否定“效率性”，而是“效率性”的一个更高层次。在对人性认知变化的过程中，企业从股东价值形态进化到精英价值形态，管理系统也实现了进化，几乎所有管理功能都是在解决员工工作积极性的问题，尤其是人力资源管理功能。

表 9-4　薪酬管理与人性特征关系

	雇主薪酬	职位薪酬	角色薪酬	价值薪酬
工业时代	工业 1.0 时代	工业 2.0 时代	工业 3.0 时代	工业 4.0 时代
最佳组织形态	股东价值形态	精英价值形态	客户价值形态	利益相关者价值形态
人力资源管理形式	人事管理	专业管理	战略管理	价值管理
人性假设	经济人	社会人	复杂人	价值人
薪酬管理目标	员工的效率	员工的积极性	员工的创造性	员工的价值
需求动机特点	以缺失需求为主		考虑一定的生长需求	
薪酬满意因素	保健因素		激励因素	
薪酬管理特点	以经济性薪酬为主		以非经济性薪酬为主	

目前，只有少部分非传统企业开始思考另一个问题——创造性，这是对人性认知进入“复杂人”阶段后，企业才会遇到的问题。“复杂人”并没有否定“社会人”，而是“社会人”的一个更高层次，“创造性”也是“积极性”的一个更高层次，如表 9-4 所示。

当人类社会从工业 2.0 时代迈向工业 3.0 时代时，“人”的需求动机变得抽象、模糊，客户需求显得分散、多变，这就是“复杂人”的特征。此时，只有“人”的创造力能满足这个时期的客户需求——“创造性”与“复杂人”是同一事物的两个方面。同样，“价值人”也是“复杂人”的一个更高层次。企业进入转型期后，薪酬管理机制的核心将从提升员工的“积极性”转变为提升员工的“创造性”，“积极性”成为组织管理的“地板值”，如果企业还把“积极性”当作棘手的管理问题，那么恐怕将永远停留在工业 2.0 时代，什么时候解决了，什么时候才能迈向工业 3.0 时代。

“创造性”的内涵远比“积极性”丰富，难度也大得多——仅靠努力拼搏、勤奋敬业并不足以让员工体现出创造力，这一个是从无到有的过程，取决于人的能力素质，受人所处的特定环境的影响，正因如此，薪酬组合中才会出现心理收入、生活质量等非经济性元素，因为这些都有助于提高人的“创造性”。经济性薪酬只能解决“积极性”的问题，但解决不了“创造性”的问题，无论激励手段如何花样翻新，结果都一样，做不出来的还是做不出来。

目前，中国企业普遍进入转型期，在相当一部分员工身上体现出了“复杂人”的特征。薪酬管理变革必须回应这一变化，因为这些人将是推动企业发展的主要力量，需要人力资源管理功能重点关注。

三、长期激励占比不断增高

经济性薪酬本身具有一定的短期性，而短期性容易引发短视行为。进入转型阶段，市场发生明显变化，企业管理的战略管理特征开始显现，这一问题变得更加明显，迫切需要解决。

未来的企业是一种动态的开放型组织，而开放就意味着人才流动的相对自由，同时，市场不确定性越发明显，因此很多项目的周期逐渐变长。如何让人才在这一相对较长的价值创造活动周期内保持稳定，是薪酬管理变革需要重点考虑的问题。

薪酬管理需要通过长期激励机制解决这一问题，体现了对未来价值的预判，充满着不确定，因为奖励是在未来某一时刻才对员工进行兑现的。并非所有的长期激励计划都能实现，尤其是在经济形势下行时，很多预期难以实现，这将导致激励计划流产，而“对赌”一词经常出现在这一时期。

长期激励体现了转型阶段的人力资源管理功能特点，市场变化越不确定，越需要企业全盘布局、长远规划，同时进行系统化管理；战略风险越高，越需要激发企业与人才的冒险与创新精神。于是长期激励成了有效的人力资源管理工具，它能增强组织与员工之间的价值关系，通过共同努力实现战略上的突围。当市场的不确定成为普遍现象，长期激励在经济性薪酬中的作用将越来越明显。

薪酬组合情况能够反映出企业发展与人才竞争的状态：业务发展状态越稳定，人才的竞争意识越弱，越不需要长期激励，但从市场发展趋势看，长期激励在经济性薪酬中的占比会越来越高，基本工资的占比则会越来越低，如图 9-4 所示。这充分说明，企业所处的市场环境变化越来越快，需要人才具备较强的创造力与奋斗精神，而这些都需要长期激励提供相应的支持与保障。

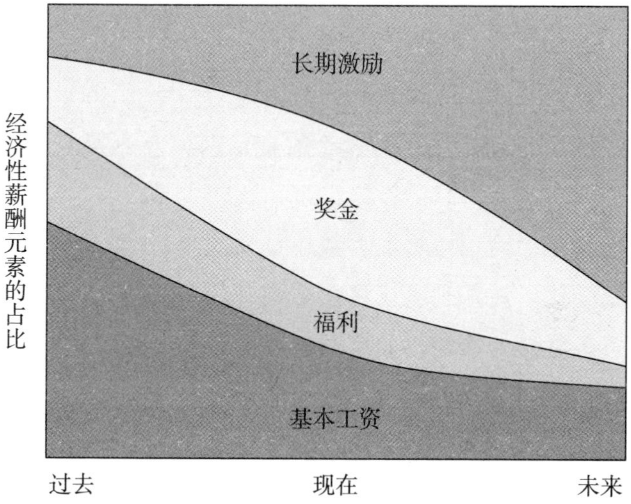

图 9-4 经济性薪酬元素的占比变化

上图在 20 多年前就已出现在中国企业的薪酬设计方案之中，但在相当长的时间内，传统企业的薪酬制度并没有发生明显变化。然而最近几年，长期激励突然迅速增多，尤其是股权激励被广泛接受。

这几年，中国企业进入转型期，开始进行变革探索，它们发现，没有长期激励很难进行战略业务设计，也很难激发员工的创新热情。

在长期激励在经济性薪酬中占比越来越高的同时，薪酬的支付周期将越来越短，周薪制、时薪制将越来越普及，这些都是战略管理的必然要求。

四、周薪制将是大势所趋

进入转型期后，薪酬的支付周期将缩短为周。

周薪制并不是一个新东西，西方很多国家在 20 世纪 80 年代后就已开始实行周薪制。而这个时期，西方企业普遍开始转型。目前，中国实施周薪制的经济组织还比较少见，这种结算方式多在临时性用工中使用，绝大多数还是采取月薪制。然而随着经济环境频繁变化，月薪制不仅将使薪酬管理日益僵化，也将弱化其他人力资源管理的职能，而周薪制却能在一定程度上弥补传统薪酬管理机制的不足。

当转型企业经过流程再造，“以业绩为导向”的经营理念逐渐转变为“以客户为导向”，价值创造活动的周期就将延长，这导致价值创造活动本身的动态性与不确定性越来越强，战略管理的必要性开始呈现，这也是周薪制得到提倡的原因。进入新商业时代，劳动者与生产方式均发生了明显改变，企业需要把管理重心放在价值创造活动的过程上，通过加强过程管理达到预期结果。周薪制缩短了支付周期，更有利于对价值创造活动实现精细化管理，避免了动态变化带来的冲击，同时也增强了企业与员工之间的协调关系，市场变化越频繁，薪酬支付周期越要缩短。

对企业而言，周薪制有两大优势，一是当市场变化加快时，能够让企业把握更多的市场机会，增强其市场反应能力，在增强资金流动性的同时，提高资金的使用效率；二是为价值评估与价值分配创造便利条件，增强“人”与“工作”的契合度，促进社会人力资源的流转，提高人才创造价值的效率，提升薪酬管理的公平性，而这恰恰是中国企业转型所需要的。

对人才而言，周薪制也有两大优势，一是当薪酬支付期缩短，价值分配就会变得更加精准，能够及时反映员工对企业的贡献程度，呈现价值，即时激励效果明显；二是虽然薪酬支付周期越长，人才配置越稳定，但这也会导致企业与人才相互将就——企业不敢雇、不敢开，人才不敢干、不敢走，降低了企业与人才的竞争力。但是，人们工作不仅仅是为了生存，更重要的是为了创造价值，薪酬不应该成为人们创造价值的障碍。周薪制有利于推动人才的流转，使人才获得更大的发展空间，可以有效提高人才的创造力。

总体而言，周薪制提高了薪酬激励的灵活性，也提升了人的价值创造能力。如今，各类先进科学技术都开始应用于企业管理，使得薪酬支付更加便利，也为周薪制的实施创造了良好条件。从企业转型的角度看，周薪制将是大势所趋。

第六节

多层次股权激励系统

非经济性薪酬虽然有助于提高骨干的创造力，但对传统企业而言依然比较陌生。如今，传统企业的当务之急是股权激励，这是长期激励机制中一种重要的形式，也是经济性薪酬中最具战略属性的组成部分，并且直接影响股权结构与治理结构的改变，会对企业转型产生重要影响，因此有必要多探讨一下。

很多企业都曾试图通过股权激励挽救江河日下的经营处境，然而有的成功，有的失败。其实，并不是所有股权激励都能带来预期中的效果，有时甚至会与它背道而驰——股权激励是一把锋利的“双刃剑”。

长期以来，中国企业都在从“术”的层面理解股权激励，并总结和提炼出了众多方式方法，然而即使有这么多方法，也仍然没能设计出符合自身特点的股权激励。显然，中国企业没有真正理解为何要进行股权激励，为了进行股权激励而进行股权激励，非但效果不理想，还会让企业进退两难。

随着市场不断发展、成熟，企业形态在进化过程中也呈现出越来越开放的状态。开放意味着“组织”与“人”之间的价值关系越来越松散，而组织又需要在某个特定时期完成某项特定战略任务，因此需要人才能够在这一时间内保持相对稳定——没有比股权激励更合适的管理措施了。

与其他奖励机制不同，股权激励属于第一次分配，而且是建立在公允的价值基础上的。对于企业而言，能够更清晰地衡量人才的价值贡献，对于人才而言，能够获得更好的价值认同，企业与个人各取所需、皆大欢喜。这其中，唯一的障碍是人才是否能够完成阶段性的战略任务，这也是股权激励设计过程中的核心技术环节，决定了激励对象最终戴的是“金手表”还是“金手铐”。

股权激励会对公司的股权结构产生直接影响，理解股权激励需要先理解股权结构的演变规律，从中可以发现股权激励在不同企业形态中的特点。

一、股权结构的演变规律

股权结构是 10S 企业形态分析模型中的必要组成部分，对企业的形态变化起着重要作用。企业形态不断进化，股权结构也将发生相应改变，形成了股权结构的演变规律，如图 9-5 所示，这也成了股权激励机制的基础。

股东价值形态出现在 18 世纪 60 年代到 19 世纪 60 年代，在中国则是从改革开放到 20 世纪 90 年代。这个阶段，资本（股东）为企业创造主要价值，股权结构高度集中，只有控股股东，股东、经营者高度重合，资本价值处于巅峰，因此轻易不会进行股权激励，即使有，也只面向极少数的亲朋好友，这是股东价值形态的特征决定的。

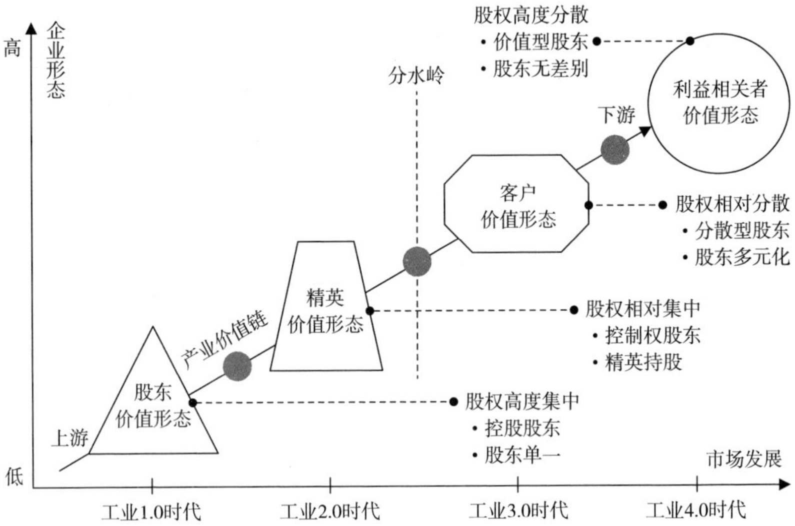

图 9-5　股权结构的演变规律

精英价值形态出现在 19 世纪 60、70 年代到 20 世纪 70 年代，在中国则是 20 世纪末一直到现在。这个阶段，资本的价值创造能力变弱，资本把所有权中的经营权让渡给精英，精英团队开始为企业创造主要价值，股权结构变得相对集中，控股股东转变成控制权股东。为了激发精英群体的领导力，股权激励开始面向少数精英群体，但份额相对较少，精英转变为股东，这是精英价值形态的特征决定的。

客户价值形态出现在 20 世纪 80 年代后一直到现在，在中国，只有少数优秀企业开始体现出这种形态的一些特征。这个阶段，精英的价值创造能力变弱，精英的领导力向团队创新力妥协，创新团队开始为企业创造主要价值，股权结构变得相对分散，控制权股东消失，与此同时，股权多元化，演变为分散型股东。为了激发骨干群体的创造力，股权激励开始面向多数核心骨干，更多的员工转变为股东，这是由客户价值形态的特征决定的。

利益相关者价值形态尚未出现，届时，骨干群体的价值创造能力将变弱，所有利益相关者的劳动都能资本化，将转变为企业人格力推动企业发展。

表 9-5 不同股权结构形式特点比较

<table>
<tr><th></th><th>股东价值形态</th><th>精英价值形态</th><th>客户价值形态</th><th>利益相关者价值形态</th></tr>
<tr><td>股东类型</td><td>控股股东</td><td>控制权股东</td><td>分散型股东</td><td>价值型股东</td></tr>
<tr><td>股东特征</td><td>单一股东</td><td>精英持股</td><td>股东多元化</td><td>股东无差别</td></tr>
<tr><td>股权结构</td><td>高度集中</td><td>相对集中</td><td>相对分散</td><td>高度分散</td></tr>
<tr><td rowspan="2">形成时间</td><td>西方：18 世纪 60 年代—19 世纪 60 年代</td><td>西方：19 世纪 60、70 年代—20 世纪 70 年代</td><td>西方：20 世纪 80 年代—今</td><td rowspan="2">——</td></tr>
<tr><td>中国：改革开放—20 世纪 90 年代</td><td>21 世纪初—今</td><td>——</td></tr>
<tr><td>治理结构</td><td>股东优先原则</td><td>精英优先原则</td><td>客户优先原则</td><td>价值平等原则</td></tr>
<tr><td>董事会类型</td><td>单一型董事会</td><td>监管型董事会</td><td>战略型董事会</td><td>价值型董事会</td></tr>
</table>

股权结构的演变规律告诉我们一个基本原则：谁为企业创造主要价值，谁就必须获得股权，谁就会成为股东。这是工业时代市场经济系统的基本法则，只有这样，企业才能达到价值平衡，如表 9-5 所示。

当传统企业迈向客户价值形态，股权将逐渐分散，这是市场决定的必然结果，这为更多员工成为股东创造了条件，股权激励成为骨干员工转换身份的有效途径。理解了股权结构的演变规律，理解股权激励的方法也变得相对容易。

二、股权激励的演变规律

虽然股权激励的形式多种多样，但从企业形态进化规律中不难发现，激励形式、激励范围、行权条件呈现出了一种规律性变化，这就是股权激励的演变规律，如图 9-6 所示。

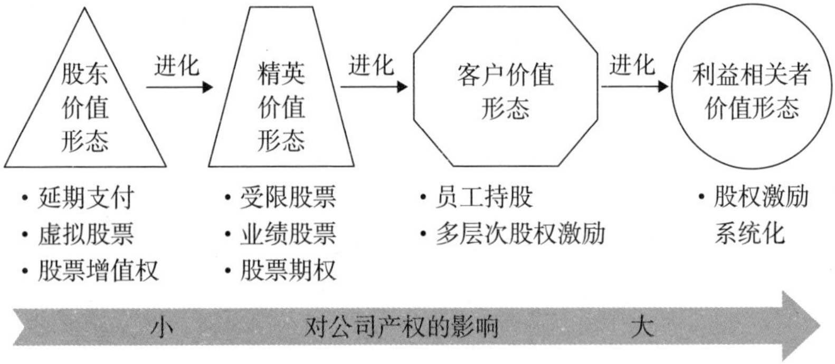

图 9-6　股权激励的演变规律

处于股东价值形态阶段的企业在股权激励中通常采取延期支付、虚拟股票、股票增值权等激励方式，这些方式与股权并没有直接关联，激励对象并没有获得真实股权，而仅仅是一种基于股票的收益而已，延期支付更是连股权的边都不沾，只是长期激励的一种。此时，资本收益力为企业创造主要价值，看不到“人”的价值贡献，虽然也有个别企业会采取干股的激励形式，但这仅仅是对创业元老历史贡献的肯定，或对亲朋好友的关照，或是为了解决融资难等问题，这些目的与股权激励的核心思想并没有多大关系。

处于精英价值形态阶段的企业在股权激励中通常采取受限股票、业绩股票、股票期权等激励方式，这些方式开始与股权开始建立直接联系，股权激励也是在这个阶段被正式提出，但激励对象往往都是精英团队，目的是进一步提升精英的价值创造能力。此时，精英领导力为企业创造主要价值，几乎看不到其他人的价值贡献，即便扩大激励对象的范围，意义也不大，这些股权激励通常与业绩目标进行捆绑，或采取其他限制条件，不仅股权数量少，而且频率低，对公司的股权结构几乎没有影响。

处于客户价值形态阶段的企业在股权激励中通常采取员工持股计划、多层次股权激励系统等激励方式，这些都是复杂的激励形式。此时，团队创新力为企业创造主要价值，激励对象开始多元化，由于对不同类型的激励对象需要采取不同的股权激励方式，企业就需要构建多层次的股权激励系统，股权激励范围覆盖到绝大多数核心骨干，这对于稳定骨干力量、激发他们的创造力起到了决定作用，不仅股权数量增大了，频率也提高了，对公司的股权结构产生明显影响。

在处于利益相关者价值形态的企业中，所有人才都将与体现其价值所在的公司股权捆绑，目的是要让每个人的价值都能得到清晰呈现。这时，股权激励将彻底系统化，成为一项价值创造活动的基本原则，只要进行价值创造，就必然通过股权体现。

表 9-6 不同企业形态中股权激励特点比较

	股东价值形态	精英价值形态	客户价值形态	利益相关者价值形态
激励对象	亲朋好友	少数高管	多数骨干	所有人员
激励期限	短	较短	以长期为主	长或短
股权数量	非常少	较少	较多	非常多
行权条件	净利润	业绩目标	战略任务	价值实现
股权影响	很小	较小	较大	很大
基本属性	一种功能	一种产品	一套方案	一种体验

要想取得理想的激励效果，不同企业形态应该采取不同的股权激励形式，这些股权激励的特点不同，如表 9-6 所示，它与企业形态的进化规律、股权结构的演变规律完全一样，过于超前或落后都不利于企业的发展，这也是组织形态管理理论的核心思想。中国企业正处于从精英价值形态迈向客户价值形态的过程中，大型企业纷纷转变为多业务复杂系统，骨干群体不断崛起，并开始发挥重要作用，因此，未来的股权激励将开始呈现多层次、系统化的特征，多层次股权激励系统将成为长期激励中的主流形式。

三、多层次股权激励系统

多层次股权激励在本质上是一种集成的股权激励形式，可以对不同的传统股权激励形式进行集成，形成一种新的股权激励方案，满足企业内部不同类型人员的需求，也满足不同类型战略业务的需要，这是迈向战略管理的重要举措。

传统企业通常只需要设计一份股权激励计划，也可以说，一种股权激励产品即可满足对精英团队的激励。然而在转型期，骨干群体开始崛起，他们是各类团队的核心力量，承载着企业创新的使命，由于他们所扮演的角色不同，这时就需要企业进行区别对待，而那些大型企业的骨干人才通常也会是业务单元的精英，这让股权激励变得更加复杂，显然，依靠一份激励计划是无法全部覆盖到的。

企业在转型阶段的运行系统复杂程度明显提升。集成后的业务单元都能相对独立地运行，承载企业不同的战略意图、扮演不同角色，发展阶段也不同，并且都处于动态调整之中。股权激励计划要充分体现这些差异，这也是多层次股权激励系统形成的根本原因。多层次股权激励系统将有效集成股东价值形态、精英价值形态中的股权激励形式，如虚拟股票、股票增值权、受限股票、业绩股票等，以满足对不同类型人才的激励需要。

通常情况下，实施多层次股权激励首先需要一份股权激励原则，原则体现对不同类型的人才激励的基本逻辑，然后再结合企业的战略目标以及激励对象的需求动机，在原则的基础上设计出不同的股权激励计划。这时就会发现，股权激励将成为一种必要的经营管理措施，企业将随时依据市场变化及时调整激励政策，达到推动企业全面转型的目的。在多层次股权激励系统中，有的计划会成功，有的计划会失败，这是一种正常现象，它说明企业能够对频繁变化的市场作出积极反应，这是战略管理阶段的基本特征，如果没有这种现象，反倒不正常。

多层次股权激励还需要遵守另外一个基本逻辑——人的贡献在哪里，价值体现就要在哪里。在一个多业务复杂系统中，不同人才的价值创造活动范围不同，价值呈现的形式也不同，因此不宜在一个企业主体内实施股权激励计划，否则将会由于无法清晰体现激励对象的价值而让股权激励的灵活性降低、激励效果被弱化。好在矩阵型结构可以让组织逐渐平台化，每个业务单元都能相对独立地运行，不同类型人才的价值创造活动都能被“封装”，因此每个业务单元都可以成为一个股权激励实施主体，在哪里创造价值，就在哪里激励价值创造者，实现最佳的股权激励效果，这也回答了“多层次股权激励系统为什么不会出现在传统企业中”的问题——传统企业既不需要它，也做不到。

附录一

组织形态管理理论研究成果

作者在组织形态管理理论基础上，开发出了大量研究成果，并在实践中取得了良好效果，其中有些在本书中已有介绍，后续将加大研发力度，继续完善组织形态管理的知识体系。

1. 市场生态发展规律
2. 企业形态进化规律
3. 人性特征演变规律
4. 四种组织形态假说
5. 企业形态 DNA——四种基因片段
6. 10S 企业组织形态分析模型
7. 企业进化—危机线路图
8. 价值创造能力结构演变规律
9. 股权结构演变规律
10. 治理结构演变规律
11. 组织结构演变规律
12. 人才结构演变规律
13. 价值单元结构演变规律

14. 管理基础结构演变规律
15. 产品结构演变规律
16. 客户结构演变规律
17. 文化结构演变规律
18. 商业模式演变规律
19. 竞争模式演变规律
20. 绩效管理演变规律
21. 薪酬管理演变规律
22. 人才管理演变规律
23. 人才标准演变规律
24. 集团管控演变规律
25. 决策模式演变规律
26. 权力治理演变规律
27. 质量管理演变规律
28. 组织管理系统演变规律
29. 人力资源管理演变规律
30. 新商业时代三大竞争战略
31. 传统企业“三支柱模型”
32. 转型企业“三引擎模型”
33. 新组织“三支柱模型”
34. 矩阵型结构演变三部曲
35. 集团管控黄金法则
36. 二元人力资源管理体系
37. 现代组织激励模型
38. 薪酬管理 4E 模型
39. 新组织设计方法论

参考文献

1. 杨少杰 . 进化：组织形态管理 . 中国发展出版社，2014

2. 杨少杰 . 进化：组织形态管理 . 中国法制出版社，2019

3. 杨少杰 . 组织结构演变：解码组织变革底层逻辑 . 中国法制出版社，2020

4. 杨少杰 . 集团人力资源管控 . 经济管理出版社，2013

5. 杨少杰 . 互联网时代，企业哪个部门先消失 . 企业管理，2015

6. 杨少杰 . 从“权瘦身”到“权分身”. 企业管理，2015

7. 杨少杰 . 从“龟兔赛跑”看转型企业文化再造 . 企业管理，2015

8. 杨少杰 . 项目管理的“前生”“未来”与“今世”. 企业管理，2015

9. 杨少杰 . 传统银行组织结构变革三部曲 . 中国银行业，2016

10. 杨少杰 . 互联网时代企业培训趋势 . 现代企业文化，2015

11. 杨少杰 . 社群时代新组织的变革：从“同一”走向“统一”. 哈佛商业评论，2016

12. 杨少杰 . 新商业变形记 . 商界评论，2017

13. 杨少杰 . HRBP 是如何成为鸡肋的 . 人力资源，2015

14. 杨少杰 . 引入流程，化解绩效“硬伤”. 人力资源，2015

15. 杨少杰 . 企业转型，宽带薪酬正当时 . 人力资源，2015

16. 杨少杰 . 从“金字塔”到“扁平化”. 人力资源，2016

17. 杨少杰 . 四问全流程绩效管理体系 . 人力资源，2016

18. 杨少杰 . 集团管控“三引擎”. 人力资源，2017

19. 杨少杰 . 编程合伙人制度，模式不简单 . 人力资源，2019

20. 杨少杰 . 从职位管理到角色管理 . 人力资源，2019

21. 杨少杰 . 扁平≠高效 . 首席人才官，2016

22. 杨少杰 . 从职能到流程，矩阵型组织结构的“宿命”. 首席人才官，2016

23. 杨少杰 . 图解人才结构演变 . 现代商业银行，2016

24. 杨少杰 . 传统企业转型“三引擎模型”. 现代商业银行，2017

25. 杨少杰 . 也谈能力素质模型与任职资格的异同 . 现代商业银行，2017

26. 杨少杰 . 高管与合伙人 VS 职位管理与能力管理 . 现代商业银行，2017

27. 杨少杰 . 新组织设计才是企业最大战略 . 现代商业银行，2017

28. 杨少杰 . 工业互联网与组织新模式 . 中国工业和信息化，2018

29. 杨少杰 . VUCA 时代来临，十项变革如何应对 . 人力资源，2020

变革需要科学而不是经验与感悟

很多读者希望笔者推荐一些组织变革方面的书，很抱歉，这几年来一直没有看过专业书籍，主要是因为没有发现多少国内学者在管理学领域进行科学性研究，更多的是一些经验总结与个人感悟。笔者对此没有什么兴趣，也不会花时间了解，自然无法推荐，但并不排除未来会有。2015 年，笔者毫不犹豫地处理掉了跟随多年的专业书籍，不是一本、两本，而是一百多本，至今再也没有买过任何一本专业书，也很少留意别人的观点。

近几年来，中国正处于一个特殊的时代，它的特殊表现为给新事物赋予各种解读，新词汇层出不穷、漫天飞舞、狂轰滥炸，把中国管理学“炸”入“概念时代”，而鲜少有人踏踏实实进行科学研究。概念被不断翻新，充斥于网络空间，公开资料看似浩如烟海，而事实上几乎千篇一律。内容重复、观点单一倒也有情可原，望文生义，甚至胡编乱造就让人难以接受了。笔者更喜欢在原创的道路上继续走下去，笔者感兴趣的除了那些经典论著，就是来自客户的实践——这些是笔者进行研究的基本素材。

今天中国企业遇到的问题是传统思维与知识内容造成的，因此在传统知识系统中根本没有解决方案。笔者在写《进化：组织形态管理》一书时，深刻地体会到如果不放弃旧知识，就收获不了新知识，新知识要建立在对旧知识的批判的基础上。这并不是说旧的就是错的，也不是说新的就是好的，而是环境发生了改变，就需要用新知识理解新时代的特征、解决新时代的问题。

在这种情况下，很多人认为碎片化的学习时间短、效果更佳，因为接触的信息量大、针对性强。其实恰恰相反，对于绝大多数人来说，碎片化学习反而会阻碍对新知识的理解——除非你已经拥有了一套自己的知识逻辑，否则碎片化学习越多，越是什么也学不到，倒可能搜罗到不少“知识垃圾”。

这些概念来自过往的经验与个人感悟，然而，管理是科学而不是经验，由于缺乏科学研究能力，未能把经验上升为理论与科学，这些经验与感悟于是下降为名词与概念，形成了今天的“概念时代”。与科学相比，经验是一种浅层次的、原始的认知状态，人人都有，它重复 100 次，也还是经验，解决不了企业在新商业时代面临的管理问题。

既然管理是科学，就会遵循科学的一般规律，未来的管理学也将复杂到只能使用其技术，而很难掌握其原理，如同今天的芯片一样。而要想掌握背后的科学原理，就得从头开始进行科学性研究，不断积累原始数据，需要资金、时间、人的大量投入，没有捷径。今天人们对西方管理理念的使用其实也都停留在功能层面，一旦应用场景发生改变，就会手足无措，所以才有了“追捧、改造、鸡肋”三部曲——几乎所有西方管理理念被“拿来”之后都是这个结果。

只有用理论重新解读这些理念，才会惊喜地发现，原来它们还有更深层次的含义。

未来的世界只会越来越复杂，不确定性只会越来越明显，只有科学才能让中国企业走向世界，没有捷径，笔者衷心地希望在管理学领域能够看到更多从事科学性研究的学者，因为只有这样，才能推动这一重要学科的发展。

图书在版编目 (CIP) 数据

人力资源管理演变：揭示组织发展与变革基本规律 / 杨少杰著. —北京：中国法制出版社，2021.9

ISBN 978-7-5216-2070-2

Ⅰ. ①人… Ⅱ. ①杨… Ⅲ. ①人力资源管理 Ⅳ. ① F243

中国版本图书馆 CIP 数据核字（2021）第 143444 号

责任编辑：潘孝莉（editorwendy@126.com） 封面设计：汪要军

人力资源管理演变：揭示组织发展与变革基本规律

RENLI ZIYUAN GUANLI YANBIAN: JIESHI ZUZHI FAZHAN YU BIANGE JIBEN GUILÜ

著者 / 杨少杰

经销 / 新华书店

印刷 / 三河市国英印务有限公司

开本 / 880 毫米 × 1230 毫米 32 开 印张 / 12.25 字数 / 284 千

版次 / 2021 年 9 月第 1 版 2021 年 9 月第 1 次印刷

中国法制出版社出版

书号 ISBN 978-7-5216-2070-2 定价：69.00 元

北京市西城区西便门西里甲 16 号西便门办公区

邮政编码 100053 传真：010-63141852

网址：http://www.zgfzs.com **编辑部电话：010-63141816**

市场营销部电话：010-63141612 **印务部电话：010-63141606**

（如有印装质量问题，请与本社印务部联系。）